国家社科基金青年项目
"地方治理现代化视域下议事协调机构职能优化研究"
(20CZZ018)

山西大学城乡发展书系

理解"中国之治"：

国家治理的制度逻辑及中国经验

Understanding the Chinese Governance:
the Institutional Logic of National Governance
and China's Experience

原超 著

天津出版传媒集团

天津人民出版社

图书在版编目（CIP）数据

理解"中国之治"：国家治理的制度逻辑及中国经
验 / 原超著. -- 天津：天津人民出版社，2022.8
（山西大学城乡发展书系）
ISBN 978-7-201-18595-8

Ⅰ. ①理… Ⅱ. ①原… Ⅲ. ①国家－行政管理－研究
－中国 Ⅳ. ①D630.1

中国版本图书馆 CIP 数据核字(2022)第 112228 号

理解"中国之治"：国家治理的制度逻辑及中国经验

LIJIE ZHONGGUO ZHI ZHI; GUOJIA ZHILI DE ZHIDU LUOJI JI ZHONGGUO JINGYAN

出　　版	天津人民出版社
出 版 人	刘　庆
地　　址	天津市和平区西康路 35 号康岳大厦
邮政编码	300051
邮购电话	(022)23332469
电子信箱	reader@tjrmcbs.com
责任编辑	佐　拉
装帧设计	汤　磊
印　　刷	天津新华印务有限公司
经　　销	新华书店
开　　本	710 毫米×1000 毫米　1/16
印　　张	20.25
插　　页	2
字　　数	240 千字
版次印次	2022 年 8 月第 1 版　2022 年 8 月第 1 次印刷
定　　价	99.00 元

"山西大学城乡发展书系"编委会成员

总　序

　　进入中国特色社会主义新时代后,城乡发展问题愈加引人关注。2019年,习近平在江西视察时指出,"城镇化和乡村振兴互促互生",回答了新时代两个重要发展任务之间的关系,也奠定了未来一个时期我们党处理城乡发展问题的基本思路。由于过去的非均衡发展积累了大量的矛盾,城乡发展尚有许多问题需要解决,需要学者们投入大量的精力开展研究。

　　基于这一背景,山西大学乡村振兴研究院组织撰写了这套"山西大学城乡发展书系"。

　　山西大学乡村振兴研究院是山西大学校级科研单位,2016 年获批山西省人文社科重点研究基地。研究院依托哲学、政治学一级学科博士点,充分发挥协同创新、联合攻关的整体科研优势,开展试验研究和调查研究。研究院按照国家急需、特色鲜明、制度创新、引领发展的总要求,将咨政服务、理论研究、实验研究有机结合,形成三位一体的科研创新模式。近年来,研究院对城乡发展问题开展了大量研究工作,尤其在精准扶贫、乡村振兴等方面投入了巨大的研究资源。

　　本书系出版的主要目的有二:一是将过去一段时间,本单位研究人员关于城乡发展相关问题的研究成果，进行系统梳理和展示，与领域内的专家学者进行学术交流，并推动科研成果得到应用，为相关问题的解决提供智力支持；二是持续记录和发现中国城乡发展进程中的新情况、新问题，为城乡发展不断寻找新思路、新方法。

未来，我们将继续关注城乡发展问题，不断深化研究，依托这一书系，推出更多高质量的研究成果。

"山西大学城乡发展书系"编委会

2020 年 11 月 3 日

◀ 目 录　contents

导论:中国国家治理的制度逻辑

第一节　从"中国之制"到"中国之治"

一、"中国之治"的内涵

2017 年,中国共产党第十九次全国代表大会报告中提出"中国方案"的概念,即中国自己的现代化发展模式,被社会各界广泛称之为"中国之治"。"中国之治"顾名思义,在中国现有政治和治理体制("中国之制")下,依托于治理体系在中国场域中开展治理行动,取得的一系列中国治理经验和治理智慧。"中国之治"既是一种对多年来中国共产党领导下的中国治理实践的经验总结,也是中国共产党带领人民实现现代中国构建和现代化发展的思考和模式的提升。

习近平总书记在庆祝中国共产党成立 100 周年大会上进一步明确了"中国之治"的特征与本质。习近平强调:"走自己的路,是党的全部理论和实践立足点,更是党百年奋斗得出的历史结论。中国特色社会主义是党和人民历经千辛万苦、付出巨大代价取得的根本成就,是实现中华民族伟大复兴的正确道路。我们坚持和发展中国特色社会主义,推动物质文明、政治文明、精神文明、社会文明、生态文明协调发展,创造了中国式现代化新道路,创造了人类文明新形态。"①从"走自己的路"到"中国特色社会主义道路"，再到"中国式现代化新道路"，不仅是对中国式现代化新道路发展逻辑的全面阐述，也是对"中国之治"本质特征的高度凝练和总结。事实上，我们对"中国之治"概念的诠释包含三个面向：①作为"事实层面"的"中国之治"，指的是中国共产党以"中国之制"推进"中国之治"的治理实践；②作为"理念层面"的"中国之治"，指的是中国共产党由"中国之制"开展"中国之治"的治理逻辑；③作为"模式层面"的"中国之治"，呈现的是以"中国之治"反思和彰显"中国之制"的理论贡献。无论是治理实践、治理逻辑还是治理模式，我们讨论"中国之治"都绕不开三个问题："中国"与"西方"的问题、"西方传统现代化"与"中国现代化新道路"的问题以及中国共产党在中国式现代化新道路中的角色问题。

（一）"中国之治"要考虑的是"中国"与"西方"的问题

"中国之治"的前提就是"中国"。"中国之治"是建立在中国传统文化、历史发展和制度架构基础之上的中国式的治理，而非其他西方各国的治理。中国的传统文化、政治体制、社会发展、意识形态均迥异于西方国家，这标志着"中国之治"的发展逻辑和治理经验是同西方国家不一样的。"中国之治"是中国治理体系下的治理经验、治理教训和治理方案的总结。习近平强调："一个国家选择什么样的治理体系，是由这个国家的历史传承、文化传统、经济社会发展水平决定的，是由这个国家的人民决定的。中国今天的国家治理体系，是在我们国家历史传承、文化传统、经济社会发展的基础上长期发展、渐进改进、内生性演化的结果。"②其中，"长期发展"意味着中国国家治理体系继承了中国优秀的治理传统和治理经验；"渐进改进"表明了中国国家

---

① 《习近平在庆祝中国共产党成立 100 周年大会上的讲话》，新华网：www. gov. cn/xinwen/
2021 – 07/01/content_5621846. htm。

② 《习近平总书记在省部级主要领导干部学习贯彻十八届三中全会精神全面深化改革专题研讨班上的讲话》，新华网：http://www. gov. cn/ldhd/2014 – 02/17/content_2610754. htm。

治理体系的构建并非一蹴而就的，由"走自己的路""中国特色社会主义道路"到"中国式现代化新道路"，"中国之治"经历了不断总结、演化和提升的过程；"内生演化"并不否认"中国之治"在演进充实过程中充分借鉴和吸收西方的有益经验，但从本质上讲仍然是内部传统因素作用演化的内生性结果。

建立在市场经济、国家 - 社会分野基础上的立宪民主政治下的国家建构和国家治理与古典国家农耕文明、大一统专制体制的传统国家统治兴替是截然不同的。新国家结构自诞生于英国后，便有了全球范围的扩张力和适应力。① 而多元一体的大一统结构是中华民族的生存发展形态，也是中国建构具有内在统一性的一体化现代国家的社会基础所在，同时，作为维系传统国家皇权专制统治的大一统政治与中华民族生存与发展方式的大一统相互强化，②成为传统国家的制度与治理体系，深刻影响着中国的现代国家建构的逻辑和进程。以大一统为代表的中国传统文化、政治格局和发展模式形成了强劲的路径依赖效应，我们时常能够发现在"中国之治"的话语体系和治理实践中，传统的因素常常会在新形式的包裹下得以存续、发展和变化。因此，我们在理解"中国之治"和推进国家治理现代化建设过程中，需要对于我们国家治理体系的结构、演变和发展有一个清晰的认识，即"中国之制"是如何演化并影响"中国之治"的。

（二）"中国之治"作为一种中国式现代化新道路，要考虑"西方现代化"和"中国现代化"的问题

2014 年 2 月 17 日，习近平在省部级主要领导干部学习贯彻党的十八届三中全会精神全面深化改革专题研讨班上的讲话中指出，推进国家治理体系和治理能力现代化，绝不是西方化、资本主义化。我们不仅要防止落入

---

① 参见［英］C. A. 贝利：《现代世界的诞生：1780—1914》，于展、何美兰译，商务印书馆，2013年，第 11～22 页。

② 参见林尚立：《大一统与共和：中国现代政治的缘起》，《复旦政治学评论》，2016 年第 1 期。

"中等收入陷阱",也要防止落入"西化分化陷阱"。① 国家治理的现代化立基于国家构建的现代化逻辑,中国的现代化路径迥异于西方现代化。正如查尔斯·蒂利所述,西欧的国家构建建立在资本强制的基础之上。封建时代的西欧各国处于两种关系下,一种是国王与贵族之间的以军事义务为纽带的权利义务关系,另一种是封建主与农民之间的以土地为纽带的附庸关系。随着商业规模的日益扩大,以货币经济为媒介的资本力量为西欧国家的国王扩大权力提供了媒介,摆脱了与贵族集团的封建约束关系,同时货币经济也逐渐解除了封建主与农民的封建依附关系。在这一过程中,一方面,国王建立起强大的资源汲取能力和渠道,但不得不担负物质、收入的分配和争端的解决,另一方面,资产阶级利用各种资源与国王进行交易,对王权进行限制。在这种国王与资产阶级的长期讨价还价中,在资源汲取和社会利益维护的张力中,以保护公民权和资本利益为代表的现代国家逐渐形成。② 长期以来,以资本市场为动力的西方式现代化发展逻辑垄断了世界民族国家的现代国家构建的发展思路和话语权,全球化等同于西方化、西方化等同于现代化、现代化等同于市场化的思维定式和"美丽神话"成为发达国家和发展中国家走向现代化的唯一途径。③

但是"中国之治"表明了中国的现代国家构建和治理现代化发展走的是一条"中国式现代化新道路",其现代化的发展逻辑是不同于"西方现代化"的。"现代化"是所有民族国家进行现代国家构建的终极目标,是普遍性的,也是现代中国所矢志不渝追求的;"中国式"表明了这种"现代化"目标的实现手段并非如同西方国家一般对资本和市场的热衷,而是呈现为一种在中国传统大一统观念影响下的、以处理集权和分权之间张力为主要目标的超

① 《习近平关于协调推进"四个全面"战略布局论述摘编》,中央文献出版社,2015年,第53页。

② See Tilly, C., *Coercion, Capital and European State, A. D. 990 – 1992*, Wiley – Blackwell, 1992, p. 22.

③ 参见韩庆祥:《深刻把握"中国式现代化新道路"丰富内涵》,《学习时报》,2021年8月30日。

大规模政党组织对超大型官僚体系激励和动员基础上的,对超大型国家的一种资源动员和有效治理。相比较西方国家而言在资本追逐、国家兼并和殖民战争基础上的现代化道路,"中国式"的现代化道路无疑是特殊的;"新道路"向世界彰显了"中国式"的特殊性与"现代化"的普遍性之间的关系,即中国式的现代化道路相对于西方而言具有超越性。中国的现代化并非故步自封,也不是对外国道路的复制和翻版,而是一条学习西方、超越西方的道路,在社会形态上呈现为一种"社会主义现代化"的新道路。

(三)"中国之治"还需要考虑中国共产党在中国式现代化新道路中的角色问题,这也是分析和理解"中国之治"的核心主旨所在

我们必须厘清为何"中国之治"需要由中国共产党来领导,也需要分析中国共产党是如何领导中国人民进行"中国之治"的治理逻辑是怎样的。中国共产党是中华人民共和国的领导核心,也是当代中国政治体制的主轴。2014年6月,时任中共中央政治局常委刘云山发表了题为"认识中国共产党的几个维度"的讲话。他指出:"中国的崛起是当今世界的大事件,中国的快速发展和展现出的生机活力吸引了全世界的目光,也吸引了越来越多的学者投入对中国的研究中。还有的学者谈到,要研究好中国,就应该研究好中国共产党。为什么?答案很简单。因为中国共产党是中国的执政党,是中国革命、建设、改革事业的领导核心。当今中国的发展成就是在中国共产党领导下取得的,中国特色社会主义最本质的特征就是中国共产党的领导。没有中国共产党就没有新中国,也没有中国特色社会主义。研究中国当然要研究中国共产党。研究好中国共产党,实际上就抓住了研究中国的核心,就找到了解答当代中国从哪里来、到哪里去的'钥匙'。"①

习近平总书记在党的十九届六中全会上全面总结了建党百年的历史经

---

① 刘云山:《认识中国共产党的几个维度》,http://cpc. people. com. cn/n/2014/0710/c64094 - 25263821. html,2014 年 7 月 10 日。

验,其中最重要的一点就是党的领导。我们党不断通过理论创新和自我革命,引领中国不断实现政治、经济、社会的长期稳定和飞速发展。因此,"中国之治"既是中国治理经验的总体呈现,更是中国共产党百年来的治国理政之"道"。这个"道"既可以理解为中国共产党领导中国人民实现中国特色社会主义事业的道路,也是中国共产党依托于现有资源和组织特征实现对现代中国构建的基本理念、理论内核和实践路径。

国家构建的本质可以视为"集中权威和资源建构一个强大的国家,以实现政治安定、国家增能、行政有效的过程"[1],西欧民族国家的成长过程中,资本主义性质的市民社会动用自己在封建专制母腹中日趋壮大的组织力量对国家进行重建。对于西欧民族国家的构建而言,社会自组织是传统国家向现代国家转型的动力和基础。[2] 然而对于中国而言,可资其利用的组织资源相当匮乏,必须通过外力——政党实现集权政治,进而改变中国的低组织化和非组织化状态。中国共产党领导下的现代中国的构建就是在现代化压力下,中国共产党采取革命动员方式摆脱中国社会"低组织化状态"的约束,通过将政党融于国家并与国家权力高度结合,进而实现国家资源整合和人员高度动员的现代国家建设的过程。在这一过程中,"革命"的话语成为现代中国建设的主流话语,"动员"成为中国共产党领导中国人民推动中国革命、新中国建设、中国特色社会主义建设的重要工具。

新时代的"中国之治"是一种党领导下的中国特色社会主义复合性治理和根本性治理,这种治理模式的最大特点就是"党领导一切",最大优势就是"全国一盘棋",最大动力就是党领导广大人民群众利用各种治理资源实现共建共治共享。[3] 推进国家治理体系和治理能力现代化的紧迫性必须确保

---

① 刘义强、管宇浩:《国家建构:为什么建构、建构什么与如何建构:兼论国内研究之不足》,《学习与探索》,2015 年第 6 期。
② 参见景跃进、陈明明、肖滨:《当代中国政府与政治》,中国人民大学出版社,2016 年,第 15 页。
③ 参见郭祎:《论中国共产党领导国家治理现代化的独特性》,《广西社会科学》,2021 年第 3 期。

党的坚强有力,以及确保作为典型的马克思主义先锋——使命型政党的纯洁性和先进性。在"党领导国家"体制下,党中央集中统一领导的能力可以视为迈克尔·曼的现代国家的基础性国家权力之一,能够保障"中国之治"过程中广泛的资源整合、强大的资源动员,以确保国家治理的有效性。① 同时,作为长期执政的政党,中国共产党的自我革命就是为国家治理效能储备力量,党的自我革命的推动力不仅是主动自觉的,而且是能动循环的,强力推动中国国家治理实践朝着良性循环的轨道持续前行。②

综上所述,无论是治理理念、治理逻辑还是治理实践,"中国之治"都并非一成不变的,而是经历了一个漫长的、渐进的、发展的内生演化过程,这一过程也是中国共产党进行中国的现代化国家构建的历程,是中国共产党如何看待西方、如何理解传统以及如何进行自我认知的过程。一些西方的或传统因素不断被打破和扬弃,另一些西方的或传统因素却被新形式包裹不断在现代国家构建过程中得以存续、发展并作用于现代国家转型。从"走自己的路"到"中国特色社会主义道路",中国共产党建构了一个融政党于国家并与国家权力高度结合的"党领导国家"体制,通过革命动员的方式建立起强大的组织力量对传统国家结构进行重塑和根本性改组,进而最终克服结构性的总体危机。在面对"中国式现代化新道路"中,中国共产党进行现代国家构建的总体逻辑仍然彰显并深刻作用于"中国之治"的治理理念和治理逻辑。

二、现代国家构建视角下的"中国之治"

现代国家的构建与成长,是近代以来中国政治发展的主题,亦已成为当下中国政治学研究的要旨。③ 从历史上看,任何一个现代国家的成长都具有

---

① 参见王绍光:《安邦之道:国家转型的目标与途径》,生活·读书·新知三联书店,2002年,第41页。
② 参见郭祎:《论中国共产党领导国家治理现代化的独特性》,《广西社会科学》,2021年第3期。
③ 参见赖静萍:《当代中国领导小组制度变迁与现代国家成长》,江苏人民出版社,2015年,第2页。

其独特性,历来便没有通行的、标准的现代国家成长的路线图和模板可以复制。在现代国家的发展谱系中,作为后进国家的中国,在现代国家构建的道路中,既不同于西方国家——诸如法国政治革命和英国工业革命——"二元革命",也不同于其他后进国家的从传统中寻找组织资源和思想资源的温和革命和改良,而是呈现出"中国特色"。

虽然我们似乎很难完全概括出"中国特色"现代中国构建的特殊性,然而"革命"无疑是现代中国构建下的重要关键词之一。在传统封建帝制的政治话语体系中意味着王朝更替、江山易主,但始终遵循着封建帝制天命观的价值系统。作为异族政权的清王朝不仅无法有效应对自身政治结构的脆弱性,其以天朝上国的价值观系统也不具有应对外来新的世界秩序挑战的内驱力。当传统的、以"自强"为口号的渐进改革运动无法实现民族国家构建和经济工业化的早期现代化目标时,激进的"革命"成为解决内外交迫的现实问题,驱动中国现代化道路的重要工具。"革命"所带来的不仅是中国进行现代国家建构的统治权的改变,也彻底动摇了中国传统政治制度和政治权力结构,传统"天 – 天子 – 臣民"的天命观价值系统被彻底摧毁,取而代之的是"人民 – 政府"的代议制观念。"革命"不仅是一种口号,也是一种实现民族国家建设和经济工业化道路发展的工具,这种以"革命"为关键词的"中国特色"的现代国家构建道路,深刻影响着革命叙事下中国早期现代化中追求国家"权力"与"财富"的方式。

从 1911 年国民党领导的辛亥革命,一直到 1949 年共产党建立新中国,标志着长达一个多世纪的"追求国家权力"即重构现代化新权威基础运动的结束,中国进入"追求国家财富"的现代化经济建设时期。[①] 在这一过程中,中国现代国家建构的领导权彻底由国民党转交给共产党,"革命"的叙事被

---

① 参见陈明明:《在革命与现代化之间:关于党治国家的一个观察与讨论》,复旦大学出版社,2015 年,第 31 页。

计划经济的"传统社会主义"叙事所取代。正如陈明明所说,"革命"在现代中国被赋予了阶级斗争、群众运动、政治暴力等各种意象。这种以"革命"为关键词的激进主义的现代化方式主要通过意识形态和政治斗争驱动下的群众运动实现国家财富的聚集和工业化成果的积累,推动了国家工业体系的迅速建立,但是这种革命式现代化动员也把现代化引向了危机,陷入了全能主义发展的棘轮效应。当革命的理想主义精神、政治热情和革命式现代化动员的力量超越了国家政治体制和官僚机构的治理框架,不可避免地爆发了以"文化大革命"为代表的以试图增强革命式现代化动员合法性和纯洁性的极端式的政治社会运动,在这一时期,"革命"不仅是一种为工业化资本原始积累的工具,更是一种全国范围、各个领域内人民群众的生产方式、生活方式和文明观念。

1978 年以来,中国共产党开启了以改革开放为号角的"第二次革命"。在经济方面,中国共产党改变了原有的以国家政治权威为驱动的资源配给原则,通过放权让利改革将市场化作为实现中国资源有效配置的基本形式;在政治方面,中国共产党改变了原来直接的、以行政命令为手段的统治方式,而是在制度和法律框架内实现对自身权力的规范和对社会的有效治理;在社会治理方面,中国共产党改变了原来对社会的压倒性的统治地位和支配方式,由原来政党对社会的"统治"转变为"统合",不再通过群众动员的形式实现政治合法性和社会资源整合,而是通过政党的功能开发,在宣传教育、政策引导等领域引导国家和社会的合作。改革开放以来,中国共产党构建现代国家的合法性不再局限于意识形态的纯洁性和政治动员,而在于政党治理下的经济发展和社会治理的有效性,"国家治理"成为中国现代化构建和发展的关键词。

从"统治"到"治理"的发展趋势和话语转向是世界各个国家转型和治理的基本面向。新中国成立 70 年来,中国共产党领导下的国家治理正在逐步走向一个系统化、制度化和理性化的具有中国特色社会主义事业的发展道路中,积累了丰富的国家治理经验和治理教训,这一伟大的发展道路可以总结为以革命为关键词的各种类型的国家叙事,包括以民族国家构建为目标的革命叙事、以工业化体系建设和资本积累为目标的计划经济时期的传统社会主义叙事,以及以市场化改革驱动现代国家构建的改革开放叙事。2019年,党的十九届四中全会审议通过了《中共中央关于坚持和完善中国特色社会主义制度 推进国家治理体系和治理能力现代化若干重大问题的决定》(以下简称《决定》),这份《决定》既是"中国之治"的经验总结,也是坚持和完善中国特色社会主义制度、推进国家治理体系和治理能力现代化的重要指导方针,对于中国未来治理现代化道路具有重要的指导意义。

"中国之治"内在逻辑来自中国共产党对大国治理的百年探索。无论是新民主主义革命、社会主义革命还是改革开放的"二次革命",革命的幕布悄然落下,但革命的遗产有待消化。① 以"革命"为关键词的"中国特色"在不同时期的现代中国构建道路中呈现不同的特点,但是中国现代化的基本逻辑并没有改变,即在一个能够推动政治经济和社会转型发展的中央集权的政治权威的领导、动员和激励下,实现中国的现代国家建构和发展;中国现代化的主要矛盾并没有改变,即中国国家治理过程中有限的社会资源总量与超大规模社会对国家治理资源大规模需求之间的矛盾。②

有学者将中国共产党对这样一个历史遗产丰富、超大规模的国家的治理方式和思路("中国之治")称之为"适应性治理"③。在"适应性治理"过程中,中国共产党在"务实主义治理模式"的历史传统中寻找经验,建构具有高度适应能力的存在于正式制度之外的治理机制和治理结构,上述的各种

① 参见陈明明:《在革命与现代化之间:关于党治国家的一个观察与讨论》,复旦大学出版社,2015年,第29页。
② 参见王沪宁:《社会资源总量与社会调控:中国意义》,《复旦学报》(社会科学版),1990年第4期。
③ Sebastian Heilmann & Elizabeth J. Perry, eds., *Mao's Invisible Hands:The Political Foundations of Adaptive Governance in China*, Harvard University Press,2011.

类型的革命叙事即是中国共产党治国理政的重要历史经验。因此，我们仍然能够在若干领域找到"革命"的影子：如在"政党学习"中呈现的各级文件传递和干部教育培训中的政治动员仪式化现象；在"专项治理"中呈现的地方条块在资源整合和官僚驱动方面的短时间内的政治动员；在"领导小组治理"中呈现的与常规官僚体制相并行的、以整合资源、驱动官僚、协调条块为功能的双轨治理，等等。

同时，"适应性治理"作为一种有弹性的治理，治理主体能够面对新挑战和外部的不确定性时适时作出变化和组织调适的治理过程。因此，在国家治理经验中我们也会同时发现"变化"的思路：如在"国家规划"中，我们可以发现与此并行的"政策试点"机制，作为对"规划"的纠偏、创新和补充；在"领导小组治理"中，我们发现"小组机制"的功能发挥不再呈现为一种政治统治角色，而更多呈现为一种地方协调治理机制；在"网格管理"中，我们发现技术治理的广泛应用打破了政治动员下的干部责任制和单位制的影子，成为基层治理的有效手段，等等。

如何理解治理现代化的"现代意义"和"中国特色"之间的张力，如何在国家治理的制度逻辑下理解"中国之治"，这是本书尝试回答的问题，也是本书的主旨所在。近年来，关于"中国之治"的研究汗牛充栋，学界从不同的视角对中国之治的基本特点、历史传统和治理经验进行了总结，为现代中国治理的话语体系的建构做出了贡献。但是仍然存在理论体系建构不足、缺乏中观层面的分析视野和范式等问题。在分析视野和范式方面，一些政治学者和历史学者偏重于历史的、纵向的宏大叙事，进而分析中国革命与国家建设的治理经验与教训，但在与西方理论对话时常常陷入自说自话的困境，宏大的理论叙事变为不切实际的演绎和归纳；还有一些学者就中国国家治理和现代国家建构的讨论面面俱到，以"治理"作为关键词在微观层面进行了大量的、可观的实证研究和案例研究，但是过于关注和追求对经验层面的描述和解释，使得大量的经验研究缺乏足够的理论想象和反思的琐碎。在理论体系建构方面,常常直接套用西方社会科学的概念和分析框架,以西方主流学术理论观点作为评价中国治理问题的分析尺度等。但是正如李侃如所说,"许多西方社会科学的概念并不适用于中国的经验,所以了解中国就更具有挑战性,这个空前巨大和多样的国家,正不可避免地发展出自己独特的态度和条件的混合体"①。

习近平总书记强调,"我们坚持和发展中国特色社会主义,必须高度重视理论的作用,增强理论自信和战略定力。……要在新的伟大斗争中赢得胜利,就要在坚持马克思主义基本原理的基础上,以更宽广的视野、更长远的眼光来思考和把握国家未来发展面临的一系列重大战略问题,在理论上不断拓展新视野、做出新概括"。我们需要在中国的经验世界和田野中,书写中国的故事,敢于建构中国的学术话语,一个"失语"的话语体系是不可持续的,一个崛起的大国在与西方主流学术观点进行对话时的理论局促是不可想象的。当然,这并不意味着完全放弃了与西方主流学术理论的中观层面的对话,相反,我们应当努力地进入主流学术话语体系中,用中国的学术声音解读中国的故事,但是这是以中国问题的主体性为首要原则的,是以能够在西方主流学术话语体系下进行客观的"交互理性"的对话和辩论为宗旨的。

本书以中国问题的主体性为首要原则,并不回避西方主流理论的话语,而是积极进入其中,发展与之对话和辩论的"交互理性",从理解"中国之治"的范畴下,树立理论自信、构建具有中国主体性的学术话语体系。本书对"中国之治"的新叙事,并非对经验现象和国家政策的简单描摹,也不是空谈理论的镜花水月,而是构建一种学术的语言,阐述呈现为"中国之治"的中国特色政治基础、经济绩效和治理逻辑,使得中国道路和模式成为一种具有全球意义的叙事,用普世的学术语言讲述中国故事。

---

① [美]李侃如:《治理中国:从革命到改革》,胡国成等译,中国社会科学出版社,2010 年,第209 页。

第二节　研究视角

本书的研究视角是国家治理的制度逻辑。任何一个国家政权都面临着竞争生存的压力,面临着所属疆域内经济与社会发展的挑战。不同国家因其面临生态环境、统辖规模和治理模式的差异,所面临的困难和挑战也不同。① 国家治理模式常常与一个国家的历史演变过程有着深刻关系,有明显的途径依赖性。② 正如习近平总书记强调,"一个国家选择什么样的治理体系,是由这个国家的历史传承、文化传统、经济社会发展水平决定的,是由这个国家的人民决定的。中国今天的国家治理体系,是在我们国家历史传承、文化传统、经济社会发展的基础上长期发展、渐进改进、内生性演化的结果"③。我们在进行国家治理体系现代化建设时,需要对于我们国家的治理体系的结构、演变和发展有一个清晰的认识,就需要我们对"中国之治"与"中国之制"之间的关系进行有效梳理,就需要我们对"中国之治"的制度逻辑进行总结。

"一个国家的运行过程、解决问题的能力与方式、应对危机的抉择、中央与地方政府间关系、国家与社会的关系,都是建立在一系列制度设施之上",周雪光将这种制度安排所导致的因果联系称之为国家治理的制度逻辑,他从组织学的视角,着眼于中国官僚体制的形态、特点和意义,并将其拓展为对中国国家治理制度逻辑的讨论。周雪光认为,中国国家治理的制度逻辑与其面对的基本矛盾息息相关,即一统体制和有效治理之间的矛盾,中国的

---

① 参见周雪光:《中国国家治理的制度逻辑:一个组织学研究》,生活·读书·新知三联书店,2017年,第13页。

② 参见金观涛、刘青峰:《中国现代思想的起源:超稳定结构与中国政治文化的演变》,法律出版社,2011年。

③ 《习近平总书记在省部级主要领导干部学习贯彻十八届三中全会精神全面深化改革专题研讨班上的讲话》,http://www.gov.cn/ldhd/2014-02/17/content_2610754.htm。

国家治理,无论是央地关系、国家与社会关系,还是政治官僚制都是紧密围绕如何处理一统体制和有效治理之间的张力而发展和转型。为了回应一统体制和有效治理的矛盾,中国的国家治理演化出三种类型的应对机制,即决策一统性与执行灵活性之间动态关系、政治教化的礼仪化和运动型治理机制等,国家治理的制度逻辑就是围绕这样"一组矛盾"和"三种机制"之间的互动和张力进行。①

本书将引入周雪光的"国家治理的制度逻辑"概念,将其作为一种分析和理解中国治理的视角。作为分析视角的国家治理的制度逻辑主要包含两个层面:

第一,"中国之治"的逻辑起点是什么？换句话说,在一统体制和有效治理的矛盾背景下,包括新民主主义革命、传统社会主义革命和改革开放在内的不同时期的叙事,对于"中国之治"的影响是怎样的,在一统体制和有效治理的张力下,如何理解中国共产党领导下的中国的现代化建设逻辑直接关系着"中国之治"。作为一个百年政党,中国共产党领导下的中国治理始终面临着三大问题:其一,超大型政府官僚体系带来的中央和地方"委托－代理"关系问题;其二,超大规模的政党组织使得组织等级链条的延长,从而导致巨大的组织效率损失和中央权威稳定性问题;其三,超大型国家疆域面临大量跨地区治理的协调、资源汲取和整合能力以及国家的动员能力压力较大的问题。面临上述问题,如何构建一个系统高效的资源汲取渠道,如何设计一个针对漫长等级链条的官僚组织的规训体系、如何发展一个高效的社会动员体系,既是中国党政体制下的现代化发展逻辑,也是中国共产党进行国家治理的核心思路和理解"中国之治"的逻辑起点。

第二,为了实现在一统体制下的有效治理,中国共产党是如何对原有叙

---

① 参见周雪光:《中国国家治理的制度逻辑:一个组织学研究》,生活·读书·新知三联书店,2017年,第13页。

事基础下的"制度设施"进行沿袭、调适和再造,最终在推动国家治理现代化目标下实现有效治理的。正如周雪光所强调的,决策一统性与执行灵活性之间动态关系、政治教化的礼仪化和运动型治理机制等是实现和应对一统体制下有效治理的三种机制,中国国家治理的历史经验和现实充分展示了这三种机制的运作。譬如在党领导的国家体制下,为了在一统体制下实现国家发展的目标性,党在政党内部、国家内部以及国家社会关系领域方面进行总体规划和布局("国家规划");为了有效驱动行政官僚而不断发起的运动式治理("专项治理");为了规避官僚体制在总体规划、突发问题解决、议事协调等领域的制度性壁垒和困境而成立的领导小组治理机制("领导小组");为了保证政党内部思想统一,以谋求由政党领导下的各级行政官僚能够充分贯彻党的意志和国家规划而进行的内部纠偏和政治教化("政党学习")等等,均体现了中国共产党对原有叙事的继承、沿袭以及在新的历史条件下的改造,其总体目标都是为了一方面维护中国共产党领导下一统体制的正当性和合法性,为了坚持中国党政体制下的现代化发展逻辑,另一方面,也是在这种一统体制的现代化发展逻辑起点中,实现中国共产党领导下的国家的有效治理。

第三节　本书概要

　　本书从国家治理的制度逻辑切入,将当代中国政治体制的系统叙事和丰富的治理实践的经验性叙事紧密结合起来,对党领导的国家体制、政党现代化、大一统观念等规范性概念和国家规划、领导小组、专项治理、网格管理、政党学习等治理经验进行了系统的梳理,寻求其在国家转型、现代国家构建和国家治理现代化理论谱系下的位置。因此,本书主要分为两大部分:系统叙事和经验性叙事。

　　讲好中国故事是理解"中国之治"的重要前提,而讲好中国故事的起点是厘清中国国家治理的现代化发展逻辑,即我们要搞清楚我们是在怎样的历史起点和逻辑起点出发去探讨中国的国家治理经验。本书在"系统叙事"部分将主要讨论两个问题:其一,中国"党领导国家"体制及其现代化发展逻辑;其二,"大一统"视野下的中国国家治理的历史逻辑。

"导论:中国国家治理的制度逻辑"奠定了本书的研究视角和研究起点。作者首先对"中国之制"和"中国之治"的关系进行了简要介绍,提出理解"中国之治",关键是要理解中国国家治理的现代化发展逻辑;其次,作者提出了本书的研究视角,即中国国家治理的制度逻辑。从国家治理的制度逻辑出发,本书旨在论证和呈现在一统体制下,中国共产党领导下的国家治理是如何呈现有效治理的,这些具体的国家治理经验是如何推动中国国家治理的现代化发展的。

第一章是"'大一统:中国之治'的历史逻辑"。"大一统"既是中国国家疆域形成的主要特征,也是中国政治体制的核心概念。两千多年的封建王朝统治不仅建立了广袤的以大一统为主要特征的国家疆域和民族观念;同时又是封建王朝中央与地方关系的主要表现形式,在大一统的央地关系体制下历代封建王朝构建起相应的自上而下的国家治理能力和管理策略;再者,"大一统"也是中国传统政治制度、政治权力结构和价值系统,"天—天子—臣民"的天命观是维系和实现"大一统"观念的主要价值系统,深刻影响着两千多年的国家与社会、中央与地方、政府与人民之间的关系。在中国进入现代国家建构以来,伴随着封建王朝的消亡,"大一统"观念并未完全退出国家治理的历史舞台,仍然在政治制度、权力结构和价值系统中发挥着重要的角色。本章从现代国家建构的视角分析了"大一统"观念在社会主义中国的维系与再造,在此基础上,探讨了"大一统"观念的现代价值及其对国家治理体系与治理能力现代化的影响。

第二章是谈论"中国之治"的前提是厘清"中国之制"的本质,即当代中国政治体制的系统性叙事,中国政治体制的一个无法回避的核心问题,是如何理解"党"与"国家"之间的关系,如何理解"党领导国家"体制下的国家治理现代化发展逻辑。中国共产党领导下的中国国家治理旨在处理一统体制和有效治理之间的张力,这种张力的处理和对待的态度取决于"党"与"国家"关系的动态演变。本章通过梳理不同时期的党政关系的特征与变化,通过对不同叙事话语体系下梳理了党政关系的"变"与"不变",这既是"中国之制"的本质属性,也是"中国之治"的理论前提。

第三章至第七章为经验性叙事。在中国共产党领导的国家治理现代化进程中,一方面,中国共产党不断地推进中国治理的制度化、精细化和规范化,另一方面,在现代国家建构的逻辑下,为了应对一统体制和有效治理的张力,中国共产党开发出一系列具有中国特色的治理经验,这些治理经验使得中国共产党在国家治理实践中保持稳定性的同时不失其开拓性,是从中微观角度认知"中国之治"的重要研究标识。本书主要列举了一些具有代表性意义的治理经验,包括国家规划、领导小组治理、专项治理、网格化管理、政党学习等。具体而言:

第三章是"规划国家:理解'中国之治'的概念性框架"。国家规划并不简单地等同于"五年规划",而是一种"方法论"和"治理体制"。从治理逻辑来看,"规划国家"是中国共产党基于一统体制和有效治理之间的矛盾,依托于严密的组织化的动员体系和权威体制,构建的一套战略性的治国理政的理念和治理体系。在方法论层面,体现了中国共产党治国理政的整体思考和一以贯之的治理理念,在治理体制方面则包含了对官僚组织体系、干部激励结构的总体布局。在"方法论"和"治理体制"的形式形塑着中国共产党治国理政的内在逻辑。中国共产党、人民代表大会、各级政府、社会大众被紧密编织到"规划国家"这个多层级、多主体的治理体系,党的主张、国家意志和人民行动在"规划国家"治理体系中得以转化和彰显。本章对"国家规划"的概念在传统关于"五年规划"研究的基础上进行了拓展,进而从方法论和治理体制层面分析国家规划的运作逻辑和实现机制,最后讨论了"规划国家"理解"中国之治"的重大意义和面临的挑战。

第四章是"小组治理:理解'中国之治'的重要抓手"。自中国共产党成立至今,领导小组被广泛应用于中国政府的政治决策、政策执行、应急管理和组织协调领域。各级党和政府通过领导小组的运作,实现国家的整体规划和专项治理的完成,成为中国共产党治国理政的重要抓手。从组织属性上来看,领导小组是一种以议事协调为主要功能的临时性组织,但与其他西方国家的议事协调机构不同,领导小组拥有其独特的政治属性。本章将主要从三个方面对"小组治理"进行讨论:首先,本章将从历史的逻辑出发,探讨领导小组在治理主体、功能等维度的历史变迁,并重点分析新时代以领导小组为代表的议事协调机构的政治价值;其次,本章将借鉴贺东航教授提出的"政治势能"概念,在此范式下分析领导小组的运作逻辑;最后,本章将结合新时代以领导小组为代表的议事协调机构的职能优化路径。

第五章是"专项治理:'中国之治'的政策工具"。专项治理是中国共产党在政府治理中常常采用的治理工具之一。作为运动型治理机制的重要表现形式,专项治理继承了革命叙事和传统社会主义叙事背景下的政治动员特征,在国家和地方治理过程中能够最大限度地整合资源和动员群众,是"集中力量办大事"的重要体现,推动了在中国现代国家建构逻辑下的国家治理能力和治理绩效的提升。同时,专项治理虽然没有"政治动员"之"体",但是却仍有"政治动员"之"神",将原有的动员对象由"群众"转变为"官僚"。中央或地方政府通过不断开启专项治理的政策工具,在整合资源的同时,也能够自上而下地通过各种激励机制驱动行政官僚提升工作效能、端正工作态度。但是地方治理中也出现了"专项治理"常规化和常规治理"运动化"的新现象,如何理解这种地方治理的悖论,如何看待专项治理与治理现代化之间的逻辑关联,是本章所要分析和阐释的目标。

第六章是"网格管理:'中国之治'的组织保障"。组织力关乎一个组织的兴衰成败,网格化管理正是增进基层组织力、领导力和执行力的一种有效途径。网格管理最早溯源于"将支部建在连上",是加强政党对军队领导力的重要手段。随着高性能计算机、数据源和互联网技术的有机组合,为传统的网格管理注入新的能量,传统网格化管理的理念经过技术赋权,被应用于城市管理、社会治理等各个领域,形成了网格化管理模式。本章将从三个方面进行讨论:首先,梳理网格管理的"前世今生",厘清网格管理与中国共产党传统的组织管理之间的联系;其次,分析网格管理的运行逻辑和治理绩效,讨论组织是如何嵌入治理活动中的;最后,分析以网格管理为特征的组织力、治理结构和国家治理现代化之间的逻辑关联。

第七章是"政党学习:'中国之治'的自我革新"。政党活动随着政治体系和政治制度的变化如何变化,是窥探中国共产党政治逻辑和组织逻辑的一把钥匙,也是嫁接中国共产党和中国政治发展的一座桥梁。对于任何政党组织而言,政党学习对于政党能力的提升具有重要意义。尤其是对中国共产党而言,政党学习具有特殊意义,不仅有助于提升政党治理水平和治理能力,同时也是规训各级党组织和党员,密切深化党和群众的血肉联系和对官僚组织的功能性动员,实现组织权威重塑、组织合法性彰显和组织有效性提升的重要途径。本章将分别从三个方面进行讨论:首先,对西方视野和中国路径下的政党学习进行对比,突出政党学习对于政党本身和现代国家建构的双重意义;其次,对中国政党学习进行类型化分析和历史演进的讨论;最后,从组织学的视角分析政党学习的制度逻辑,及其与政党现代化和国家治理现代化之间的关系。

第八章是"结论"。中国国家治理的制度逻辑溯源于中国的治理传统,呈现于丰富的国家治理经验与治理教训,并终将作用于国家治理现代化道路。本章将从两个方面进行讨论:首先,对国家治理的制度逻辑视角下的"中国之治"的本质和特征进行总结和诠释;其次,从国家治理现代化的视角下对中西方现代化进行对比,在此基础上为"中国之治"的未来道路指明方向,推进"中国之治"以完善"中国之制"。

第一章 大一统:"中国之治"的历史逻辑

第一节 引 论

在中国国家治理的现代化进程中,始终面临着如何处理中国传统治理理念的问题。不同历史阶段的中国传统治理理念虽然在背景、性质和功能方面均有所不同,但这并不意味着这些历史片段是孤立的、无意义的。相反,只有从历史的关联中才可以对这些片段有深刻意义的理解。① "大一统"观念在长达三千多年的历史长河中,对于中华民族的融合和发展、中国的政治稳定和制度延续具有重要的意义,其历史价值理应成为中国国家治理现代化的重要经验和基本前提。遗憾的是,海内外学者对于"大一统"观念的研究似乎有意地回避了对历史关联的探讨,更多的是试图直接的、孤立地在西方"民主"的话语体系下去诠释这种"大一统"观念及其"反民主"面向,通过对"大一统"的批判和否定借此树立西学表彰的价值和制度。他们认为,在西方思想规训下,"大一统"必然导致专制独裁的论证逻辑几成共识。② 黑格尔就将这种"大一统"视为一种长期停滞的东方专制主义政治,"中国历史

---

① 参见倪星、原超:《从二元到多元:海外中国政治精英研究述评》,《中山大学学报》(社会科学版),2011 年第 6 期。

② 参见杨念群:《论"大一统"观的近代形态》,《中国人民大学学报》,2018 年第 1 期。

从本质上是没有历史的,它只是君主覆灭的一再重复而已。任何进步都不可能从中产生"①。孟德斯鸠也强调"大一统"的专制属性,"广土众民而大一统者,专制国之真相也"②,上述学者们这种将"大一统"简单视为大一统专制主义的判断不仅囿于西方"他我"话语体系下的理论叙事难以前行,而且在经验层面缺乏足够的中国话语体系下的理论建构。然而"对于中国的政治行动者来说,这些关联属于个人经验,也许无须去分析,但局外的观察者必须经常地问自己:这种历史关联如何构造了政治行动并赋予其意义"③。

在千年时间长河中,"大一统"是人类在符合历史发展规律的基础上选择出来的,经过持续的探索实践而形成的。历史是我们的认同所在,无论是人们诠释下所揭示的历史,还是自然延伸的历史,始终在中国人的生活中起到很大作用。但不置可否的是,中国的当代与过去是存在一定断裂的,这种断裂在很大程度上是一种观念的历史,如果不去深入探究它的本来面目,往往会产生"反效果"——无法涵盖过去的经验,也不能回应当下的事实,更不能展向未来。历史断裂的修复需要一个前提,即我们能够找到连接古今两者的特殊成分,这里"大一统"作为千年政治文明的"超稳定结构",④其自身的历史遗产转化为现代价值就是一个修复断裂的重构过程。在这个重构进程中,尽管人们在不断积累、研究经验性证据,但对于"大一统"的想象化诠释难以避免"去蔽"现象,这也就要求我们各方面综合看它已达到"开显"效果。⑤

因此,如何认识当今中国话语体系的形成过程及其历史延续性? 如何在历史语境中认识中国问题和中国逻辑是我们在国家治理现代化进程中处

---

① [德]黑格尔:《历史哲学》,王造时译,商务印书馆,2007 年,第 71 页。
② [法]孟德斯鸠:《孟德斯鸠法意》,严复译,商务印书馆,1981 年,第 175 页。
③ [美]詹姆斯·R. 汤森、布莱特利·沃马克:《中国政治》(第 2 版),江苏人民出版社,2010 年,第 6 页。
④ 参见金观涛、刘青峰:《兴盛与危机:论中国社会超稳定结构》,法律出版社,2011 年。
⑤ 参见李宸、方雷:《礼序政治:"大一统"叙事的回归与重构》,《开放时代》,2021 年第 2 期。

理传统治理理念及其现代价值的基本态度。对于"大一统"观念的研究,其内在意义就在于寻求对中国政治和国家治理的整体理解,特别是以"大一统"观念的内涵为研究起点,对"大一统"观念进行不同形态的解构和诠释,分析不同形态下的"大一统"观念的历史遗产和现代价值,为"大一统"观念注入现代逻辑的同时,重建中国"大一统"观念和"现代化"治理理念的关系结构。这一过程能够帮助我们厘清其中的历史关联,更好地把握和理解"中国之治",推进国家治理体系和治理能力现代化进程。

第二节 "大一统"概念的内涵与诠释

一、以"政治秩序"为核心:"大一统"概念的历史变迁

在中华千年文明进程中,"大一统"这一思想体系贯穿着中国封建社会的始终,是整个华夏族的文化宿命,同时也是"中国之治"历史逻辑的起点。"大一统"最早出自《春秋公羊传》:"元年者何?君之始年也。春者何?岁之始也。王者孰谓?谓文王也。曷为先言王而后言正月?王正月也。何言乎王正月?大一统也。"①因此,依据《公羊传》中的解释,所谓"大一统"并不简单地等同于"大统一",而是强调"重一统"。东汉经学家何休注解为:"大"乃"重,推崇"之义;"一统"乃"元始、根基"之义,即"统者,始也,总系之辞"。②因此,按照何休的释义,"大一统"思想即是重视王朝改制后的根基——政统和法统的构建问题。"一"追求统一的深度由表及里,广度由核心圈发展为全面整合。"春秋大一统者,天地之常经,古今之通谊也。""一统者,万物之统皆归于一也。"(《汉书·董仲舒传》)董仲舒将其解读为君主政治的高度集权和国家对社会生活的全面支配;"统"表达了权位和权威传承中的正当性。不同时期"统"的表现形式不一样,包括血统、法统和道统,但

---

①② 阮元刻校:《十三经注疏》(下册),中华书局,1997年,第2196页。

无论是以血缘为基本单位的血统、以法令制度为规范的法统还是以思想文化意识形态为基础的道统，均作为"大一统"的一种符码，一种内在的具有统合意义的"秩序观"，在国家的统治、政治体制和文化思想方面统领起到一种贯通的作用。

正如康有为所述："有拨乱世，有升平世，有太平世。拨乱世，内其国而外诸夏。升平世，内诸夏而外夷狄。太平世，内外远近大小如一……此孔子之作所以大也。盖世运既变，则旧法皆弊而生过矣，故必进化而后寡过也。"①在康有为看来，孔子所谓的"大一统"是对政治发展规律和政治秩序的遵循。中国国家的历史进程中无论是盛世还是分裂，无论是血统、法统还是道统，这种以"大一统"为标志的秩序观念始终影响着中国和中华民族的存续与发展。

从历史上看，"大一统"观念萌生于三代，丰富于春秋战国，至秦汉进一步系统化、理论化。"大一统"思想核心是疆土一统和以治权及法令制度为中心的政治一统，同时也涉及思想一统和文化认同。②尽管"大一统"这一概念载入文册的时间较晚，但其思想起源可以追溯到西周甚至更早。现有文献对"大一统"的讨论大多是从文化维度和政治维度去探讨"大一统"理念在封建政治体制构建、疆域发展和思想文化发展中的重要作用，但是值得我们关注的是，华夏文明诞生于中国这片广袤的独特自然环境中，早在步入文明时代之前，它就已经具备自身独有的气质及其内在逻辑性。因此，要准确把握"大一统"这一理念的内涵及不同时期的形态变化，不应当仅仅关注"大一统"的专制制度，而是应当回到古史传说中的炎黄时代，追溯其最早的文明形态。

在6000年前，历史迈进古史传说中的炎黄时代。由于气候骤变，处于西

---

① 《康有为全集》(第五卷)，中国人民大学出版社，2007年，第387页。
② 参见张子侠：《"大一统"思想的萌生及其发展》，《学习与探索》，2007年第4期。

北方的族群的生存环境严重恶化，他们的族人迫于生存压力只得再次南迁。在人口、土地等资源争夺中爆发了涿鹿之战。司马迁对这次战役的审视和总结非常有意思，他认为轩辕氏的胜利于后世文明的发展而言可谓意义重大——"轩辕之时，神农氏世衰，诸侯相侵伐，暴虐百姓，而神农氏弗能征，于是轩辕乃习用干戈，以征不享，诸侯咸来宾从。而蚩尤最暴，莫能伐。炎帝欲侵陵诸侯。"（《史记·五帝本纪》）"神农氏世衰""以征不享""诸侯咸来宾从"等表明曾经处于大部落地位的神农氏随着轩辕氏的壮大而逐渐跌下神位，也暗示着黄帝一脉已凭强盛实力夺占众部落中的霸主地位，扩大了其所影响的地域。不难看出，秉持"大一统"正统思想的司马迁意在"尊皇帝"，几经战争，黄帝将众氏族部落联合起来，形成相对合作共存的大联盟。

在部族联盟中，不同文化互相借鉴、合理共存，使得中华文化从一开始就具有兼容并包的优良传统。尽管这一时期的中华大地尚且分布着大大小小的部落族群，但整体趋势是趋向统一的。"天似穹庐，笼盖四野"是人类对眼中世界的空间状态直接观察得出的结论，这也就为"一统"秩序的"地中"文化建立起了一个整体性的秩序框架，"人只有立于轴心点、四方之中，才能达到和谐状态"，而"亚""京""中"等文字的原始符号史料证据正是能体现出古人对天下之中的重视程度。[①] 这一时期的"大一统"更多地呈现为一种部族之间的基于血缘关系而形成的和谐共处的整体秩序。

商周时期是中国思想史上的大变局时期，在《尚书·商书》和甲骨文中，商王通常自称"予一人"，这种训诫民众的口气表明了商王作为"王"在当时已经具备四海之统的地位。[②] 从国家形态来看，殷商已经属于早期国家时代的典型，虽然处于以血缘部族聚居的方国为基础，但商王处于中心的地位，

---

① 参见李宪堂：《大一统的迷境：中国传统天下观研究》，社会科学文献出版社，2018年，第24～33页。

② 参见张子侠：《"大一统"思想的萌生及其发展》，《学习与探索》，2007年第4期。

成为"协和万邦""天下共主"的国家。① "大一统"在这一时期已经初步具备了超越血缘为基本单位的血统下的聚合关系,而是具有了一定程度的法统秩序结构下一统的萌芽形态。

大邑商江河日下,小邦周逐渐发展起来。周公摄政几年间,平叛东夷诸国——殷商时代都并没有真正归统的诸侯,进一步扩大了周王朝的统治疆域。分封诸侯也是在这一阶段达到高潮,从而确立分封制为治国体制,在分封制的统摄之下才能在真正意义上来说,周朝整体疆域已经初步具有"大一统"的局面,即"普天之下,莫非王土;率土之滨,莫非王臣"(《诗经·小雅·北山》);在文化方面,以"崇礼"为中心的文化一统思想,源于西周制礼作乐的文化认同。"先君周公制周礼曰:则以观德,德以处事,事以度功,功以食民。"(《左传·文公十八年》)西周时期尊尚礼乐的文化认同,使周礼文化在西周的文化格局中,成为主体的、原始的、根本的"一",能够统合其他的"多"(地域文化)而为一体,形成西周时期的文化一统格局。② 另实行"内外服"制度,即"夫先王之制,邦内甸服,邦外侯服,侯卫宾服,夷、蛮要服,戎、狄荒服"。(《国语·周语上》)最终,在封建和分封制度下,周天子的权力得以加强,周天子成了"诸侯之君"的地位,且形成了以王畿为中心的天下共主的格局。在这一时期,"大一统"呈现为一种建立在以分封为标志、以共主为特征的法统秩序。

西周末期,天子势弱,群雄割据,是以礼崩乐坏、官学下移,"百家争鸣"成为春秋战国时期思想发展的主要特征。"一统"思想在这一文化大融合的历史时期迅速发展壮大——各派学术渐而展现出"超国家"意味。③ "四海之内,皆兄弟也"(《论语·颜渊》),"是以声名洋溢乎中国,施及。天之所覆,地之所载,日月所照,霜露所坠,凡有血气者莫不尊亲"(《中庸·第三十一

---

① 参见马平安:《走向大一统》,团结出版社,2018年,第9页。
② 参见马卫东:《大一统源于西周封建说》,《文史哲》,2013年第4期。
③ 参见梁启超:《先秦政治思想史》,商务印书馆,2014年,第10页。

章》），"四海皆兄弟""乎中国""天之所覆"皆表明儒家的"超国家"思想，不论及异国、异族而是强调天下偕同。从孔子、孟子再到荀子，他们对一统的思想也可展现三个不同变化阶段。孔子重礼，有一言"郁郁乎文哉吾从周"（《论语·八佾》），他追求的"先王之道"——周朝统一格局下的礼制，即为论语中描述"天下有道，则礼乐征伐自天子出。天下无道，则礼乐征伐自诸侯出"（《论语·季氏》）；至于孟子，孟子强调"仁"，而他的思想中也透露出对一统的赞同——梁襄王问于孟子"天下恶乎定"时，其答道，"定于一"（《孟子·梁惠王上》）；随着天下归"一"的趋势日渐明朗，荀子——融儒家及百家学术的集大成者认为，"能用天下者谓之王"（《荀子·正论》），并称赞："夫尧舜者，一天下也。"（《荀子·王制》）"令行于诸夏之国谓之王"（《荀子·正论》），即王天下；后又有"天下为一"。战国后期，李斯谏言，"灭诸侯，成帝业，为天下一统"（《史记·李斯列传》）。在荀子的思想中，国君为一国之中地位最尊贵之人，是国家长治久安的保障，"君者，国之隆也，父者，家之隆也。隆一而治，二而乱，自古及今，未有二隆争重而能长久者"。（《荀子·致士》）另提出"推礼义之统，分是非之分，总天下之要，治海内之众，若使一人"（《荀子·不苟》）以礼义制度为纲，明贵贱贤愚之分，就掌握了治理天下的关键所在。在这一时期，诸子百家均对"大一统"提出了不同视角下的认知，"大一统"成为一种以思想文化意识形态为表现的道统秩序。

公元前 221 年，征战数年的秦王嬴政终于实现了一统天下"秦并海内，兼诸侯，南面称帝，以养四海"①，将数百年来的分裂格局扭转为"大一统"，开启中华民族历史的帝制新纪元。据《史记》中描述，"自以为功过五帝，地广三王，而羞与之侔"（《史记·秦始皇本纪》），表明嬴政对于自我功劳是极为肯定的，并最终在议定新朝名号时取"三皇""五帝"组成"皇帝"作为君主的称号，宣定"朕为始皇帝。后世以数记，二世三世至于万世，传之无穷"（《史

记·秦始皇本纪》)。皇帝制度的确立于当时而言实为开创之举,而"陛下""朕"等词也就成为皇帝专用的政治称谓,同时这将标志着秦王朝最高政治权利的确立以及大一统的历史演进步入新阶段——由一种意识形态观念逐步转变为一种专制的政治体制。

汉承秦制,武帝时期,董仲舒融合了黄老、阴阳、申韩等各派思想,并发展出独具特色的儒家学说,其"大一统"理念,以"天人感应"为统摄,以"一元论"为中心,所谓"天人之征,古今之道也",而"一者,万物之所从始"(《汉书·董仲舒传》)。董仲舒认为"大一统"最主要的是文化和思想的统一,"诸不在六艺之科孔子之术者,皆绝其道,勿使并进。邪辟之说灭息,然后统纪可一而法度可明,民知所从矣"(《汉书·董仲舒传》)。而现代学者姚中秋认为,董仲舒只是定"儒术"为一尊并无秦人那种建立文化专制的心态。[①]最终,汉武帝接受董仲舒的建议,实行"罢黜百家,独尊儒术"的政策,才得以真正实现了意识形态上的一统。另外,汉武帝还改制——"外事四夷、内兴功利"(《汉书·食货志上》),这一点可以称为是多欲政治式的"大一统"国家治理模式。[②] 汉朝为秦制配上以儒家为核心的意识形态系统,最终创造长达千年的"大一统"政治统治。

二、"大一统"概念的三个面向

从上述"大一统"在不同时期的内涵及其历史变迁可以发现,目前我们对于"大一统"的关注主要集中于它的三个面向。

(一)作为疆域和民族范畴的"大一统"

"大一统"是中华民族生存与发展的产物,也是生存与发展的根本方式。作为疆域和民族范畴的大一统,更准确地说是一种身份认同,是以"多元一体""和而不同"为主要特征的中华民族共同体意识,而"大一统"模式要处

---

① 参见姚中秋:《"大一统"理论辨析》,《学海》,2008 年第 6 期。
② 参见唐眉江:《董仲舒国家治理思想:历史观的创新与大一统思想的重构》,《云南师范大学学报》(哲学社会科学版),2014 年第 1 期。

理的核心问题就是疆域与族群的关系以及由此引发的国家认同问题。①《康熙字典》先后引《易经·乾卦》"大哉乾元"和《庄子·天地篇》"不同同之谓大",因此"大一统"中"大"的内涵是多元性和包容性。在这种以多元、包容和融合身份认同的基础上,进而衍生出在"大一统"框架下的民族融合和疆域拓展的讨论。在这种视域下,"大一统"意指传统中国是一个疆域广阔、民族多元、完整统一的国家。《诗经·小雅·北山》中"普天之下,莫非王土;率土之滨,莫非王臣"即呈现了西周建立后整体疆域已经初具统一的局面。秦灭六国,结束春秋战国近千年的群雄割据局势,是在真正意义上达到疆域上的"大一统"。清朝是中国封建专制统治的鼎盛时期。"天下一家"的统一之势逐渐形成,"大一统"观念也日渐深化。清朝"合蒙古、中国成一统之盛"的基本政治格局,也决定了清朝"大一统"并不简单等同于中国传统儒家思想中的"尊王攘夷",而是基于"中外一体""华夷一家"基础上"夷夏协同"的"大一统"理念。②

《春秋》之微言大义,将"春秋"所记242年历史分为三个阶段来明示整个进化过程,即所谓《公羊》三世说。第一阶段"据乱世",主要特征是"内其国外诸夏";第二阶段"升平世",就是"内诸夏外夷狄";第三阶段"太平世",则是"夷狄进至于爵,天下远近大小若一"(《公羊传·哀公十四年》)。这里也是从族群关系的角度来解释"大一统"。孔子思想中并不排斥夷狄,先有"夷狄之有君,不如诸夏之亡也"(《论语·八佾》),再者有,"远人不服,则修文德以来之,既来之,则安之"(《论语·季氏》),表明孔子相信"夷狄"也可教化,亦即"夷狄"可以进为华夏。汉代贾谊亦认为,君主应运用怀柔政策去感化夷狄,"建三表,设五饵,与单于争其民"(《汉书·贾谊传》)。因此,中国古代看待民族的一统,一方面要论议"华夷之辩",另一方面则要重

---

① 杨念群:《我看"大一统"历史观》,《读书》,2009年第4期。
② 张双志:《清代皇帝的华夷观》,《历史档案》,2008年第3期。

视"华夷一体",而"用夏变夷"的前提是遵循少数民族的生产、生活习惯和习俗,在此基础上"修其教,不易其俗;齐其政,不易其宜"①,这也就为历朝历代的多民族统治格局的缔造提供了思想前提。正如钱穆所述:"中国历史惟一大事,乃是民族抟成与国家创建,形成一个民族国家大统一之局面。但外国人不说这些,因此我们也不说。外国人说现代国家,中国人边说要赶上也成一现代国家。但现代国家之最高理想,岂不应该是一个大一统的民族国家?这是中国史上久已完成之一件事。惟有由此基础,始可走上世界大同。"②作为民族和疆域范畴的"大一统"是中华民族的根本,也是现代中国转型的起点。

(二)作为文化价值范畴的"大一统"

在姚中秋看来,"大一统"从来就不应当局限于疆域的范畴,而是一个文化价值的范畴。③"大一统"不仅作为一种地理疆域与政治经济的统一形态,更作为一种厚植于整个中华民族社会、文化等方方面面的意识形态体系,融汇于整个中华民族的历史进程之中。④"大一统"作为一种中华民族的文化价值的统合框架,是中国之轴。失去了"大一统",中国也就失去了整体存续的基础与价值。⑤

《公羊传》以"崇礼"为中心的文化一统思想,源自西周社会崇尚礼乐的文化认同观念。"先君周公制周礼曰:则以观德,德以处事情,事以度功,功以食民。"(《左传·文公十八年》)这种对礼乐崇拜的文化认同,使得周礼文化在西周的文化格局中,成为主体的、原始的、根本的"一",能够统合其他的

---

① 梁鸿编选:《礼记》,时代文艺出版社,2003年,第55页。
② 钱穆:《史学导言》,中央日报社,1970年,第4页。
③ 参见姚中秋:《"大一统"理念辨析》,《学海》,2008年第6期。
④ 参见王健睿:《传统"大一统"思想与近代中国国家转型的内在逻辑统一》,《人民论坛》,2019年第13期。
⑤ 参见林尚立:《当代中国政治:基础与发展》,中国大百科全书出版社,2017年,第142页。

"多"（地域文化）而为一体，形成西周时期的文化一统格局。① 春秋战国，礼崩乐坏，却是诸子百家对"大一统"的文化价值和意识形态"百花齐放、百家争鸣"的时期。孔子称赞齐桓公和管仲"一匡天下"；孟子主张"天下定于一"；荀子追求"四海之内若一家"。

直到汉代，公羊派及其代表人物董仲舒融合了黄老、阴阳、申韩等各派思想，发展出以"天人感应"为统摄、以"一元论"为中心的"大一统"思想理念。"天人之征，古今道也"，而"一者，万物之所从始"（《汉书·董仲舒传》）。董仲舒在"大一统"政治伦理秩序中，构建了"君为臣纲"的理念，将父子伦理扩及天地秩序和社会秩序，以伦理统摄万物，将君主定义为世俗伦理秩序中的最高统治者。同时，董仲舒将不符合"六艺之科，孔子之术"的学说，皆"绝其道"（《汉书·董仲舒传》），通过"罢黜百家、独尊儒术"的做法实现了学术思想层面的大一统。

董仲舒对"大一统"的文化价值属性进行了系统性的构建，完成了从德政到封建专制的意识形态建构，"大一统"的内涵和诠释真正实现了思想层面的统一，最终成为服务君主专制的统治学说和意识形态。

（三）作为政治体制范畴的大一统

"大一统"的政治体制面向是我们所最为熟知和讨论的基本范畴。学者们认为，"大一统"不只是单一的理念，而是一套系统的社会治理模式。② 权力划分是政治生活中至关重要的问题，科学的权力划分有利于形成权力合力，维护理想的政治秩序并实现善治。不同的政治理想需要与之相匹配的权力划分原则和制度安排。③ 因此，上述治理模式并非仅仅针对封建君主专制，而是一个由基于血缘关系的部落联盟，到基于分封关系的"共主"模式，

---

① 参见马卫东：《大一统源于西周封建说》，《文史哲》，2013 年第 4 期。
② 参见周国林、梁悦：《〈公羊传〉"大一统"思想的基本内涵和实现方式》，《历史文献研究》，2017 年第 1 期。
③ 参见常轶军：《"大一统"的现代性解码与当地中国政治认同建构》，《山西大学学报》（哲学社会科学版），2020 年第 4 期。

直到中央集权的封建君主专制制度的过程,其核心是政治秩序的构建,而封建君主专制制度通过中央集权的政治制度,明确地将中央与地方关系、人才选拔规则、天子与臣属之间的关系等用专制制度确定下来,形成稳定的政治体制。

西周封建和分封制度,加强了周天子的权力,使周天子确立了"诸侯之君"的地位。① 秦始皇一统天下后,则设郡三十六,辖县八九百,普遍实行了以县统亭、乡,以乡统里的基层组织制度。② 由此形成的以郡县制为主体的治理模式,为"大一统"确立了新的政治基础——官僚制与郡县制,更奠定了中国两千多年中央集权的政治格局。秦始皇希望通过郡县制和官僚制的政治制度来规避周制的缺陷——"地方势力过高,藩候割据难免"而达至"传万世"的家天下格局。然而秦终究只是"亡于二世"的结局。秦亡之后而起的汉朝,继承秦制,但不用法家治国,而是用"黄老哲学",走向另一个极端来继续推行"大一统"国家治理模式。汉初统治者在政治上崇尚清静无为,与民休息,可称为无为而治式的"大一统"。汉武帝改制更化,"外事四夷、内兴功利"(《汉书·食货志上》),可称为多欲政治式的"大一统"国家治理模式。③ 经历数千年历史演变,大一统思想内涵得到不断扩大,推动了中国中央集权的政治形构的不断发展。

第三节 "大一统"观念的维系与再造

中国作为一个文明古国,拥有数千年一脉相承的独特文化秩序和治理体系,而这支文脉在历代王朝政治和更迭中不断融合发展、从未断裂消失。

---

① 参见马卫东:《大一统源于西周封建说》,《文史哲》,2013 年第 4 期。
② 参见李宪堂:《大一统的迷境:中国传统天下观研究》,社会科学文献出版社,2018 年,第 11 页。
③ 参见唐眉江:《董仲舒国家治理思想:历史观的创新与大一统思想的重构》,《云南师范大学学报》(哲学社会科学版),2014 年第 1 期。

"大一统"观念则是中华文明中的重要根基,维系着这样一个广疆域、多民族国家历经"分久必合,合久必分"的周期性更变后,仍在疆域上、政治上和思想上保持整体上的统一。

19世纪中期,这个庞大的文明古国在西方殖民主义的入侵下打开国门,被胁迫卷入了现代化进程中。随着中国被动地开启国家建构和现代化进程,"大一统"观念一方面维系了下来,另一方面也在现代化国家构建的道路中被得以重构和再造,在完成文明传承历史重任的同时,实现了"大一统"观念的时代转型,并在此基础上创造了新的适应"大一统"政治的发展模式。百年来,中国由传统封建帝制王朝成功转型到共和制人民民主国家,由古代中国进入现代中国的发展轨道。虽然从中国现代政治结构的要素来看,共和制的建构确实来自西方政治文明体系,但究其实质却能发现中国的"古"转"今"不能简单定义为"照抄",相反是建立在中国传统政治的价值和制度系统之上,更是近代以来的救国仁人们经过不断实践而逐渐得出的正确道路。[①] 正如马克思所说,"人们自己创造自己的历史,但他们并不是随心所欲地创造,并不是在他们自己选定的条件下创造,而是在直接碰到的、既定的,从过去继承下来的条件下创造"[②]。从苦难中走出来的中国人对于旧制度是"吝啬"的,"大一统"也往往在现代化建构过程中被认定为君主专制体制里应有的统治模式。因而,当人们面对现代化建构时代潮流时,妄图全盘否定自身的历史和传统以彻底切断自己与既有的"大一统"的联系,再而设计、塑造出以民主为价值核心的中国现代政治架构。这其中所犯的错误是显而易见的——违背历史自身的演进趋势终究只能是空谈。

因此,我们对待以"大一统"为代表的传统治理理念或结构时,不是要不要"大一统",也不是简单地将"大一统"的某个面向或者某个属性单独拿出

---

① 参见林尚立:《大一统与共和:中国现代政治的缘起》,《复旦政治学评论》,2016年第1期。
② 《马克思恩格斯选集》(第一卷),人民出版社,1995年,第585页。

来作为我们批判的对象,而是要分析"大一统"对于我们究竟意味着什么?"大一统"有哪些变化了,在这些变化当中现代性是如何塑造大一统的,"大一统"有哪些没有变化,这些不变因素的底色具有怎样的内在逻辑。因此,在中国被裹挟走向现代化的艰难的道路中,包括中国已经创造了属于自己的新的现代化发展模式或道路的今天,我们始终需要思考两个问题:①保持国家在向现代转型过程中的统一性和整体性,使千年文明古国实现整体的现代转型,即要在疆域层面、文化层面"维系"中华民族的"大一统";②如何使国家既有的价值、制度与组织系统全面地从传统国家转向现代国家,打破原有封建君主专制统治的政治体制的同时,"再造"一个能够适应现代国家整体转型需要的政治体制。对这两个问题的回答和思考既是中国共产党推动下的共和民主国家建构已经完成的历史目标,也是国家治理体系和治理能力现代化背景下,我们如何走出一条中国式现代化新道路的必须同时思考和解决的问题。

一、"大一统"形态的"维系"

不同的历史、社会与文化体系决定了不同的国家转型模式。林尚立通过历史的梳理,将从古到今的国家转型的典型模式总结为三种:第一种是封建制到现代的转型,即欧洲的民族主权建构模式,突破封建帝制的束缚,建立主权至上的现代民族国家;第二种是殖民统治下建构起来的现代国家,包括人口殖民和制度殖民两类,美国和印度是其中的典型代表;第三种则是传统国家通过自我制度更替而整体转向现代国家,其特点是在保持传统国家内在统一的基础上,建构现代国家制度,实现国家整体的现代转型,最典型的就是中国。①

中国国家的现代化转型——民主政治的思想,是来源于西方政治形态

---

① 参见赵宇峰、林尚立:《国家制度与国家治理:中国的逻辑》,《大庆社会科学》,2015 年第 5 期。

的事实是毋庸置疑的,但是中国与欧洲在地理环境、历史发展和国民性格等方面存在着较大的差异,这决定了中国现代国家建构的道路选择迥异于欧洲国家。现代欧洲的构成来源于古罗马。罗马帝国规模宏大,曾被誉为"世纪辉煌"。欧洲发展变化历经了三个阶段,在进入帝国阶段之前为城邦体制阶段,在政治制度上也是罗马帝国时期政治变动较小的阶段,但罗马帝国的存在时间仅相当于中国历史上的一个王朝。究其原因,就是国家仅仅靠权力维系而没有形成一个民族共同体,一旦遭遇"解组"危机而各民族得以分散就再难构成一个社会共同体,也就形成今日欧洲国家散落的局面。综观中国历史中的"大一统"政治模式,延续千年而从未被突破,它的表层结构一次次被破坏,但从深层结构中又一次次复制和再生出来。这种独特的历史发展道路、地理环境和国民性格呈现为一种相互契合的整体,构成中国人追求"一"的政治心态的内在原因和客观基础。在人类文明史上,中华民族所创造的政治社会形态无疑是目前最具有内在连续性的。"在中国,绵延文明就不得不要维护其统一性,即守住'大一统'。而'大一统'于中国社会而言,既是政治的,也是组织的——民族生存与发展。"①

自秦汉建制以来,中央集权的"大一统"形态一直是中国传统政治在历史长河中发展的主轴。秦首创君主在郡县制下统摄全国的集权框架,汉承秦制,"独尊儒术"作为支撑大一统政治体制的意识形态,后隋、唐、宋、元、明、清等封建王朝皆沿用秦汉大一统政治体制框架以维护王权。尽管"大一统"在不同封建王朝时期的具体制度有所不同,但其总体形态是一致的,这一模式已然成为历代统治者的理想统治模式成为中华文明的根本政治形态,正如董仲舒所言,"《春秋》大之一统者,天地之常经,古今之通谊也"。(《汉书·董仲舒传》)三国、两晋、南北朝等时期的中国虽然呈现为分裂的状态,但是每个国家都是以完成统一大任为最终目的。不同的是,在分裂时

---

① 林尚立:《大一统与共和:中国现代政治的缘起》,《复旦政治学评论》,2016 年第 1 期。

期,"大一统"思想强调的是"一天下",而在天下安定时期,则重在强调"制度",强调天下安定时期,通过统一法度,重建社会秩序。即荀子所说的,"法后王,一制度,隆礼仪而杀诗书,其言行已有大法矣。是雅儒者也"。(《荀子·儒效》)

因此,作为一种疆域状态和民族融合范畴的"大一统"两千多年来一直是中华民族的生存方式与发展方式,适应超大规模国家内在整合的客观事实和需要,也理应成为现代中国进行现代化转型中应当坚持和维系的价值理念。"大一统"封建君主专制并不等同于"大一统"的国家状态,但的确是两千多年来封建帝制中从政治制度和意识形态层面维系和整合超大规模国家、超大规模官僚体系和社会整合的重要工具和支撑。然而随着传统帝制的崩解,当人们谈及"大一统"时却常常直接将其与封建专制混为一谈,认为其是愚昧、陈腐、压迫之代名词,加上西方文明对人们传统认知的冲击,导致许多中国人在寻求以近代民主为国家建构实践路径时,过分看重欧洲国家"分权制衡"理念下的政体、国体的建构模式。20 世纪初期的中国革命中,人们在竭力推翻帝制的同时,也否定了"大一统"的统治样式——错误地把它划定为专制主义,那么围绕"分权与集权"所展开的建制活动自然而然都偏向了"分权",这种简单的、贸然地对"大一统"国家状态的否定,在晚清和民国初期成为推崇西方民主改良派的核心议题,这种对"大一统"的简单割裂在国家转型过程中带来了一定的阵痛,最终也促使改良派向革命派转变,以改良促进国家转型向革命行动转变。

20 世纪初,章太炎在《訄书·分镇》中提出,建议联邦制来替代单一制,但后又在《分镇匡谬》中注到,"联邦之制虽同等,联邦外交固在中央政府也"①。1901 年,梁启超在《卢梭学案》中提出这样的观点,"效瑞士之例,自分为数小邦,据联邦之制,以实行民主之权,则其国势之强盛,人民之自由,

---

① 章太炎:《分镇匡谬》,见《訄书》,华夏出版社,2002 年。

必可以震古烁今而永为后世万国法者"①。兴中会的革命目标就是"驱除鞑虏，恢复中华，创立合众政府"，这里的"合众政府"即为联邦式政府。同盟会机关报《民报》登载过冯自由的一篇著文——《民生主义与中国革命之前途》其中有这样一句，"共和政治也，联邦政体也。然使吾党之目的而达，则中国之政体将变为法国之共和，美国之联邦"。1906年，孙中山先生在演讲中提到，"中国数千年来，都是君主专制的政体，不是平等自由的国民所堪忍受的。……从颠覆君主政体那一面说，是政治革命，……结果是民主立宪政体"②。"中国革命之目的，系欲建立共和政府，效法美国，除此之外，无论何项政体皆不宜于中国。"这一言论表明孙先生在革命初期是支持建构联邦政体，接着他解释到这是因为中国幅员辽阔、人口众多，人民习性各不相同，并且给出他自己的具体建议，"中国于地理上分为二十二行省，加以三大属地蒙古、西藏、新疆是也，其面积实较全欧为大。各省气候不同，故人民之习惯性质亦各随气候而为差异。似此情势，于政治上万不宜于中央集权，倘用北美联邦制度实最相宜，每省对于内政各有其完全自由，各负其整理统领之责；但于各省上建设一中央政府，专管军事、外交、财政，则气息自联贯矣"③。

20世纪20年代，湖南率先发起了"联省自治"运动，这也是联邦制在中国的最早试验。事实上，像李大钊、毛泽东等共产主义革命者也研究过"联邦"在中国是否可行的问题，即毛泽东在《问题研究会章程》中提出，"联邦制应否施行问题"④。但是同道中也有不赞同实行"联省自治"的革命者——陈独秀。陈独秀坚持认为，"联邦制适用于中国这样的超级大国"这一观点本身是没有问题的，但基于中国当时的状况执意实行"联省自治"只会加剧各路军阀割据的局势。而民国成立之后，孙先生也开始主张，"保持政治统一，

---

① 梁启超：饮冰室文集（第六卷），中华书局，1989年，第110页。
② 《孙中山全集》（第一卷），人民出版社，1981年，第325～330页。
③ 同上，第562～563页。
④ 《毛泽东早期文稿》，湖南出版社，1990年，第401页。

将以建立单一之国,行集权之制,使建设之事纲举而目张也"①。

综观这一时期致力于解构"大一统"的建制实践,可以发现所谓"分权制衡""联邦自治"是始终不适应中国、不能成为社会主流的。后来,孙中山也意识到"联邦"的不合时宜,因而指出,"中国此时所最可虑者,乃在各省借名自治,实行割据,以启分崩之兆耳。故联省自治之所以不适于中国也"②。孙中山认为:"十多年来,我们一般文人志士想解决中国现在的问题,不根本上拿中美两国的国情来比较,只就美国富强的结果而论。以为中国所希望的,不过是在国家富强;美国之所以富强,是由于联邦,中国要像美国一样的富强,便应该联省;美国联邦制度的根本好处,是由于各邦自定宪法、分邦自治,我们要学美国的联邦制度变成联省,根本上便应该各省自定宪法,分省自治;等到省宪实行了以后,再行联合成立国宪。质而言之,就是将本来统一的中国变成二十几个独立的单位,像一百年以前的美国十几个独立的邦一样,然后再来联合起来。这种见解和思想,真实谬误到极点,可谓人云亦云,习而不察。像这样只看见美国行联邦制度便成世界顶富强的国家,我们现在要中国富强也要去学美国的联邦制度,就像前次所讲的欧美人民争民权,不要说争民权,只说要争自由平等,我们中国人此时来革命也要学欧美人的口号说去争自由平等,都是一样的盲从! 都是一样的莫名其妙!"③

以"联省自治"改革试验的失败预示着改良派试图盲目地、简单地学习西方民主政治的理念和实践无法有效推进中国的现代化转型,以国民党和共产党为代表的革命派以政党革命来推动国家转型的新路径登上历史舞台。改良派的失败其本质在于将封建帝制的"大一统"君主专制统治等同于中华民族的"大一统"状态。两千年帝制的崩溃,意味着维系中华民族"大一统"生存与发展的传统"大一统"政治的彻底崩解,但这并不等同于中华民族

---

① 《孙中山全集》(第二卷),人民出版社,1982 年,第 399 页。

② 蒋中正:《孙大总统广州蒙难记》,正中书局,1975 年,第 48 页。

③ 《孙中山全集》(第九卷),中华书局,1986 年,第 303 页。

"大一统"状态的瓦解。① 传统"大一统"政治的瓦解恰恰是因为这种以君主专制为表现形式的"大一统"政治体制面对国家的现代化转型无法实现对以"大一统"状态为特点的超大规模国家的内在整合。在国家转型过程中，中华民族的"大一统"是中国轴心所在，是需要与之相对应的政治体制和现代制度体系进行支撑和维系的，改良派试图直接套用西方民主政治制度的努力改变了君主专制的"大一统"政治体制的同时，非但没有维系反而直接冲击了传统"大一统"的国家形态，没有满足现代国家转型过程中对国家内在整合的需要。事实上，对"大一统"国家形态的"维系"正是立足对"大一统"政治制度体系的"再造"而体现出来的。中国共产党通过建构民主的现代国家体系和政治制度，实现在维系中华民族的内在统一和整体转型的基础之上的国家的现代化转型。

二、"大一统"体制的"再造"

近代中国走向民主共和的道路以实现中国的现代化转型，这一路径既是以鸦片战争之后列强入侵带来的资本市场、军事暴力裹挟下的"外力"影响，也是中国国家转型的"内在"要求。新经济力量、新市场力量和背后的新政治力量对旧帝国体制进行强烈的冲击，国内腐朽的政治势力和小农经济市场无法有效应对这种破坏力的摧毁性力量，国家转型所需要的变革要从维系既有的政治体系以及"大一统"的共同体出发，然而当晚清知识分子们试图通过"立宪"方式维系既有政治体系无望实现时，转向了通过建构新的政治体系以维系大一统的共同体结构，换句话说，在国家转型道路中通过建构新的政治制度和价值体系来实现保全"大一统"的中国国家形态。② 在这种"大一统"体制的"再造"过程中，需要思考并解决两个问题：①如何在资源整合和人员动员中实现中国的现代国家建构。在西方国家，经济与社会的发展是国家转型的内在动力。不同于原发、内生型的现代化国家，薄弱的资本

①② 参见林尚立：《大一统与共和：中国现代政治的缘起》，《复旦政治学评论》，2016年第1期。

积累的"一盘散沙"的组织化程度是中国现代化转型面临的重要问题。②如何在新的政治体系中体现"人民",这既是对传统"大一统"国家形态中的"民为重、社稷次之、君为轻"在价值系统层面的维系,也是现代官僚体系运作之根本目标。

1949年,新中国成立以来,针对上述两个问题进行了深入思考,在制度建设方面形成了如下两种策略性的路径:

(一)中国共产党建立了新型的政党制度:"党领导国家"体制

中国的现代化转型面临的一个重大的问题就是如何能够改变原有的薄弱的资本积累的"一盘散沙"的组织化程度。新中国成立以来,逐渐形成并完善了"党领导国家"体制。中国共产党通过强调党的一元化领导地位,建立了"共产党领导,多党派合作;共产党执政,多党派参政"为显著特征的一元领导下的多党合作体制,取代了原有的皇权对国家的统合治理。中国共产党作为列宁主义式政党,具有高度的动员性特征。中国共产党通过共产主义的意识形态和各级党组织的渗透,建立起高度的政治动员和资源整合系统,能够迅速地建立和汇聚起资本的原始积累和人员的动员,进而完成国家转型现代化的基本条件。"党领导国家"体制取代"皇权政治",通过政党的组织网络和凝聚起来的人民来支撑国家的整体性和一体化,无论是在政治体制领域还是在价值体系领域均成为国家转型中对"大一统"模式的重要需求。刘炳辉等学者对这种"党领导国家"体制的本质进行了很好地比喻:相对于传统封建君主专制呈现的传统郡县国家的特征而言,"党领导国家"体制本质上是一种超级郡县国家。

对于传统"郡县国家"而言,以中央集权为核心导向、文官制度为中层支撑、乡土自治为基层设计、行政区划为技术保障,上述四者构成了传统郡县国家的四大支柱。① 但是在新经济力量、资本力量和新政治力量对中国转型的冲击下,四大支柱都出现了危机,难以支撑传统"郡县国家"的转型。中央集权的政治体制无法实现对国家转型的内在整合,乡土社会的传统经济机制也面临瓦解,随着科举制度的取消,传统意识形态价值观对文官集团的思想统合作用也面临巨大危机,传统"郡县国家"体制无法适应中国转型发展的内在要求。而"党领导国家"体制可以视为一个超级郡县国家,其核心变化在于"政治科层化",即将传统"官僚君主制"中一个人"讲政治"(相对于文官集团的"讲行政")转变升级为一个庞大强有力的政党在科层化"讲政治",进而实现了超级动员能力和效率,并且不断抑制和改造"理性化"的文官集团成为讲政治的"干部队伍"。②本部分内容将具体在下一章进行详细阐释,此处不再赘述。

(二)从"民为重"到"以人民为中心":人民代表大会制度的建立

事实上,中国传统封建君主专制统治并非对群众意见的忽视,而是始终建立在"民为重,社稷次之,君为轻"的儒家传统价值系统之上。中国传统的封建君主专制统治始终秉持着儒家的"民为重、社稷次之、君为轻"的价值观作为最主要的意识形态资源。在封建帝制时代,基于儒家思想为统合体的科举制度下的精英结构单一,社会权力几乎都统摄于政治权力之下,科举制度汇集了人才资源为君主专制制度服务,促进了意识形态的统一和"大一统"政治单位的形成。现代化思潮下,"大一统"政体受到了猛烈的冲击,原有的基于科举取材制度下的意识形态价值体系受到了冲击,西方的民主思想对传统儒家价值观也造成了巨大影响,君主无法在原有的价值体系之下对民众进行统合管理,推动了代议制民主的产生。

---

① 参见曹锦清、刘炳辉:《郡县国家:中国国家治理体系的传统及其当代挑战》,《东南学术》,2016 年第 6 期。

② 参见刘炳辉、熊万胜:《超级郡县国家:中国国家治理体系的现代演变与内在机制》,《东南学术》,2018 年第 3 期。

秦制社会中,皇权为中央,是政治形态的核心。而当代中国的整个政治格局中,强调党的领导的一元地位,要始终坚持中国共产党的领导,即党为中央集权与中央权威的象征,权力中心的稳固直接关系"大一统"秩序。近代中国尝试了多党制、一党制等政党制度,但均未实现国家独立与富强的任务。新中国成立后,中国共产党领导下的多党合作和政治协商制度,开辟了一条独具中国特色的政党道路:中国共产党与各民主党派"长期共存,互相监督,肝胆相照,荣辱与共",不仅通过党派之间的监督避免了皇权时代或一党制的独断专行,而且通过协商与合作,组建爱国统一战线,避免了西方两党制或多党制下政党之间的相互倾轧,从而形成一种合力,在中国共产党的领导下共同为实现中华民族的伟大复兴而奋斗。

代表制政府的实行,即人民成为国家的主人,是国家权力的来源和归宿。代表制和代议制都是委托代理政治形式,代表制也就是说人民的权力是通过委托授权进行的,在国家治理实践中要求"事在四方,要在中央"。代表制的委托代理实际上表现为强制性,这种模式要求代理人必须成为委托者利益和意愿的忠实代表,一切行事必须严格遵从委托者的意志,以确保委托者意志的表达和贯彻。[1] 作为我国的根本政治制度,人民代表大会制度确立了全国人民代表大会为最高国家权力机关。人民民主至少包含两层意思:一是权力归属意义上的民主,即人民主权,国家的权力最终来源于人民;二是权利实现上的民主,即个体权利与自由的全面发展。[2] 前者否定了"为民之主",人民成为国家的主人;后者否定了"为民作主",人民有权利选择自己的生活。

我国的根本政治制度是人民代表大会制度,人民代表大会也是我国的

---

① 参见陈明明:《中国政府原理的集权之维:历史与现代化》,《公共管理与政策评论》,2021 年第 1 期。
② 参见林尚立:《人民、政党与国家:人民民主发展的政治学分析》,《复旦学报》(社会科学版),2011 年第 5 期。

最高权力机关。在这一制度体系之下,原有的君主专制范畴下的"民为重、社稷次之、君为轻"的"君－臣－民"关系演变为了"人民民主",即人民当家作主。这种转变不仅是从理念上从"为民作主"到"人民民主"的转变,实现了现代国家中官僚体系"对人民负责,受人民监督"的理念,另一方面,也从国家治理程序上将"民为重"的理念落实到"人民选举、人民监督、人民决策"等各个领域,大一统模式的正当性,不再是保障统治者的权势,而是通过人民民主的各个程序来进一步实现好、维护好、发展好人民群众的根本利益和主体地位。①

第四节 "大一统"与国家治理现代化

坚持推进国家治理体系和治理能力现代化,是为了更好发挥我国特色社会主义制度优势,并且把制度优势有效转化为国家治理效能的必然要求。随着我国经济进入高质量发展阶段,这种由"高速"到"高质量"的转变既表明了我国发展进入新阶段,也意味着对国家治理提出了更高的要求。党的十九届五中全会的《建议》中提出,在 2035 年要基本实现社会主义现代化,其中具体目标包括基本实现国家治理体系和治理能力现代化。②

推进国家治理体系和治理能力现代化,是坚持和发展中国特色社会主义的必然要求,也是实现社会主义现代化的应有之义。尽管谈及中国政治的现代性,人们通常联想到的是西方欧式政治文明框架,但不可否认的事实是,中国人自己建构起来的现代民主制度始终立足的是几千年延续下来的传统社会。③ 21 世纪的中国是个不同于西方任何国家的现代性大国——它

---

① 参见韩向臣、李龙:《政治制度与政治文明:现代中国的新大一统模式》,《河南社会科学》,2020 年第 7 期。
② 参见《中共中央关于制定国民经济和社会发展第十四个五年规划和二〇三五年远景目标的建议》,人民出版社,2020 年,第 35 页。
③ 参见林尚立:《大一统与共和:中国现代政治的缘起》,《复旦政治学评论》,2016 年第 1 期。

拥有属于自己的独特的文化特性,即使在本土文明孕育不出现代民主共和的情形下,却依旧建构起适应本国发展逻辑的现代民主政治机制。走中国特色的民主政治发展道路,既是正确的也是艰难的。在这条中国特色社会主义发展道路上,中国人始终都在"摸着石头过河",历史纵然博大精深,却没有现成的模板供现代人套用。加之我们现代化根基根本不同于西方,推进治理现代化亦不能盲目借鉴他们的已有治理理念,而是要在准确把握本国国情的基础之上来逐步形成适合我们自己的现代化治理模式。

一个国家的治理体系和治理能力与这个国家的历史传承、文化传统密切相关,任何政治制度、经济制度、社会制度和对外政策,无不蕴含着特定国家和民族的核心价值观。[①] 其中,"大一统"观念作为中国历史上政治稳定、制度延续和民族融合的黏合剂,对于中国推动国家转型和建构现代国家发展体系具有重要的现代价值。"大一统"在2000多年的发展演变中,远远超越传统的政治内涵,具有深厚的精神和文化内涵,成为中国人民和中华民族的政治共识和政治符码,其蕴含的现代性因子与现代社会具有相融通、相适应的一面,其现代性价值解码不仅有利于"大一统"存续和发展,而且有利于现代化发展。[②]

大一统作为中国传统政治模式,它所具有的意义不仅是皇权统治,更重要的是国家制度与治理体系。要建构中华民族伟大复兴的政治运作模式以及加快推进中国治理体系现代化,不仅要吸纳当代民主共和下的工业文明,还要从历史关联中把握传统"大一统"政治治理的现代价值,将这两者有效结合且形成中国特色治理的发展逻辑。如此,回顾中国现代政治的开启,正是顺应人类社会发展的时代潮流下,基于其自身传统"大一统"的价值之上所进行的再创造。

---

① 参见王伟光:《努力推进国家治理体系和治理能力现代化》,《求是》,2014年第12期。
② 参见常轶军:《"大一统"的现代性解码与当代中国政治认同建构》,《山西大学学报》(哲学社会科学版),2020年第4期。

在新时代和治理现代化语境下理解"大一统",首先要正视历史传统本身,而不是依据一时的时代意见做出判断,而要从理论上厘清"大一统"作为政治秩序的系统性问题。事实上,任何国家政治现代化的实质都是对于相对理想的政治秩序的追寻,是实现"大一统"的过程。"大一统"对于现代中国的转型与构建至关重要,同样的,我们在推进国家治理现代化的进程中,也需要正确对待在"大一统"框架下对于现代化国家的政治秩序的讨论。其中一统体制和有效治理之间的张力是中国国家治理面临的基本矛盾,在"大一统"框架下则主要体现在"不变"的"大一统"治理理念对国家治理制度的影响,以及不断"变革"当中的大一统治理体制和治理结构对国家的韧性治理和有效治理的影响。因此,作者将主要从以下两个方面对"大一统"和国家治理现代化的关系进行讨论。

一、"不变":"大一统"与国家的治理制度

现代中国转型时期面临的诸多问题的根源,事实上是基于其对标的是西方进步时期的启蒙标准,然而我们应当看到中国迈向现代国家的逻辑起点和历史使命与西方国家是完全相反的:我们不是以不同民族成为独立单位体为前提,而是以维系中华民族"大一统"的存在与发展为前提来建构现代国家。

传统的大一统观念是中国之轴,而"大一统"政治体系则孕育了中国的制度之根。"百代都行秦政法"(《七律·读〈封建论〉呈郭老》),传统中国的科举制、士绅制、官吏分途等,均衍生于秦朝车同轨、书同文、行同伦等制度要素,这些不断衍生却始终附着于传统秦制的制度要素,构成了中国国家治理的制度主干。大一统的制度与治理体系在秦后"朝朝"相传,是一个不断完善的过程,这也就是说秦制成熟期亦不在秦。所以说,中国的大一统政治可以归结为一个词——秦制,但它绝不限于秦朝,而是中国千年来的文化底蕴和制度基奠,是顺应历史发展潮流而长存不息的中华文明。

中国传统的大一统维系着千年来历代封建王朝的统治,生生不息皆因

其作为国家治理的制度要素而言本身是一套长久以来经过历代王朝检验的符合王朝政治的治理体系。台湾学者管东贵在《从宗法封建制到皇帝郡县制的演变》一书中将这种大一统的制度视为"封建郡县一体而皇帝专制"①,即郡县控制央地。统治者依靠整个制度体系实现其皇权统治,尽管一朝兴来一朝落,这套体系却都不会被任何一个统治者改变其根本。自夏朝开启"家天下"模式,中国古代的王朝统治基本遵循这样一个循环模式,其一,所谓"家"即"胜者为王"——谁拿到皇权,则皇权依据宗法制原则在其家代代向下传承;其二,这个"家"不可能万世皆一家,一朝统治后期往往伴生较多、较复杂的问题,继而容易"失民心",民心一失则政权难稳而君权难保。正是这种独特的政治传统与政治文化,使得传统国家的制度与治理体系虽依赖君主而运行,但又能超越君主而存在,从而成为维系中国大一统格局的制度与治理体系。②

在"大一统"框架下,中国共产党为了对超大规模国家进行有效治理,在集权与分权张力下,采取了具有务实主义的积极治理的重要经验。这些经验既来自中国共产党建党以来长期革命斗争的经验,同时也受到中国传统治理模式的影响。在当前中国国家治理经验中,我们仍然可以找到一些传统治理模式的影子,譬如"领导小组"对清朝中期作为权力核心的"军机处"的运行逻辑和改革理念的承继;"网格管理"是对传统以保甲体系为代表的基层管控体系的传承与创新,应用小小网格实现基层精准治理,从管控的逻辑升级为治理的思路;"专项治理"对传统政治动员和君主政治官僚制③的治理逻辑的延续与发展,等等。

当然,我们在治理现代化背景下提及"大一统"保持"不变"的一面,并且对其历史遗产进行充分肯定的同时,也需要看到"大一统"体制始终面临着

---

① 管东贵:《从宗法封建制到皇帝郡县制的演变》,中华书局,2010 年,第 24 页。
② 参见林尚立:《大一统与共和:中国现代政治的缘起》,《复旦政治学评论》,2016 年第 1 期。
③ 参见[美]孔飞力:《叫魂:1768 年中国妖术大恐慌》,陈兼、刘昶译,上海三联书店,2014 年。

可能存在的制度风险,即无论是古典大一统还是新大一统,均强调"一"的重要性,在国家权力的配置上追求"集中"。① 这种由唯上负责制所带来的制度风险并非散发性的,而是系统性的,是超大规模国家进行一统体制和有效治理之间关系所固有的结构性张力,当这个张力能够在国家韧性治理过程中保持一定的稳定性,那么国家治理也会保持稳定性和有效性,当这个张力突破并超越了国家治理的韧性限度,则会影响到国家治理的有效性和社会的稳定性,进而影响中国在"大一统"结构框架下实现国家的现代化治理的合法性和有效性。

二、"变革":"大一统"与国家的韧性治理

"大一统"的政治体制并不意味着国家治理体制的一成不变,而是在维系"大一统"秩序前提下充满了体制的变革与发展。有学者认为,中国的"大一统"体制事实上呈现出一种"超稳定结构",这种超稳定结构归纳于中央的高度集权,并将其政治后果归纳为国家发展的停滞状态。② 但是这种观点却无法有效解释改革开放四十多年来,中国依旧保持以集权为特征的治理体系,但却早已并非超稳定的结构状态。事实上,这种体制的变革并非仅仅存在并发生于改革开放之后,即使在封建君主专制统治时期,"大一统"的结构也是充满了变化和变革的。按照周光辉等学者的观点,中国国家治理的制度体系是以大一统为原点的,它并非是一个封闭的一元化体系,而是一个开放的一元化体系,既孕育了中国变革的动力,又确立了不可逾越的文化底线。③

以中国的税制改革为例,"商周井田制"是中国最古老的征税法则,自商朝开始出现,到西周时期比较成熟。周王室将土地分割为方块,中间的井田

①　参见韩向臣、李龙:《政治制度与政治文明:现代中国的新大一统模式》,《河南社会科学》,2020 年第 7 期。

②　参见金观涛、刘青峰:《兴盛与危机:论中国社会超稳定结构》,法律出版社,2011 年。

③　参见赵德昊、周光辉:《体制变革:塑造大一统国家韧性的动态机制》,《江苏社会科学》,2021 年第 5 期。

为国家所有,周围的田地为庶民私有。作为分封制的一种表现形式,周王室将土地层层分给诸侯,诸侯分给贵族,贵族分给士大夫,士大夫再分给庶民。随着社会生产力的发展,大量私田出现,井田制度崩溃,鲁国推行了初税亩的制度,无论是公田还是私田,均需要缴税,国家土地私有化出现。秦朝开始推行编户齐名制度,在汉武帝时期得到广泛推广,其意义在于全面推广户籍制度,国家从而依据户籍开始大范围的征税和征劳役。

三国时期,曹操建立了军事-农耕合一的带有军事意义的"屯田制",为曹魏在三国时期的发展建立了经济基础。在北魏时期,随着政局稳定,带有军事性质的屯田制度被"均田制"所取代,在现有户籍制度基础上,按照人口分配田地,将土地私有化,农民向政府缴租税,并承担一定徭役和兵役。隋唐时期,国家对均田制进行了改进,针对人口减少、洪涝旱灾等实际情况,在一定程度上减免劳役和赋税,实行"租庸调制"。然而随着租庸调制的广泛实施,中央政府对地方土地的控制能力被削弱,土地兼并现象广泛发生,皇权也因此被削弱。针对这一问题,唐德宗早期开始实施"两税法"的税法制度改革,针对户籍和土地,每年分两次征税,以征收银钱为主。

宋代时期,社会经济空前繁荣,王安石提出了用"均税法"来取代"两税法"的构想,主张重新测量土地,将田地分为五等,按照不同等级的田地进行差异化额度的征税。明朝时期,朱元璋吸取元朝教训,根据土地丈量,将房屋、山林、池塘、田地按照次序排列连接绘制,表明相应的名称,作为民间田地的总册("鱼鳞图册"),官府按照鱼鳞图册对民间社会进行征税和管理。明朝中期,这种鱼鳞图册征税方式烦琐不易征收,张居正推行"一条鞭法",统一折合现银进行征收,减少了税收管理的工作量。"摊丁入亩"是雍正时期,也是我国封建晚期最重大的一次税制改革事件。繁重的人丁税带来了大量的流民,雍正时期为了通过宽免赋税的政策营造人心思安的社会氛围,推行"摊丁入亩"的税收策略,将丁银入田赋征收,废除了"人头税",极大地影响了民间社会的稳定性。

从西周到清朝，大一统国家的税制逐渐经历了多次变革而走向成熟。

从上述梳理当中我们可以看出，即使是封建君主专制时期的大一统体制的完善与发展也是充满着变革的动态过程。这种体制变革并不简单的是封建君主对于国情民意的实时调适，而是源自大一统体制与大规模治理之间的结构性张力，也得益于中华民族居安思危、革故鼎新的文明传统，因此尽管在历史进程中，中国的政治制度不断发生变革，但都是围绕或者为了维系大一统体制不断得以生存进而满足中华民族统一完整的"保全国家"的目的。

在国家治理现代化的背景下，与历史上的大一统王朝国家不同，现代中国拥有现代化的治理手段，维护现代性的社会价值，这两方面的变化既为现代国家韧性的塑造提供了有利条件，也对其提出了新的要求。① 我们要在维系中华民族大一统结构和"多元一体"的治理结构的基础上，不断通过现代化技术和价值观念推动国家治理和社会治理理念的不断革新、治理手段的不断更新，以适应不断发展的韧性国家治理的需要。

---

① 参见赵德昊、周光辉：《体制变革：塑造大一统国家韧性的动态机制》，《江苏社会科学》，2021年第5期。

第二章 "党领导国家"体制：理解 "中国之治"的钥匙

党和国家领导体制在中国整个政治体制中处于核心和枢纽的地位，是中国特色社会主义制度中规范党和国家领导活动的一系列制度安排。包括党是通过何种方式对国家政权进行领导的，包括党与人大的关系，党与政府的关系和党与社会的关系等，党和国家领导体制的本质是"党领导国家"体制，这既是现代中国政治发展的基础，也是中国国家治理现代化的起点。

在"党领导国家"体制下推进国家治理现代化，是"中国之治"的独特方案和最重要的背景。毛泽东曾经讲道："没有中国共产党的努力，没有中国共产党人做中国人民的中流砥柱，中国的独立和解放是不可能的，中国的工业和农业近代化也是不可能的。"①在中国的现代国家建设中，现代化是对传统权力体制和社会结构的改造，这种改造需要由一个强大的政治权威来推动和完成，借此为新的社会因素的成长开辟道路，②这个强大的政治权威就是中国共产党。在国家治理体系和治理能力现代化的推动和改造道路中，同样需要中国共产党这一强大的领导力量。

作为最广大人民根本利益的代表者和新中国的缔造者，中国共产党是

---

① 《毛泽东选集》(第三卷)，人民出版社，1967 年，第 1047 页。
② 参见陈明明：《在革命与现代化之间：关于党治国家的一个观察与讨论》，复旦大学出版社，2015 年，第 27 页。

最高政治领导力量,党领导国家,但不取代也无意取代国家,形成了党领导国家体制。党通过民主集中制这个根本组织制度和领导制度,通过党组、议事协调机构、党的其他工作机关等,依规依法实施对国家机关和非党组织的领导。① 在这一过程中,一方面,中国共产党通过强大的领导力,依托于领导小组、专项治理等方式整合调动各个资源和人员的动员以推动国家治理现代化;另一方面,中国共产党通过国家规划、领导小组等各种形式将党、人大、政府和社会等串联起来,以统一的政党意志促成统一的国家意志,以强大的统一的国家意志开展国家治理体系和治理能力的现代化工作。

制度是一系列塑造人们互动行为的规则及其实施机制。在诺斯看来,"制度是一个社会的博弈规则,或者更规范地说,它们是一些人为设计的、形塑人间互动关系的约束"②。在"中国之治"的背景下,我们讨论中国共产党务实主义治理传统下的各种中国特色的治理经验时,首当其冲应当分析这些中国经验的发生场域及其遵循的治理规则,即"党领导国家"体制和传统意义上的"党国体制"有什么区别?"党领导国家"体制是如何形成和发展变迁的?当代"党领导国家"体制的运作逻辑和实现机制是怎样的?"党领导国家"体制下的国家现代化发展逻辑是怎样的?中国共产党如何以政党现代化推动国家现代化?这些问题直接形塑着中国共产党推动国家治理现代化的方式和表现,成为中国共产党开展中国治理的叙事基础。

第一节 "党领导国家"体制:历史演变和本质特征

一、"党领导国家"体制的历史渊源

"党领导国家"体制运行规则的前提是"党治国家"的国家形态。在萨托

---

① 参见祝灵君:《党领导国家体制研究》,《当代世界与社会主义》,2020年第1期。
② [美]道格拉斯·诺斯:《制度、制度变迁与经济绩效》,杭行译,格致出版社,2008年,第3页。

利的政党分类学说看来,"党国体制"主要呈现为一党制、国家内部不存在独立次级系统的多元竞争力量,党要全面掌握官僚、军事等整个国家公职系统等三个特点,其与多元分层的西方政党生态体系相悖,被视为民主政体的对立面。① 因此,长期以来,"党治国家"或"党国体制"这一概念均被西方学者甚至是中国学者视为一种错误的标签,对其进行污名化处理。然而作为一种政党与国家关系,尤其是从中国的实践来看,党治国家的本质并非仅仅呈现于单独执政或者摒弃政党竞争,而是在于国家与政党之间的关系与西方政体不同:并非靠选票"进入"了国家方才获得"运作"国家的资格,而是依靠革命手段"缔造"了国家于是成为国家的灵魂,这样的国家形态被称为"党治国家"。② 其中,政党缔造了国家,但并不取代也无意取代国家,而是一种党领导国家的政权组织形式和党国关系的制度结构和制度框架。

(一)苏联和东欧国家强势全面的"党治国家"形态

马克思的无产阶级理论一开始就规定了共产党的特殊性,共产党自身存在和发展的依据是否定和批判现存制度的合法性,它必须是"不同于其他所有政党并与它们对立的特殊政党"③。共产党在政治、组织和思想上的纯洁性和独立性要求其具有高度内聚的性质,这一特点决定了后来所有共产党的结构模式。

列宁曾设计了一个基本原则:一是坚持党对政权的领导。他在《苏维埃政权的当前任务》中指出:"因为苏维埃政权——也就是无产阶级专政即先进阶级专政的组织形式。这个先进阶级,发动千百万被剥削劳动者来实行新的民主制,来独立参加国家的管理,而他们也正亲身体验这个有纪律有觉悟的无产阶级先锋队是自己最可靠的领袖。"④二是党政职能必须分开。俄

① 参见[意]G.萨托利:《政党与政党体制》,商务印书馆,2006年,第70~74页。
② 陈明明:《在革命与现代化之间:关于党治国家的一个观察与讨论》,复旦大学出版社,2015年,第121页。
③ 《马克思恩格斯选集》(第四卷),人民出版社,1972年,第469页。
④ 《列宁选集》(第二卷),人民出版社,1972年,第517页。

共第八次代表大会在列宁的指导下通过了有关组织问题的决议案,其中指出:"无论如何不应当把党组织的职能和国家机关即苏维埃的职能混淆起来,这种混淆会带来极危险的后果,特别是在军事方面。党应当通过苏维埃机关在苏维埃宪法的范围内来贯彻自己的决定,党努力领导苏维埃的工作,但不是代替苏维埃。"①三是党必须通过一定的组织形式组织实现对政权的领导。列宁在《共产主义运动中的"左"派幼稚病》中指出:"工会形式上是一种非党的组织,而实际上绝大多数工会的领导机构,首先当然是全俄总工会的中央机关或常务机构,都由共产党员组成,执行党的一切指示。……党就是通过这个机构同本阶级和群众取得密切联系的;阶级专政便是在党的领导下通过这个机构来实现的。"②这里所说的机构就是党组织。列宁所设计的党政关系理论可以简化为"党—党团—政权—人民"这样的党政关系。

在苏联党政关系模式中,苏维埃是政体,苏联执政党与苏维埃在政治上是领导与被领导的关系,在工作上是指导与被指导的关系。《苏联共产党章程》中明确指出:"在苏维埃、工会、合作社和劳动者的其他群众性组织召开的代表大会、代表会议上,以及在这些组织由选举产生的机关中,凡是有党员三人以上的,应当成立党组。这些党组的任务是在非党群众中全面地加强党的影响和贯彻党的政策……党组服从相当的党的机关:苏联共产党中央委员会、加盟共和国共产党中央、党的边疆区委会、州委会、专区委会、市委会、区委会。在一切问题上,党组必须严格地和始终不渝地遵循党的领导机关的决议。"③苏联的党政关系结构框架是"嵌入式执政",即政权外党组织既领导政权内党组织也领导政权本身,政权内外党组织共同制定执政党的方针、路线和政策,由政权内党组织推动执行,以实现党的领导和执政。在

① 《苏联共产党代表大会、代表会议和中央全会决议汇编》(第一分册),人民出版社,1964年,第568页。
② 《列宁选集》(第四卷),人民出版社,1972年,第203~204页。
③ 《苏联共产党章程汇编》,求实出版社,1982年,第223~224页。

这种苏联或东欧国家呈现出一种强势的、全面的"党治国家"形态。

（二）中国国民党弱势过渡性的"党治国家"形态

"党治国家"是20世纪不发达国家共产主义革命的产物，它最早成型于苏俄，后来在其他地区扩散。在中国，继承苏俄革命下"党治国家"形态及体制的不仅有中国共产党，还包括中国国民党。但是在陈明明看来，作为一个特定的概念，其发明权可能要归功于同属共产主义革命运动谱系中的中国国民党及其创立者孙中山。① 起初，孙中山总是把中国未来的国家体制寄托于欧美，迷信欧美的政党政治，想要用西方议会民主制为代表的政党政治的形式挽救当时的中国。但西方国家的现状与中国政党政治的失败使孙中山逐渐认识到在多党政治下建立的是封建割据的病态社会，并不能给中国带来统一、富强和民主，他开始重新思考近代中国的政党模式。1914年，孙中山提出"训政"概念，"这是孙中山由民国初年主张'多党竞争'向'以党治国'主张的转变，也是放弃欧美资产阶级政党政治的模式，探索适合国情的以国民党治国道路的开始"②。孙中山对苏俄党创制国家的革命经验也极为赞赏，苏俄采取以党领政，以党治军，实行一党独掌政权的模式。随后，孙中山指出，"我从前见得中国太纷乱，民智太幼稚，国民没有正确的政治思想，所以便主张以党治国"③。于是，他放弃政党政治，学习苏联的党政体制。国民党以苏俄为师实行改组，将党放在国上，仅依靠党实现治国理政。孙中山在中国国民党第一次全国代表大会中指出："此次国民党改组有两件事：第一件是改组国民党，要把国民党再来组织成为一个有力量的具体的政党；第二件就是用政党的力量去改造国家。"④"俄国完全以党治国，比英法美之政

---

① 参见陈明明：《在革命与现代化之间：关于党治国家的一个观察与讨论》，复旦大学出版社，2015年，第121页。

② 李金河：《中国政党政治研究》（1905—1949），中央编译出版社，2007年，第278页。

③ 《孙中山全集》（第九卷），中华书局，1985年，第97页。

④ 中国第二历史档案馆：《中国国民党第一、二次全国代表大会会议资料》（上册），江苏古籍出版社，1986年，第6页。

党,握权更进一步:我们现在并无国可治,只可说以党建国。待国建好,再去治他。"①

在孙中山时期,"党治国家"主要指的是"党义治国"。"以党治国,并不是用本党党员治国,是用本党的主义治国。……诸君把这个主义宣传到全国,使全国人民都赞成,全国人民都欢迎,便是用这个主义去统一全国人民的心理,到了全国人民的心理都被本党统一了,本党自然就可以统一全国,实行三民主义,建设一个架乎欧美之上的真民国。"②在此基础上,国民党采用了民主主义的集权制,即由党员代表大会选出各级执行委员会,坚持委员会合议制的议事原则,主要是将党的权力集中于党组织而非个人。同时,还要由革命党指导监督政府,保证政府行为符合训政方向。

国民党的"党治国家"形态具有威权主义的特征,是威权体制的一种比较特殊的形式。但是国民党的这种威权并不是全方位的,只表现在中央层面、城市层面和政治层面,而在与之相对的地方层面、乡村层面和非政治层面,党国却呈现出弱化的特点。1938年,国民党的临时全国代表大会和五届四中全会约定了党政关系的三项原则:"一、中央采取以党统政的形态;二、省及特别市采取党政联系的形态;三、县采取党政融化,即党融于政的形态。"③在中央层面,"党政联系"带来的"以党统政"的形态强化了中央层面党国一体格局,但在地方层面,"党政融化"形态在某种意义上减弱了"党国体制"的一元性。

国民党的"以党治国"是训政时期的产物,是从其政治层面发展战略推演出来的,它有一个时间跨度。这种党务组织和行政系统双轨并进的模式开启了中国政治的新特色。在一定时期推动了中国政治社会的发展,但是

---

① 《孙中山全集》(第九卷),中华书局,1985年,第103页。
② 《孙中山全集》(第八卷),人民出版社,1986年,第280~286页。
③ 荣孟源:《中国国民党历次代表大会及中央全会资料》(下),光明日报出版社,1986年,第477页。

这种"党国体制"是不平衡的。它在中央层面、城市层面与地方、乡村层面形成强烈反差。这种强烈的反差为中国共产党的"局部执政"提供了机会,由于中国国民党的"党国体制"并没有能够形成对大多数农民和乡村的有效动员,而仅仅推动了中央层面和城市层面的国家建设和现代化,也导致了最终中国国民党"党国体制"无法带领中国人民完成国家构建和中国现代化任务。

尤其是在孙中山逝世后,"党治国家"的国家形态沦为了个人独裁领袖专政的排斥性体制,"革命团体的一切,都要集中于领袖;党员的精神,党员的信仰要集中,党员权力以及党员的责任,也要集中,党员所有的一切都要交给党,交给领袖……"①在中国国民党"党治国家"的形态下,中国共产党被排斥在合法的政治体制外,被迫在体制外开展新的社会动员,进而通过以暴力的形式摧毁国民党的"党国体制"代之以新的"党治国家"形式来推进中国现代化的运动过程。②

中国国民党的"党治国家"及其运转无法有效推动中国的现代化进程和完成现代国家构建的历史任务,交棒给了中国共产党。中国共产党结合中国国情和面对的历史任务,重塑了新的"党治国家"的形态,区别于传统意义上的"党国体制",建立了中国特色的"党领导国家"体制。

二、"党领导国家"体制的历史演变

(一)革命战争时期的党政关系及其本质特征

1. 土地革命时期党政体制理论与实践的脱节

无产阶级政党建立后,如何处理党政关系是政党首要思考的问题,关乎政党自身的生存与运作以及如何带领群众以实现革命目标之完成。中国共

---

① 蒋介石:《革命的心法:诚》,载张其昀:《蒋"总统"集》(第 1 册),"国防"研究院、中华大典编委会(台北),1968 年,第 722 页。
② 参见陈明明:《在革命与现代化之间:关于党治国家的一个观察与讨论》,复旦大学出版社,2015 年,第 123 页。

产党对党政关系体制的最初探索开启于土地革命时期。这一时期,列宁关于党政关系的设计原则成为指导中国共产党对党政关系进行探索的理论依据。党的六大决议指出:"党在各处苏维埃中,均应有党团的组织,经过这些党团,经过党员所发的言论,表示党对苏维埃工作上各种问题的意见。党随时随地都应做苏维埃思想上的领导者,而不应限制自己的影响。不过党应预防以党代苏维埃或以苏维埃代党的种种危险。党应预先保障其在苏维埃领导机关中的领导作用,因此,党须在苏维埃中,组织有威望的、能工作的党团,以执行党的命令。但是以当地党部代替党团,那就是一种危险。党团只执行党部的指示。当党团和该地方党部的影响不能保持平衡,而后者的作用较小时,苏维埃常有代替党的危险。"① 从上述决议中,可以看出在土地革命时期中国共产党强调党对政府的领导是一种思想上的领导。政府必须通过选举的方式使广大的工农分子参与到对政权的管理中以实现对群众的领导。也就是要建立"党—党团—政权—群众"这样的党政体制。

在这一时期,中国共产党在各根据地进行了"局部执政"的伟大实践。在严峻的革命形势下,中国共产党必须要借助于党组织的力量和权威才能统揽一切。但是此时中国共产党处于建党初期,党组织的建设还不够完善,党政之间缺乏系统的分工合作,"自上而下的政权系统没有树立,政权的基本组织——城市苏维埃和乡村苏维埃——根本没有成立"②。列宁的党政关系理论在这一时期并没有产生理想中的效果。毛泽东在《井冈山的斗争》中指出:"党在群众中有极大的威权,政府的威权却差得多。这是由于许多事情为图省便,党在那里直接做了,把政权机关搁置一边。这种情形是很多的。政权机关里的党团组织有些地方没有,有些地方有了也用得不完满。"③我们党在土地革命之初运用列宁的党政关系理论指导自身的革命实践,但

---

① 《中共中央文件选集》(第4册),中共中央党校出版社,1983年,第248页。

② 《中央革命根据地史料选编》(中册),江西人民出版社,1981年,第315~316页。

③ 《毛泽东选集》(第一卷),人民出版社,1991年,第73页。

受多种因素影响，这一理论与中国的实践产生了一定程度的背离，导致党政关系体制中的各个环节有脱节的现象。

2. 抗战初期"三三制"原则下的党政关系及本质特征

对于前期出现的党政关系问题，中国共产党给予了充分的重视并决定加以调整。1941 年 5 月 1 日，中共中央政治局批准的《陕甘宁边区政府施政纲领》（即"五一纲领"）规定："在共产党员被选为某一个行政机关之主管人员时，应保证该机关之职员有三分之二为党外人士充任。共产党员应与这些党外人士实行民主合作，不得一意孤行，把持包办。"它的颁布既从制度上保障了人民的各项民主权利，也成为共产党员与非党员的活动准则。为正确处理党政关系提供了最权威的法律依据。[①]

中国共产党在"三三制"政权架构下，对党政关系进行了积极探索。"党和政府是两种不同的组织系统，党不能对政府下命令。党在政府中来实现它的政策，是经过和依靠着在政府内工作的党员和党团。党只能直接命令它的党员和党团在政府中做某种活动，起某种作用，决不能驾于政府之上来直接指挥命令政府。"[②]"三三制"政权实际上是几个革命阶级联合专政的政权组织形式，必定会产生政权中谁占优势地位的问题。共产党要掌握政权中的优势，争取对政权的领导，要遵循法定程序。党只有命令党团组织和党员的权力，没有命令政府的权力，只能向政府提出建议。

在这一时期，中央对党政的职能和工作系统进行了严格意义的划分。"今后党对于人民大众一切政治的、经济的、文化的、生活的领导，必须经过人民大众自己的政权系统来实现。今后对于阶级敌人的各种斗争，也必须使用国家合法的机关来合法进行。没有人民代表会议制这种新国家的政权形式，我们就不能巩固新的人民的统治，并实现党对于人民大众的有力的领

---

① 参见赵娟：《抗日民主政权中党政关系的历史演变与现实思考》，《传承》，2011 年第 28 期。
② 《董必武选集》，人民出版社，1985 年，第 54 页。

导。"①严格划分党政的工作系统,有利于避免以政代党、以党代政和党政不分的现象发生。同时,建立健全了各级党团组织。苏区党第一次代表大会强调指出:"建立党团的经常工作,这里最主要的就是要建立健全的党团,来保障党的领导,党团绝对服从所属党部的指示,执行其一切决议。加紧对于在机关内非党员的政治工作,达到取得多数来实现党的一切领导。"②加强党团建设的目的,在于实现党对政权的思想领导,同时又避免党直接进行具体工作。

中国共产党在"三三制"政权架构下自觉调整执政方式和领导方式,正确处理党的领导与政权民主施政的关系,有效解决了苏区政权中以党代政和党政不分的现象,不仅强化了政府的行政工作能力,而且使党逐渐从烦琐复杂的事务中解脱出来,避免成为矛盾焦点,从而达到了改善党政关系的目标,形成了崭新的党政关系格局。

3. 抗战后期"一元化"领导体制下的党政关系及本质特征

在抗战后期,为适应抗战形势的需要夺取中国东北地区乃至全国范围的实际控制权和领导权,中共中央召开会议要求将所有必须集中的权力集中到党中央,适当缩小地方自治权力。随后,党中央在《对东北局在高干会上关于政权建设发言提纲的修改意见》中指出,在政府中及一切群众组织中工作的共产党员,均须一律服从党的领导,实行党的领导一元化。中国共产党提出建立"一元化"领导和重新调整各组织关系的决定,即《九一决定》。通过颁布《九一决定》,中国共产党确立了自身对党、政、军、民系统的最高领导,继续保持"三三制"的政权关系,同时要坚持党对政权的领导,继续坚持党政分开,确保政权的权威地位。《九一决定》不仅明确了中国共产党对政权的领导上"应该是原则的、政策的、大政方针的领导,而不是事事干涉,代

---

① 《张闻天文集》(第四卷),中共党史出版社,1995 年,第 59 页。
② 《中央革命根据地史料选编》(上册),江西人民出版社,1981 年,第 647 页。

替包办"。规定在政权系统中工作的党员及党员干部要服从党委的纪律和决定,当他们违反政府法令时,党组织应严厉处分。而且明确了"政权系统(参议会及政府)是权力机关,他们的法令带有强制的性质",所以在执行上级政权机关的决定及法令时,"下级党委无权改变或不执行上级参议会及政府的决定与法令",而且"党的机关及党员应该成为执行参议会及政府法令的模范"。① 在"一元化"政党关系体制下,由于权力的过分集中使党内产生家长制、官僚主义等作风,在党对政府的领导上出现党包办代替政府工作的问题,这些因素也给党政关系带来了一定的不利影响。

在革命战争时期,我们以列宁关于党政关系的理论为基础,结合中国共产党政权建设实践和党政关系的实际运作提出了非常宝贵的思想。这些关于党政关系理论的探索和实践,既使党政关系体制得以初步确立,也为以后的革命乃至建设时期的党政关系提供了借鉴和参考。

(二)过渡时期的党政关系及其本质特征

1.1949—1956年:一元化领导

新中国成立后,受苏联政治体制的影响,在民主革命党政体制的基础上,中国共产党总体上沿用了在革命战争时期党和根据地政权关系的做法,即党委集权,对国家机构实行一元化领导。

在新民主主义向社会主义过渡的时期,我国确立了党和政府领导体制的基本格局,即一元化领导原则及其领导方式和具体制度等。强调地方的权利要向中央政府集中,而政府部门的所有重要问题,都先由党委讨论,再由政府去执行。"一五"计划的完成,为党政合一的政治体制奠定了坚实的物质基础。一方面,在遵循党政关系基本原则的前提下,政府负责执行各级党委的决定和批示。另一方面,在党政体制的运作中,横向上存在着政党、国家、群众团体和经济文化组织四类权力主体,表现为党对政的集中,政对

---

① 赵娟:《抗日民主政权中党政关系的历史演变与现实思考》,《传承》,2011年第28期。

群众团体和经济文化组织的集中;纵向上存在着中央、地方、基层单位、公民个人四个层面的权力主体,表现为中央对地方、对基层单位、对公民个人的逐级集中。这个时期党政体制的基本特征是:党政合一、党政职能不分、权力过分集中等。①

周恩来对长期以来"以党代政"的弊端进行了一定概括。"我们已经在全国范围内建立了国家政权,而我们党在政权中又居于领导地位。所以一切号令应该经政权机关发出……由于过去长期战争期间,使我们党形成了一个习惯,长期以党的名义下达命令,尤其在军队中更是这样。现在进入和平时期,又建立了国家政权,就应该改变这种习惯。"②随后,党中央在《关于在人民政府内建立党组和组建党委的决定》中再次明确指出,党政之间不是隶属关系。当时党主要是通过在国家政权机关建立的党组和党委负责人实现对国家政权的领导。在这段时期,党的政策一般都是通过政府实施执行,国家的重大决策先由共产党提出,然后经过和民主党派协商取得一致意见,再交由政府办理。使党的意志通过政府的行为变成人民群众的行动,体现了党管大政方针,政府发号施令的党政关系。有学者称这段时期的党政关系为"寓党于政"③的方式。

总的来说,党政一元化体制是由当时国际国内环境决定的,这一时期的党政关系与我国社会政治和经济发展情况相适应。党政关系的问题处理得也比较恰当,国家机构运转协调,促进了经济和社会的发展。但随着经济计划体制的形成,再加上一元化体制带有的封闭性特征,使权力过于集中于党中央,党政关系逐渐失调。

---

① 参见田湘波:《我国党政关系演变发展的五个阶段》,《南方论丛》,2003年第3期。
② 《周恩来统一战线文选》,人民出版社,1984年,第174~175页。
③ 陈红太:《从党政关系的历史变迁看中国政治体制变革的阶段性特征》,《浙江学刊》,2003年第6期。

2.1957—1966 年:以党代政

党的第八次全国代表大会对党政体制进行了积极的探索,意识到正确处理党政关系的重要性。邓小平在《关于修改党的章程的报告》中,对党同国家机关及群众团体的关系提出了新的认识和分析。① 八大形成了对党政关系及党的领导主要是政治领导的正确认识。但是随着国内外形势的变化,尤其是 1957 年反右派斗争扩大化,党的八大试图改变党政不分这种政党关系运作方式的设想未能实现,改革尝试也随之中断,党直接进行领导的方式进一步发展。这一阶段国家采取的是高度集中的计划经济体制,相应的党委也不断加强对国家事务的领导,出现了党委包办代替政权机关的现象。

1957 年 7 月,毛泽东在《一九五七年夏季的形势》中指出:"在不违背中央政策法令的条件下,地方政法文教部门受命于省市委、自治区党委和省、市、自治区人民委员会,不得违反。"②之后,党中央通过成立政法、财经、外事、文教、科学五个小组,直接领导国家五个方面的工作。"这些小组是党中央的,直隶中央政治局和书记处,向它们直接做报告。大政方针在政治局,具体部署在书记处。""只有一个'政治设计院',没有两个'政治设计院'……对大政方针和具体部署,政府机构及其党组有建议之权,但决定权在党中央。"③使党组织出现行政化、国家化的倾向。政府部门是党中央大政方针的执行机构,党中央与中央人民政府是决策与执行的关系。

在党政一体化原则下,政府不仅成为政策的执行者,而且党委负责人也直接掌管政府内部政务。在地方全面推行党委领导下的行政首长负责制,比如在工厂和学校实行党委领导下的厂长负责制和校务委员会负责制。司法机关也开始向党委负责,而不是对国家权力机关负责,使用政法部门的党内审批制度,党委甚至可以直接参与审判活动,强化了以党代政、高度集权

①　参见田湘波:《我国党政关系演变发展的五个阶段》,《南方论丛》,2003 年第 3 期。
②　郑谦:《当代中国政治体制发展概要》,中共党史资料出版社,1988 年,第 89 页。
③　《建国以来毛泽东文稿》,人民出版社,1992 年,第 268~269 页。

的体制。

这一时期,以党代政、党政一体化体制的特点是权力高度集中于党委,权力的运行缺乏法律的制约和监督。一方面,弱化了政党执政的合法性,党不仅要管理全局性的事务,也处理繁杂的行政事务。另一方面,也削弱了政府职能的发挥,各级政府组织成为依附于同级党组织的附属机构和执行机构,影响了国家行政机关系统的运作及其职能的发挥。

3.1966—1976年:党政关系的畸形发展

1966年,"文化大革命"全面发动。这场持久性全局性的政治运动和全面内乱使党的领导体制探索之路更加曲折。在这期间,党的执政方式变为"政党取代"型,党的组织取代官僚机构和国家权力机关,直接行使行政、司法等公共权力,向非党组织和群众发号施令。在"文革"期间,社会出现这样一种局面:高度集权与极端无政府状态并存,搞"四大"的大民主与无视人民民主并存。革命委员会集党政军大权于一身,包揽经济、党务、行政、司法、生产各部门工作。革委会是一个党政不分、政企不分、无所不包的混合体,把包括国家权力机关和行政机关在内的各种组织的职能集于一身,成为全能机构。以党代政体制发展到极端,党组织的行政化也达到了极点。邓小平说:"我们历史上多次过分强调党的集中统一,过分强调反对分散主义、闹独立性,很少强调必要的分权和自主权,很少反对个人过分集权。过去在中央和地方之间,分过几次权,但每次都没有涉及到党同政府、经济组织、群众团体等等之间如何划分职权范围的问题。我不是说不要强调党的集中统一,不是说任何情况下强调集中统一都不对,也不是说不要反对分散主义、闹独立性,问题都在于'过分'"。①

这一阶段的党政关系基本上是沿着以党代政的方向发展的。虽然国家领导人和党中央都形成了对党政关系的正确认识,都强调切勿以党代政,但

---

① 《邓小平文选》(第二卷),人民出版社,1994年,第329页。

党根据在革命战争时期积累的党政关系的经验,再加上新中国成立后政治形势比较紧张严峻,自然而然地继续沿用了战争环境中的党的一元化的领导体制。不能明确划分政府与党的职权范围,造成政党权利的高度集中。

(三)改革开放后的党政关系及其本质特征

1.改革开放初期:党政分开

改革开放后,党和国家的工作重心转移到经济建设上来。这一阶段的主要任务是恢复地方和民间的活力,首先要解决给社会"松绑"的问题,借助市场的力量对原本高度管控的国家和社会关系进行变革和调整,这需要通过放权来培育突破计划经济体制、全面推进改革的各种政治和社会力量。

面对改革开放初期党政不分、以党代政关系现状,迫切需要调整和变革党政关系,而"改革的内容,首先要党政分开,解决党如何善于领导的问题。这是关键,要放在第一位"①。邓小平同志曾强调:"我们要改善党的领导,除了改善党的组织状况以外,还要改善党的领导工作状况,改善党的领导制度。我们党领导13亿多人的社会主义大国,既要政治过硬,也要本领高强,必须大力加强党的长期执政能力建设,不断完善党对一切工作领导的体制机制。"②在对新中国成立以来党政关系变革中经验和教训认真总结的基础上,邓小平同志重新定位了党政关系,指出,"党的领导职能和国家政权机关之间的关系就只有最为基本的两项,一是提出国家发展的路线、方针、政策,确立政治方向和目标;二是决定国家机关的重要人选"③。

在邓小平《党和国家领导制度的改革》讲话精神的指导下,党政体制改革提出了以"党政分开"为突破口的战略目标,政治体制改革成为当时中国政治学界的讨论热点。大量的论著和论文集中在如何克服高度集权体制的弊端、党政分开的路径和方法、废除领导干部职务终身制、推进政治民主化

① 《邓小平文选》(第三卷),人民出版社,1993年,第177页。
② 同上,第296页。
③ 许耀桐:《准确把握"党政分开"内涵》,《北京日报》,2013年3月25日。

等方面。① 围绕执政能力建设,中国政治学界对政党现代化、党政关系规范化、组织建设、执政方式、党的基层建设等问题进行了深入的研讨。② 在邓小平同志对党政关系进行科学定位的基础上,党的十三大报告对"党政分开"提出了比较系统的主张,并且具体规定了党实现领导的方式,这标志着党的领导制度与领导方式将发生根本转变。从党的十三大开始,我国开始大力推进以党政分开为核心的政治体制改革,改革开放以来的党政关系改革也正式进入党政分开阶段。

在论述党政分开的内涵方面,党的十三大报告强调,"党政分开即党政职能分开。党领导人民制定了宪法和法律,党应当在宪法和法律的范围内活动。党领导人民建立了国家政权、群众团体和各种经济文化组织,党应当保证政权组织充分发挥职能,应当充分尊重而不是包办群众团体以及企事业单位的工作。党的领导是政治领导,即政治原则、政治方向、重大决策的领导和向国家政权机关推荐重要干部。党和国家政权机关的性质不同,职能不同,组织形式和工作方式不同"③。

党的十三大在明确了党政分开科学内涵的同时,明确了中共中央的职权,即中央主要"就内政、外交、经济、国防等各个方面的重大问题提出决策,推荐人员出任最高国家政权机关领导职务,对各方面工作实行政治领导"④。同时党政分开也要将党政机构的设置和职务分开。机构设置是以职能为依据,党政职能分开也就代表着党政的机构设置也要分开,其领导职务也要分开。党政机构分属于党的机构和政府机构范畴,党要依据党章等规章制度和党的职能、职权设置机构,政府要依据《国务院组织法》和地方政府组织法设置机构。邓小平同志提出:"中央一部分主要领导同志不兼任政府职务,

---

① 参见陈明明:《当代中国党政体制的沿革路径与逻辑》,《统一战线学研究》,2020 年第 4 期。
② 《党的十九大报告辅导读本》,人民出版社,2017 年,第 19~20 页。
③④ 《中国共产党第十三次全国代表大会报告》,中国共产党历次全国代表大会数据库,ht-tp://cpc. people. com. cn/GB/64162/64168/64566/65447/4526368. html.

可以集中精力管党,管路线、方针、政策","建立各级政府自上而下的强有力工作系统"。①

在这一时期,党政分开,不仅没有弱化党的领导地位,而是强化了党的领导地位,使党中央能将主要精力集中于制定国家发展的大政方针。"从党政不分到党政分开,是我们党的领导制度的一项重大改革。必须指出,党政不分实际上降低了党的领导地位,削弱了党的领导作用,党政分开才能更好地实现党的领导作用,提高党的领导水平;党政不分使党顾不上抓自身的建设,党政分开才能保证做到党要管党;党政不分使党处于行政工作第一线,容易成为矛盾的一个方面甚至处在矛盾的焦点上,党政分开才能使党驾驭矛盾,总揽全局,真正发挥协调各方的作用;党政不分使党处在直接执行者的地位,党政分开才能使党组织较好地行使监督职能,有效地防止和克服官僚主义。"②正确处理党政关系、构建科学合理的新型党政关系模式要以政党分开为前提。党政分开不等同于党政分离,党政不再相互关联。党政分开的科学内涵,是要改变长时期内党政不分、以党代政的问题,将党和政府的职能分开、职责分开、机构设置分开和党政领导职务分开。

2.20 世纪 80 年代末:党政关系规范化

这一阶段是以"提高执政能力"为目标的政党建设。在国内外政治影响下,"党政分开"的改革思路渐趋式微,中国共产党新一届中央领导集体重新调整了关于政治体制改革的思路,新一届党中央认为,政治体制改革必须"有利于增强党和政府的活力,发挥社会主义制度的优势,维护国家统一、民族团结和社会稳定,充分发挥人民群众的积极性,促进生产力发展和社会进步"。明确要求政治体制改革必须"把坚持党的领导、人民当家作主和依法治国有机统一起来",三者的有机统一被视为中国特色社会主义政治发展道

① 《邓小平文选》(第三卷),人民出版社,1993 年,第 321 页。
② 《中国共产党第十三次全国代表大会报告》,中国共产党历次全国代表大会数据库,http://cpc.people.com.cn/GB/64162/64168/64566/65447/4526368.html。

路的特色和优势所在。探索党的领导和执政的新方式,创造和积累党在新时期执政的合法性资源,成为这一时期党政体制改革的重要内容。①

党的十四大、十五大、十六大、十七大都在不断完善坚持和强化党的领导地位的重要性、进一步做到党政分开、加强和改善党的领导方式和提升党的执政能力等,对构建新型的党政关系进行了进一步探索,并取得了更加深刻的认识和更加丰富的理论成果。党的十四大论述了坚持和加强党的领导地位的重要性。党的十五大则论述了坚持党的领导和依法治国的关系,强调了依法治国是中国共产党治理国家的基本方略。党的十六大主要是对党的领导和执政方式进行了进一步的明确。党的十六大强调:"党的领导主要是政治、思想和组织领导,通过制定大政方针,提出立法建议,推荐重要干部,进行思想宣传,发挥党组织和党员的作用,坚持依法执政,实施党对国家和社会的领导。党委在同级各种组织中发挥领导核心作用,集中精力抓好大事,支持各方独立负责、步调一致地开展工作。"②

3. 十八大以来:党的全面领导

"统揽全局、协调各方"是党的十八大以来"党领导国家"体制改革的指导原则和行动逻辑。③这一时期和改革开放初期不同,"党领导国家"体制的最大变化是重新开始强调中国共产党全方位地集中统一领导,试图在党的统一领导下通过设置和改革党政机构,建立"职能更加优化、运行更加高效、权责更加协同"的党政关系模式。④ 这种"党领导国家"体制改革尤其是体现在2018年党和国家机构改革中,针对"当前一些领域党的机构设置和职能配置还不够健全有力,保障党的全面领导、推进全面从严治党的体制机制有

---

①③　参见陈明明:《当代中国党政体制的沿革路径与逻辑》,《统一战线学研究》,2020年第4期。

②　江泽民:《全面建设小康社会开创中国特色社会主义新局面——在中国共产党第十六次全国代表大会的报告》,《前进》,2002年第12期。

④　参见习近平:《关于深化党和国家机构改革决定稿和方案稿的说明》,共产党员网:http://news.12371.cn/2018/04/11/ARTI1523 454152698258.shtml。

待完善;一些领域党政机构重叠、职责交叉、权责脱节问题比较突出"①的问题,"以坚持和加强党的全面领导为主线,完善坚持党的全面领导的制度,把党的领导贯彻到党和国家机关全面正确履行职责各领域各环节"②,通过设立党中央决策议事协调机构、统筹设置党政部门等方式,进一步理顺党政之间的职责关系、推动党政关系更加协调优化。一方面,设立决策议事协调机构,由中共中央总书记为一把手,中共中央各类领导小组或者工作委员会成员担任国务院相关职能部门负责人等,加强党对社会主义各项事业的领导,需要建立健全党对重大工作的领导体制机制。另一方面,根据党政融合的实际需要,科学合理地对党政部门进行重新归置,推动部分党政机构合设或合署办公。"党和国家机构是我们党执政的重要载体。坚持和加强党的全面领导、加强党的长期执政能力建设,迫切要求通过科学设置机构、合理配置职能、统筹使用编制、完善体制机制。"③为了解决部分领域存在的党政机构设置重叠或职责交叉的问题,党的十九大审议通过了《党和国家机构改革方案》,将一些职能相近的党政部门进行了合并设立或采用了合署办公的形式,既能优化办事流程,又能精简机构设置,极大提高了党政机关的办事效率。

党政关系的合理表现形式是党政融合,协同联动,同向发力。所谓"党政融合",首先是党政之间的理念融合,要秉承和遵循党政分工不分家的原则,在此原则指导下加强党的领导、降低行政成本、提高执政效率。其次是规则融合,也就是在同一制度框架内采用相同或相似的运行机制和考评机制。最后是要机构融合,即人员和组织的排列组合以及与之相关的功能整合。但毕竟党政功能有别,党政分工必不可少。党政分工要遵循是否有利

---

① 陈希:《深化党和国家机构改革是加强党的长期执政能力建设的必然要求》,《社会主义论坛》,2018 年第 4 期。

②③ 习近平:《关于深化党和国家机构改革决定稿和方案稿的说明》,共产党员网:http://news.12371.cn/2018/04/11/ARTI1523454152698258.shtml。

于加强和改善党的领导的原则,这关乎是否有利于提升政府的治理绩效,也是党政关系调整的直接目的。党政分工面向的是社会公众。因此,是否有利于激发社会活力,提高社会的满意度,也是一个重要参照。党政融合的程度和形式是不同的,党政分工的程度和形式也是多种多样的。党政分工最核心的,从制度设计和实践趋向来看,就是在党的全面领导的前提下要处理好内部三权——决策、执行、监察之间的分工、协调和合作关系。① 这是一种功能上的大分工,理论虽然已经形成,但是在实践中如何有效运转仍处于试验和探索阶段。

习近平同志在《关于深化党和国家机构改革决定稿和方案稿的说明》中指出:决定紧紧把握构建坚持党的全面领导、反映最广大人民根本利益的党和国家机构职能体系这一主线,着力从制度安排上发挥党的领导这个最大的体制优势,统筹考虑党和国家各类机构设置,协调好并发挥出各类机构职能作用,完善科学领导和决策、有效管理和执行的体制机制,确保党长期执政和国家长治久安。② 我国党政关系的发展方向在《决定》中已经明确指出:完善党和国家机构职能体系,把党的领导贯彻到党和国家所有机构履行职责全过程,推动各方面协调行动、增强合力。③ 简单来说,就是在我国政治生活中,党是居于领导地位的,加强党的集中统一领导,与支持人大、政府、政协和监察机关、审判机关、检察机关、人民团体、企事业单位、社会组织履行职能、开展工作、发挥作用,这两个方面是统一的。④ 党既要保证其领导核心作用,又要充分发挥各政权机构职能分工的党政运作机制实现科学执政、民主执政、依法执政的基本原则。

---

① 参见郑永年:《十九大与"以党领政"体制的形成》,《联合早报》,2017 年 10 月 3 日。
②④ 参见《十九大以来重要文献选编》(上),中央文献出版社,2019 年,第 240～241 页。
③ 参见《中共中央关于坚持和完善中国特色社会主义制度 推进国家治理体系和治理能力现代化若干重大问题的决定》,《人民日报》,2019 年 11 月 6 日。

第二节 "党领导国家"体制:本质特征和实现机制

当代中国的国家构建主要围绕党政关系、国家与社会关系和中央与地方关系三个维度展开。其中,党政关系是核心。在政党国家,政党是国家构建的主体力量。在中国现代化国家构建的过程中,政党关系是以党的全面领导为基础的。在坚持党中央总揽全局、协调各方的基础上,强调党组织的领导作用。坚持和加强党的全面领导对应的是处理好党与国家、社会之间的关系,把党的领导贯彻落实到国家治理各领域各环节。

一、"党领导国家"体制的本质特征

"党领导国家"体制的运作逻辑是在实现党对国家绝对领导的基础上"统揽全局、协调各方",这也是党的十八大以来党政体制改革的指导原则。党要想实现对国家的绝对领导,提高自身的执政能力和领导能力是前提,主要体现在以下两个方面:

(一)"党领导国家"体制的最本质特征是中国共产党是最高政治领导力量,谋求的是长期的执政地位,代表的是最广大人民群众的利益

习近平总书记指出:"中国特色社会主义最本质的特征是中国共产党领导,中国特色社会主义制度的最大优势是中国共产党领导,党是最高政治领导力量","党的领导制度是我国的根本领导制度"。[1]"在具体的观察、研究和实践中,人们往往习惯于从党的执政如何契合中国经济与社会发展要求的角度来思考中国共产党的执政体系,强调要用经济与社会发展的新逻辑、新的制度设计来安排和规划其执政体系的形态与运行方式。这种努力是有意义的,但不能因此忽视党的历史、社会主义制度以及中国深层次的历史、

---

[1] 《中共中央关于坚持和完善中国特色社会主义制度、推进国家治理体系和治理能力现代化若干重大问题的决定》辅导读本,人民出版社,2019 年,第 70~71 页。

社会与文化对党的执政体系建设和发展所具有的规定性。"①"党领导国家"体制的出发点是坚持党的领导和执政地位,并将这一出发点贯穿于一切体制机制和制度安排之中。调适党政关系,做到既不削弱党的领导,又不削弱政府机关的行政管理权力,克服越位、错位等问题。在执政过程中,整合吸纳民意,广泛动员组织广大人民群众参与到国家治理之中。

"党领导国家"体制体现为中国共产党始终将"为中国人民谋幸福,为中华民族谋复兴"的初心和使命转化为国家、社会和人民的发展目标与行动实践,并且将体现现实利益与长远利益有机结合的整体利益贯穿并实现于中国特色社会主义现代化建设的历史进程中。萨托利说:"政党首先且最主要的是表达的手段:它们是工具,是代理机构,通过表达人民的要求而代表他们。"②相对比现代西方政党只是充当部分民众与政治团体的"代表机构"和"表达工具",只具有代表功能和表达功能。中国共产党不仅具有工具理性与价值理性,还具有领导力量与建设力量,开创了政党与政治发展史上将政党主体理性、工具理性和价值理性有机结合的新型政党模式,创造了使命型政党与使命型政治相结合的人类社会新型政治发展形态。作为一个使命型政党,"党领导国家"体制呈现为一种"党领导下的为了实现国家繁荣富强、民族伟大复兴、世界和平共荣的'使命-责任体制'新型政治形态"。③

(二)"党领导国家"体制并不意味着党对国家的替代,而是呈现为一种在"总揽全局、协调各方"原则基础上,在同级各种组织中发挥领导核心作用

在当代中国政治情境下,"国家意志、人民意志与执政党意志在本质上高度统一,中国共产党的本质属性和执政地位,在法理意义上决定了中国共产党必然代表人民执掌政权、运行治权,并由此决定了执政党组织与其层级

---

① 林尚立:《当代中国政治:基础与发展》,中国大百科全书出版社,2017年,第129~130页。
② [意]G.萨托利:《政党与政党体制》,王明进译,商务印书馆,2006年,第56~57页。
③ 唐亚林:《中国共产党绘就治国济世蓝图》,《人民日报》,2017年6月25日;唐亚林:《使命-责任体制:中国共产党新型政治形态建构论纲》,《南京社会科学》,2017年第7期。

对应的政府体系必然融合而成'党政体制',进而现实地体现为当代中国治理的党政结构和路径"①。具体呈现为党与人大、政府、民主党派之间的关系。

其一,党要想实现全面领导最关键的就是要依宪执政、依法执政,处理好党委与国家权力机关的关系,即妥善处理好党与人大的关系。根据我国的宪法规定,人民代表大会制度是我国的根本政治制度,各级人大组成了国家权力机关,全国人大是国家最高权力机关。人大关系着我国国家权力的来源、配置、行使和监督等环节。各级政府、监察机关、审判机关以及检察机关都由人大产生,对人大负责,受人大监督。加强党在政治、组织和思想方面对人大的领导,通过法定程序使党的主张上升为国家意志,党组织推荐的人选必须通过法定程序进入国家机关任职。根据我国宪法和党的有关理论,党是最高的政治领导力量,党的领导制度是我国的根本领导制度,而全国人大是国家最高权力机关,人民代表大会制度是我国的根本政治制度。②群众是推动社会历史进步的决定力量,党和人大都代表人民群众的利益,所以党与人大之间没有谁的权力更大的问题,党的地位不能凌驾于国家最高权力机关之上,同时党又对人大具有领导功能。党的领导是人民当家作主的根本保证,人民当家作主是共产党治国理政的一面旗帜。党以全心全意为人民服务为宗旨,党性与人民性是统一的,坚持党的领导就是坚持人民主体地位,支持人民当家作主。同时发挥好党与人大的作用,有效衔接党的领导制度与人民代表大会制度,实现党的领导、人民当家作主和依法治国的有机统一。

其二,党的全面领导也包括党对政府的领导。要处理好党与政府的关系,按照法治原则明确党委与政府机构的关系,政府不是党委的执行部门,

---

① 景跃进、陈明明、肖滨:《当代中国政府与政治》,中国人民大学出版社,2016年,第48页。
② 参见胡伟:《国家治理体系下的党和人大关系》,《探索与争鸣》,2019年第2期。

不能只是简单的执行党的决议。郑永年指出:"从理想层面来说,党政应当分野,党管政治,政府管行政,政党应当履行政治责任,而政府的焦点则是行政效率问题。就是说,党权应当是政治权,不是行政权。"①党与政府的关系更准确地表达应该是政治与行政的关系,这种理解强调了党当前迫切的工作是强化其原初的政治功能,回归到实现社会民主上去。深化党中央机构改革,健全党的全面领导制度,建立健全党对重大工作的领导体制机制,更好发挥政府职能部门作用,推进党政机关合并设立或合署办公,优化部门职责,提高党把方向、谋大局、定政策、促改革的能力和定力,确保党的领导全覆盖,确保党的领导更加坚强有力。

其三,在共产党的执政领导过程中,需要充分发掘民主党派的作用和价值。我国政党制度的基本特征是"共产党领导、多党派合作,共产党执政、多党派参政",共产党与各民主党派之间形成了"长期共存、相互监督、肝胆相照、荣辱与共"的紧密关系。民主党派要在共产党的领导下,参加国家政权,参与国家事务的管理,参与国家方针政策、法律法规的制定和执行。各民主党派能够通过自身的组织吸纳高素质高水平人群,加强开发和整合社会政治资源的功能,可以通过联系社会各利益群体,团结不断分化的社会阶层,有效扩大和巩固共产党的执政基础。各民主党派代表联系着特定的社会阶层和群体,作为参政党,作为某一社会群体利益的代表者,加上其具有自身独特的人才优势、智力优势和组织优势,这就可以对党和政府的决策起到重要的参考作用,降低决策失败的风险。② 共产党领导下的多党合作制度,有利于增进党的执政能力建设,有利于协调各种社会关系、化解群体矛盾冲突,能够实现共产党代表最广大人民根本利益的要求。

二、"党领导国家"体制的实现机制

习近平总书记强调:"70 年来,正是因为始终在党的领导下,集中力量办

① 郑永年:《中共党内民主与党政关系》,《联合早报》,2008 年 8 月 5 日。
② 参见杨平:《多党合作与共产党执政能力建设》,《理论与改革》,2011 年第 6 期。

大事,国家统一有效组织各项事业、开展各项工作,才能成功应对一系列重大风险挑战、克服无数艰难险阻,始终沿着正确方向稳步前进。"①坚持党的领导是中国特色社会主义制度的显著优势。党领导的全面性与执政的长期性要求其不断提升领导水平和执政能力。而领导与执政又是紧密相连的两种政治现象,执政为领导提供了合理性资源,领导为执政提供了合理性基础。党的全面领导从领导形式上体现了对不同领域采取差异化具体化方式的领导;从领导要素上体现了对人、事、权、物的领导,从领导程序上体现了对决策、执行、监督、评价的领导。"在国家治理体系的大棋局中,党中央是坐镇中军帐的'帅',车马炮各展其长,一盘棋大局分明。"②中国共产党的领导在中国特色社会主义建设中发挥着举足轻重、不可替代的作用。

但是"党对国家的全面领导"并不意味着党对国家的替代,而是通过结构性嵌入的方式实现。"嵌入"是指两个不同的系统因素相互作用,相互影响,从而形成新的稳定系统。埃文斯(Peter Evans)把嵌入理论应用于国家与社会关系研究论域,提出了国家嵌入社会从而实现"嵌入性自主"的概念。③米格戴尔等学者进一步阐释关于国家与社会相互嵌入、相互合作、相互适应的关系。④ 在政党—国家—社会的关系结构中,政党嵌入是当代中国国家治理的实现机制。政党嵌入主要是指政党嵌入国家政权和政党嵌入社会。一方面,中国共产党内嵌于国家之中,成为国家政权的组织者与领导者;另一方面,中国共产党内嵌于社会之中,成为社会的组织者与领导者。在国家政权层面,我们党建立起自上而下的组织化渠道,在社会组织层面,党又广泛

---

① 习近平:《坚持、完善和发展中国特色社会主义国家制度与法律制度》,《中国民政》,2019 年第 23 期。

② 中央文献研究室:《习近平关于全面建成小康社会论述摘编》,中央文献出版社,2016 年,第 96 页。

③ See Evans, P., *Embedded Autonomy*: *States and Industrial Transformation*, Princeton University Press, 1995.

④ See Migdal, J., *State In Society*: *Studying How States and Societies Transform and Constitute One Another*, Cambridge University Press, 2001.

地存在于社会,在不同类型的组织中建立起党的基层组织。党始终坚持推进自我革命,坚守党的纯洁性、先进性和时代性,不断增强"自我净化、自我完善、自我革新、自我提高"的能力,通过高效的组织执行能力、强大的组织动员能力、有效的组织问责能力,将科学战略规划转化为国家、社会和民众所期盼的生动社会实践,①党政互嵌锻造国家治理主轴。

中国共产党以民主集中制为组织原则,形成覆盖各个领域的全面领导。基层党组织(像基层委员会、总支部、支部)和党员,把党的意志、政策方针、价值准则渗透到政务活动之中;"党管干部原则"保障了党政负责人的"一把手"的政治合法性,党规党纪和国家法律共同成为执政权的法治依据,从而保证执政党意志和指令在政府层面得到有效实施与执行;以业务管理为原则,实行党委与党组的"归口管理"模式,把政府工作按性质划分为工交口、财贸口、文教口、政法口、农业口、外事口等,同级党委的常委(如分管副书记)分口负责,以加强对政府行政工作的领导,成为实现党与国家政权机关有效对接的桥梁和纽带。② 党组能够充分发挥把方向、管大局、保落实的领导作用,能够强化对政府业务工作和政治领导。党政职能分工明确,有利于强化治理效能,"在横向的行政层级上,党委(如市委)与政府(如市政府)各设机构但主次分明;在纵向的功能部门(如生态环境局)中,行政领导职位与党务领导职位并列共存,党委和党务组织(如党组、纪检小组)延伸入行政部门"③。具体来说,党的全面领导是通过各类组织制度得到贯彻落实的。党对国家各项工作全过程的领导,既包括对法律法规、方针政策制定的领导,也包括对各项规章制度、具体工作执行和实施过程中的领导。

其一,党通过党政合署办公制度、干部选拔任用制度、党政交叉任职制

---

① 参见唐亚林:《使命-责任体制:中国共产党新型政治形态建构论纲》,《南京社会科学》,2017年第7期。

② 参见王立峰:《政府中的政党》,中国法制出版社,2013年,第152页。

③ 周雪光、艾云、葛建华、顾慧君、李丁、李兰、卢清莲、赵伟、朱灵:《党政关系:一个人事制度视角与经验证据》,《社会》,2020年第2期。

度、领导小组制度和归口管理制度等构建以党为核心的国家政治体制,落实党对人大、政协、政府、司法机关、企事业单位、社会组织等的领导。党全面进入国家系统,占据核心位置,履行重要的政治和行政功能。如党的十八大以来,党中央层面成立了各种类型的领导小组,大大强化了党领导国家的能力,部分类型的领导小组转变为委员会的组织形式,进一步加强了党对国家领导的制度化和规范化,从顶层设计层面实现了党对国家发展和治理现代化的领导。

其二,建立党组工作制度,在国家机关、企事业单位、社会组织、团体组织以及其他组织中设立党组。完善党组开展工作的组织原则,履行全面从严治党责任和提高党的建设质量的工作任务,坚持"三重一大"决策监督机制,确保党的方针政策在同级组织内得到贯彻落实。党的领导范围覆盖各个领域,涉及经济、政治、文化、社会、生态等,所以要加强党对各项事业的全方位领导,既包括党对国家机关、企事业单位以及各种社会团体的组织领导,也包括党对社会生产、生活等各方面的领导。

其三,通过重新整顿和发展基层党组织、扩展党员、提升党员素质、加强自身组织制度建设等方式,强化了党对社会的整合。通过"3+1"模式,即在社会组织中建立党建工作委员会,成立社会组织联合党组织,建立社会组织党建工作例会制度等,以"点、线、面"系统的形式推动党对社会组织的管理。

其四,健全党对重大战略的领导和对经济社会各方面领导的制度规定,通过在顶层设计布局,围绕打赢三大攻坚战、京津冀协同发展、长江经济带发展、粤港澳大湾区建设、黄河流域生态保护和高质量发展等重大战略以及全面领导金融工作、城乡工作、教育工作、高校工作和群团工作等领域中,实施党统一领导、统筹协调、督促检查的具体制度,①把党的领导落实到推进"五位一体"总体布局和"四个全面"战略布局的各方面和全过程。

---

① 参见陈希:《健全党的全面领导制度》,《党建研究》,2019 年第 11 期。

第三节 "党领导国家"体制下的国家现代化发展逻辑

国情民情与社会经济发展水平的不同决定了治理模式的不同。世界上没有一个国家的治理模式是完全相同的,中国的发展也不可能套用、复制任何模板。国家治理现代化是中国在长久的实践中探索出的中国特色社会主义独有的产物。理解中国国家治理现代化的发展逻辑就是要正确对待两个问题:(1)如何理解现代国家建构和国家治理现代化过程中的集权与现代化之间的关系;(2)如何理解党的现代化推动国家治理现代化。

一、集权与现代化的矛盾

一个国家的治理模式受该国家的历史文化与价值观的影响。中国自古以来的统治者都十分重视大一统思想。封建王朝时期,基本都以儒家作为正统思想。统治者对天下的统治采取的是"家天下"和"士大夫政治"相结合的方式,建立了一套自上而下、运转有序的官僚体系。同时,统治阶层又根据儒家礼制传统中的"尊尊、亲亲、贤贤"观念构成礼法规范,将礼制精神贯彻到社会的各个方面,形成了一套完整的礼法体系。这些制度设计成为大一统集权体制的基石。中国传统文化中特有的"万民安宁、天下太平"的思想观念,对政通人和、国泰民安、河清海晏的太平盛世的社会理想追求,也是集权统治得以存在的原因。可以说,集权性质的大一统既是中国政治的制度样式,也成为中国人的生活方式。

集权统治对中国政治制度和思维方式产生了深远的影响,即使是近代以来的民主革命,推翻了封建专制主义的帝制统治,改变了家天下的政治逻辑,也没有革掉中央统摄地方的国家统一形态,没有革掉统一的文化价值形态。在没有政治强制的自然状态下,多样性可能会自发演化为若干分离而独立的小共同体,但在长期共同生活经验已经形成的互嵌性框架中,多样性的保存不能不以聚合为相互依存的多元的大共同体为前提。① 在封建社会时期，采取的是集权专制，后来孙中山推翻帝制，创立民国，提出"保持政治统一，将以建立单一之国，行集权之制，使建设之事纲举而目张也"②。实行保持政治统一的集权之制，把党国体制作为国家体制的单一制特征。共产党推翻国民党，建立中华人民共和国，也是采用的单一制的党政体制。

中国现阶段采取的集中统一的中央领导和民主集中制的组织原则决定了中国政府是一个集权的政府，既受到了几千年来传统集权统治和文化的影响，也是人民追求的结果，历史力量的自然状态。

党全面领导的单一体制，具有强有力的政党组织领导系统，高效的政府执行系统。新制度体制和新生活方式的确立需要作为国家领导核心的党的决策和调度。这种政治体制在发挥国家整体效应，实现国家集体意志，提高政府行政效率方面具有显著优势。当然，这种体制也存在着一定的问题。单一的集权体制不能做到分权制衡和高度民主。并且集权体制与国家治理现代化存在着一定的矛盾。"强调分权制约并不一定要学西方的三权分立，也不必然削弱党的领导。分权制约的核心是要构建科学合理的权力结构和运行机制。"③防止权力的集中是现代制度设计的主要任务，权力集中也就意味着权力不受限制、不受监督。我们要实现治理现代化就要落实好分权原则，立法制度、选举制度、政党制度和行政制度，做好分工协作、高效运行。对地方要简政放权，在中央大政方针领导下，充分赋予地方自治权利。同时，国家现代化与党的集权加强存在联系，可以说，现代化与一党集权是相互促进的。"在中国现代化与党的高度集权之间存在着一种相互促进的'共振效应'。一方面，党的集权是在党领导的现代化过程中形成和发展的，国

---

① 参见陈明明：《中国政府原理的集权之维：历史与现代化》，《公共管理与政策评论》，2021 年第 1 期。

② 《孙中山全集》（第二卷），人民出版社，1982 年，第 399 页。

③ 燕继荣：《推进国家治理现代化须落实分权原则》，《中国党政干部论坛》，2015 年第 3 期。

家追求现代化的过程就是党对社会进行动员的过程，对社会的动员又为权力高度集中于党提供了政治、社会和经济基础。另一方面，国家追求现代化构成一党集权的内在动力，而现代化的挫折和危机则把党的集权推向极端。"①超大的贫弱的社会资源格局制约着现代化进程，中国的现代化转型不是一个一蹴而就的过程，需要准确把握党的集权与现代化之间的关系，解决它们之间存在的矛盾。

解决党的集权与国家治理现代化矛盾的关键在于党。无数事实证明，中国现在的治理体系是历史的选择，具有深厚的实践基础，是最富有中国特色的治理体系。中国共产党的领导是中国与西方国家在治理体系上最大的不同。党的十八大以来，党始终坚持以人民为中心，不断加强党的自身建设，提升其领导能力，为国家治理现代化提供了坚强有力的保障。与此同时，通过党中央的集中统一领导，又避免了议而不决的分散主义，保证对国家科学高效的治理。反观西方国家，由于实行多党制，党争不断，国家治理效率低下，并且极易受到利益集团的捆绑，成为特定阶层、特定群体的利益代表。② 国家治理体系是为了国家最终的治理目标而服务，目标不同则治理体系不同。改革开放以来，党中央在"三步走"战略的基础上提出了"两个一百年"奋斗目标，对国家的未来走向作出了科学、明确的规划，将阶段目标与长期目标相统一，坚持"一张蓝图绘到底"。这也是我国的国家治理现代化与西方现代化道路的本质区别。西方国家政党轮流坐庄，政党制定的政策具有多变性和短期性，缺乏长远的顶层设计，国家治理难以制定长期、系统、有效的战略布局。中国的治理现代化不仅要着眼于眼前可预见的目标，同时也要确保阶段性目标与长期目标的一致性、连贯性，注重发展的全局性、

---

① 陈明明：《现代化进程中政党的集权结构和领导体制的变迁》，《战略与管理》，2000 年第 6 期。

② 参见赵可金：《全球治理的中西智慧比较》，《探索与争鸣》，2020 年第 3 期。

系统性和协调性。①

二、党的现代化推动国家现代化

以党的现代化推动国家现代化，既是中国国家现代化的必然选择，也是中国共产党的历史使命。在党的全面领导下实现国家治理现代化，必须要加强党的现代化建设，提高党的执政能力和领导能力。习近平指出："办好中国的事情，关键在党。"②党要认真把握人类社会发展的科学规律，抓住现代化发展中的问题，积极探索，审慎分析判断局势，做好顶层设计。以党的建设引领政府治理能产生良好的治理效能。

（一）在一个社会主义国家推动国家治理现代化建设，是一个巨大的、前所未有的系统性工程，需要中国共产党作为总舵手，引导总方向

现代国家治理需要强化权威的作用，美国学者米格代尔认为："现代国家需要特别的权威，这种权威能够决定你一生中遇到的所有规则……治理是一个非常宏大的术语……是在多元化的人群当中和不同的领域上建立权威的总体能力。"③在实行单一制的国家中，中央权威保证权力高度集中，治理体系体现为层级领导，从中央至地方是一竿子插到底的高度组织化、科层化的治理结构，如果缺乏权威作为中流砥柱，就无法实现这一超大型国家的全国一盘棋的统筹和运转。党的权威主要体现在党的全面领导，而党的全面领导是治理现代化的基础和根本。党的十九届四中全会提出的重要战略任务，是党领导的社会主义现代化事业不断顺应潮流、创新发展的理论成果，是党根据新的发展形势对中国现代化事业的战略部署。当前，党中央在总结过去历史经验和教训的基础上，战略性地对中国特色社会主义事业的发展与未来走向进行了谋划与部署，把全面深化改革、国家制度发展、国家

---

① 参见朱皓琪：《浅析国家治理现代化视角下党的全面领导》，《改革与开放》，2020 年第 19 期。
② 吴德刚：《沿着中国特色社会主义道路实现伟大梦想》，《人民日报》，2017 年 10 月 27 日。
③ ［美］乔尔·米格代尔：《国家能力：建立权威》，杨端程、陆屹洲译，《中国政治学》，2020 年第 1 期。

治理现代化和党的领导制度联系到一起,并在实践中得到充分体现。在推进国家治理体系和治理能力现代化过程中,必须坚持党对一切工作的领导,并把党的领导具体地、务实地贯彻到国家治理的全部活动中,保证一切工作不偏离社会主义方向。中国共产党通过"横向到边、纵向到底"的党组建设的全覆盖以及各级党组织与政府机构实现同体互嵌,使得中国共产党的先锋队的先进性和模范性渗透于政府行政管理活动之中,在党的先锋性和先进性中实现为人民谋幸福和国家治理现代化的价值目标。

(二)中国特色的国家治理现代化建设离不开以人民为本的群众路线

中国共产党能够实现长期执政,正是由于其坚持以人民为本的群众路线工作方法,全心全意为人民服务,受到广大人民群众的拥护与支持。这一套经过长期革命实践总结的宝贵经验同样被应用于国家治理活动之中,成为保障党政复合体制合法性的坚强后盾。党的十九大报告明确提出:"必须坚持人民主体地位,坚持立党为公、执政为民,践行全心全意为人民服务的根本宗旨,把党的群众路线贯彻到治国理政全部活动之中,把人民对美好生活的向往作为奋斗目标,依靠人民创造历史伟业。"①在中国特色的党政复合体制中,群众路线的工作方针具有强大的治理优势。

第一,群众路线充分弘扬了人民主体论,从而塑造执政的合法性。在群众路线的执政逻辑之中,作为先锋队组织的中国共产党成为代表人民群众根本利益的化身,在其政治纲领和施政报告中规划了人民群众的根本利益与长远利益,因而已然具备了"实质合法性",并因而根本不需要特定阶级阶层的代表("代议士"或"职业政客")。②

第二,群众路线能够形成广泛的动员能力。早在革命战争时期,中国共

---

① 习近平:《决胜全面建成小康社会 夺取新时代中国特色社会主义伟大胜利:在中国共产党第十九次全国代表大会上的报告》,2017 年 10 月 28 日,http://cpc.people.com.cn/n1/2017/1028/c64094-29613660-5.html.

② 参见杨成虎:《群众路线的逻辑、意义与限度》,《云南社会科学》,2011 年第 4 期。

产党就认识到"战争的伟力之最深厚的根源,存在于民众之中"①。只有动员全体民众,革命才能成功。政党执政必须立基于广大民众这块土地之上,这是其力量的源泉,执政党要想立于不败之地,必须不断地从人民群众中汲取力量。习近平总书记指出:"必须紧紧围绕保持党同人民群众的血肉联系,增强群众观念和群众感情,不断厚植党执政的群众基础。"②通过不断拓宽民众参与政治体制改革的渠道,保障民主选举、民主决策、民主协商、民主管理、民主监督的共建、共享、共治格局,从而调动和激发广大民众的政治热情,促进国家的现代化治理。

第三,推进中国的国家治理现代化,就是要完善现有体制机制,充分发挥"党领导国家"体制的优越性。国家的治理需要充分发挥社会主义制度能够集中力量办大事的优势。民主集中制真正实现了民主正当性与治理有效性的双重目标,成为保障国家治理的有效手段。习近平总书记多次强调民主集中制的制度优势,"我们要坚持和完善民主集中制的制度和原则,促使各类国家机关提高能力和效率、增进协调和配合,形成治国理政的强大合力,切实防止出现相互掣肘、内耗严重的现象"③。作为国家机构原则的民主集中制,有利于从整个国家治理层面形成一种集体主义价值观。在民主集中制下,中国共产党能够通过其在中国特色社会主义和国家治理体系中的领导地位,最大限度地通过全局性的顶层设计统筹各方面力量资源,发挥各个领域、各项制度之间的协同作用,"善于在社会主义市场经济条件下发挥举国体制优势,统筹各方面力量资源,不断拓展融合深度和广度,构建一体

---

① 《毛泽东选集》(第二卷),人民出版社,1991年,第511页。
② 习近平:《决胜全面建成小康社会 夺取新时代中国特色社会主义伟大胜利:在中国共产党第十九次全国代表大会上的报告》,2017年10月28日,http://cpc.people.com.cn/n1/2017/1028/c64094-29613660-5.html。
③ 习近平:《在庆祝全国人民代表大会成立60周年大会上的讲话》,《人民日报》,2014年9月6日。

化的国家战略能力"①。面对突如其来、蔓延世界的新冠肺炎疫情,中国所表现出来的行动速度之快、动员能力之强、防控效率之高赢得了国际社会的高度赞誉,其中关键在于在这场战"疫"中党发挥了总揽全局、协调各方的领导作用。党的集中统一领导和中国特色的体制机制,为打赢疫情防控战提供了根本保证。

第四,中国共产党的自我革命意识和政党学习有助于实现党组织内部的教化和动员,不断增进国家治理现代化的治理绩效和自我调适。在国家治理体系这个庞大且复杂的系统运行过程中,中国共产党作为领航者,领导各主体在风险不断、情况多变的大环境下有序、高效地开展改革与创新,统筹总揽现代化进程。实现国家治理现代化要以党的现代化建设为基础。治国必先治党,治党必须从严。党的治理程度直接影响国家治理现代化的水平与最终效果。中国共产党不断通过其以集中教育活动为代表的政党学习保持其先进性和纯洁性,通过政党学习和自我革命进行全党范围内的政治教化,进而实现全党范围内的动员和意见的统一,以全党的意志推动国家治理现代化的治理绩效提升。

---

① 《习近平谈新型举国体制》,2019 年 6 月 25 日,https://baijiahao. baidu. com/s? id = 1668663127539435678&wfr = spider&for = pc。

第三章　规划国家:理解"中国之治"的概念性框架

第一节　引论:从"国家规划"到"规划国家"

新中国成立 70 年来,中国共产党领导下的国家治理行进在一个逐渐系统化、结构化、制度化的中国道路发展过程中,形成了大量的制度优势和治理经验,为人类文明发展模式提供了立体性的展示样本,凸显了国家治理的中国方案。① 这些治理经验使得中国共产党在国家治理实践中保持稳定性的同时不失其开拓性,是从中微观角度认知"中国之治"的重要研究标志。上述中国经验既包括微观层面的地方试点②、群众动员③、工作组模式④、小

---

① 参见倪星、郑崇明、原超:《中国之治的深圳样本:一个纵向共演的理论框架》,《政治学研究》,2020 年第 4 期。

② See Heilmann S., Policy Experimentation in China's Economic Rise, *Studies in Comparative International Development*, No. 1, 2008, pp. 1 – 26.

③ 参见汪卫华:《群众动员与动员式治理——理解中国国家治理风格的新视角》,《上海交通大学学报》(哲学社会科学版),2014 年第 22 期。

④ 参见李振:《推动政策的执行:中国政治运作中的工作组模式研究》,《政治学研究》,2014 年第 2 期。

组机制①等非正式机制的运作,也包括"监管国家"②、"项目治国"③、"矫正型国家"④、"规制国家"⑤等中观层面的概念性框架。尤其是这些概念性框架从不同学科和视角形塑着中国共产党治国理政的逻辑体系,对于我们理解现代国家转型和"中国之治"具有重要意义。其中,用中长期规划指导经济社会发展,既是中国政治实践的重要治理经验,也是我们党治国理政的一种重要方式,凸显着政党领导下中国之治的独特优势。

作为中国共产党治国理政的重要抓手,中国共产党通过"国家规划"从宏观战略层面对国民经济和社会发展制定具有长远性、规划性和纲领性的目标和方向。面对当前国际局势的复杂多变与国内全面建成小康社会的历史拐点和时代背景,党的十九届五中全会审议通过了《中国共产党关于制定国民经济和社会发展第十四个五年规划和二〇三五年远景目标的建议》,全面开启了社会主义现代化国家转型新征程。"国家规划"作为中国共产党重要的治理经验,对于理解中国现代化转型具有重要意义。

事实上,用中长期规划指导经济社会发展并非中国特例。从国际经验看,许多国家都通过制定中长期发展规划带动国家经济社会发展,从国家层面制定阶段性的发展目标,俨然成为一种国际经验,如欧盟的"里斯本战略""欧盟2020","美国2050",德国"高技术战略2025""国家工业战略2030"等。但是"由于东西方国家政府拥有的干预经济手段以及干预经济的传统不同,西方国家计划侧重于战略指导而东方规划侧重于常规计划"⑥。

① 参见原超:《地方治理中的"小组机制"研究》,中央编译出版社,2017年;原超、李妮:《地方领导小组的运作逻辑及对政府治理的影响》,《公共管理学报》,2017年第1期;原超:《领导小组机制:科层治理运动化的实践渠道》,《甘肃行政学院学报》,2017年第4期。
② 刘亚平:《中国式"监管国家"的问题与反思:以食品安全为例》,《政治学研究》,2011年第2期。
③ 周飞舟:《财政资金的专项化及其问题 兼论"项目治国"》,《社会》,2012年第1期。
④ 任剑涛:《矫正型国家哲学与中国模式》,《天涯》,2010年第3期。
⑤ 黄新华:《从干预型政府到规制型政府——建构面向国家治理现代化的政府与市场关系》,《厦门大学学报》(哲学社会科学版),2017年第3期。
⑥ [美]莫里斯·伯恩斯坦编:《东西方的经济计划》,朱泂等译,商务印书馆,2000年,第43页。

Archibugi 从国家视角理解,国家运用政府干预式的产业政策,通过优化资源配置,推动工业化进程、培育市场、增强国家竞争力,从而形成国家层面的战略规划。①

中国改革的成功经验吸引理论界聚焦国家规划在中国场域的重要意义。杨永恒从政府职能视角理解五年规划,现代政府职能是平衡政府、市场和社会在资源配置中的关系,通过发挥规划编制的社会动员,形成稳定、有效的规则体系指导市场和社会的良性运行。② Howlett,Ramesh 和 Perl 从政策系统角度提出,中国国家规划过程是把一个国家的政治经济分解为不同的政策子系统来考察,而每个政策子系统都有自己独特的发展动力。③ 王绍光、鄢一龙从"民主决策"视角理解中国的五年规划,将五年规划背后的民主决策的程序和能力视为中国经济和社会健康和可持续发展的根源。④ 鄢一龙将五年规划视为一种"目标治理机制",是一种通过整体知识的运用和国家规划的制定,推动目标实现的公共事务治理方式。⑤ 李洯将国家规划视为一种体现党委、政府战略意图和集中民智的"监督机制",用它来督导各方为了完成本单位或部门既定计划而努力。⑥ 韩博天、梅尔顿等将"政策分析"作为工具对国家规划进行了考察,"与其把五年规划看成一个完整统一的蓝图,不如把它设想成一个围绕着规划,不断反复进行协调、评估、调整的政策

---

① See Franco Archibugi,Towards a New Discipline of Planning,*Socio – Economic Planning Sciences*,No. 2,1996,pp. 81 – 102.

② 参见杨永恒:《发展规划定位的理论思考》,《中国行政管理》,2019 年第 8 期。

③ See Howlett,Michael,M. Ramesh and Anthony Perl.,*Studying Public Policy:Policy Cycles and Policy Subsys – tems(3rd edition)*,Oxford University Press,2009.

④ 参见王绍光、鄢一龙:《大智兴邦:中国如何制定五年规划》,中国人民出版社,2015 年;王绍光、鄢一龙、胡鞍钢:《中国中央政府"集思广益型"决策模式—国家"十二五"规划的出台》,《中国软科学》,2014 年第 6 期。

⑤ 参见鄢一龙:《目标治理:看得见的五年规划之手》,中国人民大学出版社,2013 年。

⑥ See Ann Lee. What the U. S.,Can Learn from China:An Open – Minded Guide to Treating Our Greatest Competitor as Our Great Teacher,Berrett – Koehler Publishers,Inc. 2012.

过程"①。胡鞍钢从计划经济转型的视角发现,市场化改革以来,以市场配置资源的方式开始进入社会多个领域之中,但中国政府并未完全放弃规划机制。中国共产党将传统计划经济体制下的计划工具加以创新发展,通过吸收市场经济体制的因素,使之更加适应中国特色社会主义经济体制,充分配合计划与市场两种资源配置手段。② 王绍光则强调目前学界过多关注国家规划的静态层面(plan),而忽视其动态意义(planning),提出关注"规划的制订"更容易彰显"国家规划"的战略性、动态性和学习性特征。③

　　已有研究充分展示了海内外学者对于以五年规划为代表的"国家规划"研究的理论意义与现实关怀。"民主决策""监督机制""目标管理"和"政策工具"等解释均是从政府内部管理的视域去解释"国家规划"的价值与功能。然而现有研究缺少了对"国家规划"在"治理逻辑"层面的解读。事实上,在中国治理场域下,"规划"不仅是一种指导经济社会发展的国家治理实践,更是以"方法论"和"治理体制"的形式形塑着中国共产党治国理政的逻辑。换句话说,我们可以将"规划"视为一种"概念性图式",④在解释国家是如何治理这个问题上,其他要素和结构都是围绕"规划"的理念、体系和功能而进行,是解释"中国之治"的中轴原理。我们不仅要从国家治理逻辑的视野去审视"规划"在中国发展中的重要角色,更需要探寻"规划"是如何作为中轴结构进而对如领导小组、项目制等治理经验为代表的"中国之治"进行统合和解释的。但是无论是静态层面还是动态意义,"国家规划"这一概念均不足以从国家治理逻辑层面对"中国之治"进行解释,应当对"国家规划"概念进行拓展,提出一个具有统合意义的、全方位的、系统的框架性概念,进而更好地从"规划"层面理解"中国之治"的内在逻辑。

---

① 韩博天、奥利佛·梅尔顿、石磊:《规划:中国政策过程的核心机制》,《开放时代》,2013年第6期。
② 参见胡鞍钢:《中国独特的五年计划转型》,《开放时代》,2013年第6期。
③ 参见王绍光:《中国崛起的世界意义》,中信出版集团,2020年。
④ 参见[美]丹尼斯·贝尔编:《后工业社会的来临》,高铦等译,新华出版社,1997年。

我们认为,"规划国家"是对"国家规划"概念的拓展,是一个能够更加系统概括和诠释"中国之治"的概念性框架。"规划国家"的概念不仅仅针对"国家－市场"二元关系中的政府角色问题,也并不仅仅意味着在经济发展和产业政策方面的政府谋划和调适,而是一种全方位的、系统的框架性概念。从治理逻辑来看,"规划国家"是中国共产党基于一统体制和有效治理之间的矛盾,依托于严密的组织化的动员体系和权威体制,构建的一套战略性的治国理政的理念和治理体系。"规划国家"的运作有助于实现国家资源的高度整合、国家发展的整体布局、官僚机构和社会大众的激励动员,进而实现政治发展与政治有效性的良性互动。"规划国家"强调:在方法论层面体现了中国共产党治国理政的整体思考和一以贯之的治理理念;在治理体系层面包含了对官僚组织体系、干部激励结构的总体布局;在意识形态层面将党的主张转变为维护人民整体利益和促进国家总体发展的系统性理念的行动方略,以及对各级党委和政府官僚人员自上而下的政治规训。

表 3－1 "国家规划"与"规划国家"对比情况表

概念	特征	特征与功能	关键词
国家规划	管理概念	对产业政策、经济发展和组织调适的战略思考	主题、主线、规划目标、重大任务、政策项目
规划国家	系统性概念	方法论层面:中国共产党治国理政的整体思考 治理体制层面:从顶层设计对政党组织、官僚组织体系和社会大众之间的总体布局;干部激励结构制度安排 意识形态层面:将党的主张转变为人民意志和国家发展的系统性理念的行动方略;对各级党委和政府官僚人员的政治规训	方法论、官僚体系、激励结构、意识形态

从关注"国家规划"到聚焦"规划国家",研究范畴的转变要求学者们对中国治理模式和国家发展的关注由"经济层面"转向对中国特色社会主义制度在"治理层面"的重视,在研究范式上由传统"国家－市场"二元论的宏大

"理论叙事"向中微观层面的"制度逻辑"进行转变。

基于此，本章将从三个方面对"规划国家"进行诠释与讨论。首先，本章将从"方法论"和"治理体系"两个面向出发对"规划国家"这一框架性概念进行解构和诠释，明确"规划国家"的研究范畴；其次，本章将主要从"主轴－激励－修正"视域下讨论"规划国家"的运作机制，进而从"中央－地方""政府－市场"和"政党－国家"的视野探讨"规划国家"的功能影响；最后，本章讨论从"规划国家"理解"中国之治"的重大意义和面临的挑战。

第二节　内涵："规划国家"的三个面向

恩格斯曾说，没有什么"不变的、现成的、永远适用的"概念，要恰当地理解概念，就不能把它们"限定在僵硬的定义中，而是要在它们的历史的或逻辑的形成过程中来加以阐明"[1]。我们需要从历史范畴和逻辑演绎中把握"规划国家"的内核。作为一个概念性框架，"规划国家"在中国共产党治国理政场域中呈现出三个面向：作为"方法论"面向的"规划国家"、作为"治理体系"面向的"规划国家"和作为"五年规划"面向的"规划国家"。

一、作为"方法论"面向的"规划国家"

"方法论"强调的是人们对一门学科的概念、理论以及基本推理原则的研究，[2]是人们观察事物和处理问题的方式、方法的总体理念和基本原则，是一种以解决问题为目标的理论体系或系统，而并非权宜的、调适性质的方法。作为"方法论"的"规划国家"，就是中国共产党将"规划"视为一个思考问题的理论体系，从政党目标和国家战略出发对中国道路的全面布局和整体思考的过程。从"方法论"层面认识"规划国家"，厘清此概念性框架的内

---

① 《马克思恩格斯全集》(第25卷)，人民出版社，1975年，第17页。
② 参见[英]马克·布劳编：《经济学方法论》，石士均译，商务印书馆，1992年，第25页。

在机理,有利于深刻理解"中国之治"的成功经验,在自我革命中实现中国特色社会主义制度的定型与优化。

首先,"规划"思维一以贯之地蕴含在国家领导人治国理念之中,作为一种方法论用以指导中国的现代化建设。"战略问题是研究战争全局的规律的东西。"①作为党的第一代领导核心,毛泽东将战略思维应用于战争实践,系统阐发了中国革命的战略和策略问题。在新中国成立初期,毛泽东将军事战略思想引入新中国经济建设的新战场,提出了中国社会主义建设的方法论。"我们实行这么一种制度,这么一种计划,是可以一年一年走向更富更强的,一年一年可以看到更富更强些。"②20 世纪 90 年代初,邓小平提出了中国社会主义现代化建设的方法论,即每个五年计划就迈上一个新台阶。"从我们自己这些年的经验来看,经济发展隔几年上一个台阶,是能够办得到的。"③随着中国特色社会主义进入新时代,党和国家领导人对于"规划"在中国现代化建设中的角色和方法论意义的理解进一步加深。以习近平同志为核心的党中央将系统观念作为指导新时代中国特色社会主义事业的方法论。面对全面建设社会主义现代化国家新征程,习近平强调"必须从系统观念出发加以谋划和解决,全面协调推动各领域工作和社会主义现代化建设"④。

其次,"规划"作为一种国家发展战略,始终贯穿于中国的现代化建设中。"战略问题是一个政党、一个国家的根本性问题。"⑤作为中国共产党领导中国革命的方法论,中国共产党在近百年奋斗中,制定战略规划、确定战略部署,指引中国革命、建设、改革不断从胜利走向新的胜利。尤其是党的十八大以来,国家规划愈来愈重视顶层设计的功能,提出"五位一体"总体布局和"四个全面"战略布局,在规划报告和思路中愈来愈体现出维护人民整

---

① 《毛泽东选集》(第一卷),人民出版社,1966 年,第 159 页。
② 《毛泽东文集》(第六卷),人民出版社,1999 年,第 495 页。
③ 《邓小平文选》(第三卷),人民出版社,1993 年,第 337 页。
④ 《中共十九届五中全会在京举行》,《人民日报》,2020 年 10 月 30 日。
⑤ 《习近平谈治国理政》(第二卷),外文出版社,2017 年,第 10 页。

体利益和促进国家总体发展的系统性理念。

表3-2 中国共产党的国家战略规划情况

时 间	国家战略	内 容	意 义
以毛泽东同志为核心的第一代中央领导集体	"四个现代化"的战略目标	"建设成为一个工业化的具有高度现代文化程度的伟大的国家。"①	对实现"四个现代化"进行战略设计,开启了独立探索社会主义现代化道路的伟大实践
	"两步走"的战略规划	"第一步:建立一个独立的比较完整的工业体系和国民经济体系;第二步,全面实现农业、工业、国防和科学技术的现代化,使我国经济走在世界的前列。"②	
以邓小平同志为核心的第二代中央领导集体	"小康社会"的战略设想	"两步走"战略步骤的调整:到20世纪末"要达到第三世界中比较富裕一点的国家的水平","到本世纪末在中国建立一个小康社会。这个小康社会,叫做中国式的现代化"。③	对实现社会主义现代化进行战略谋划,成功开创和完善中国特色社会主义
	"三步走"的战略部署	第一步:1981年到1990年实现国民生产总值比1980年翻一番,解决人民的温饱问题;第二步:1991年到20世纪末国民生产总值再增长一倍,人民生活达到小康水平;第三步:到21世纪中叶人民生活比较富裕,基本实现现代化。④	
以江泽民同志为核心的第三代中央领导集体	"新三步走"的战略目标	"第一个十年实现国民生产总值比2000年翻一番,使人民的小康生活更加富裕,形成比较完善的社会主义市场经济体制;再经过十年的努力,到建党一百年时,使国民经济更加发展,各项制度更加完善;到世纪中叶建国一百年时,基本实现现代化,建成富强民主文明的社会主义国家。"⑤	
以胡锦涛同志为总书记的党中央	"全面建成小康社会"的战略目标	党的十七大对我国发展提出新的更高要求,将第一个百年奋斗目标调整为全面建成小康社会。	

---

① 《毛泽东文集》(第八卷),人民出版社,1999年,第350页。
② 《周恩来选集》(下卷),人民出版社,1984年,第439页。
③ 《邓小平文选》(第三卷),人民出版社,1993年,第54页。
④ 参见《邓小平文选》(第三卷),人民出版社,1993年,第244页。
⑤ 《十五大以来重要文献选编》(上),中央文献出版社,2000年,第8页。

续表

时　间	国家战略	内　容	意　义
以习近平同志为核心的党中央	"全面建成社会主义现代化强国"的战略设想	党的十九大强调,从全面建成小康社会到基本实现现代化,再到全面建成社会主义现代化强国,是新时代中国特色社会主义发展的战略安排。	对全面建成小康社会和社会主义现代化强国作出战略安排,开启中华民族伟大复兴新征程
	"两个阶段"的战略部署	第一个阶段,从2020年到2035年,在全面建成小康社会的基础上,再奋斗十五年,基本实现社会主义现代化;第二个阶段,从2035年到本世纪中叶,在基本实现现代化的基础上,再奋斗十五年,把我国建成富强民主文明和谐美丽的社会主义现代化强国。	

中国共产党是一个典型的使命型政党,拥有强烈的使命意识和崇高的革命目标。"规划"在方法论层面即是这种革命目标和使命意识在政治精英治国理政总体思路和国家发展战略布局一以贯之的体现。宏大的革命目标和使命意识通过"规划"的形式得以在政府内部和社会广泛扩散和传递,进一步增强党领导国家的政治合法性。我国的国家体制既是作为"方法论"的"规划"得以持续稳定不断落实的前提,同时,"规划"在凝聚发展共识、引领社会发展方向方面,营造了全社会的共识,有利于政策的连续性和稳定性。

二、作为"治理体系"面向的"规划国家"

作为中国特色社会主义事业的领导力量和核心要素,中国共产党主导了中国道路的设计和发展。在"规划"的方法论指引下,中国共产党在政党组织内部和官僚体系构建了以"规划"为目标和服务对象的治理体系和体制制度。在多层级、多主体的规划网络中,中国共产党、人民代表大会、各级政府和社会大众都被紧密编织到"规划国家"的治理体系中,使得党的主张、国家意志和人民行动在"规划国家"治理体系中得以转化和彰显。政党与政府、中央与地方、政党与社会形成了上下联通的互动路径,中央的宏观战略与地方积极性实现有机融合,使国家规划得以高效实施和推进。

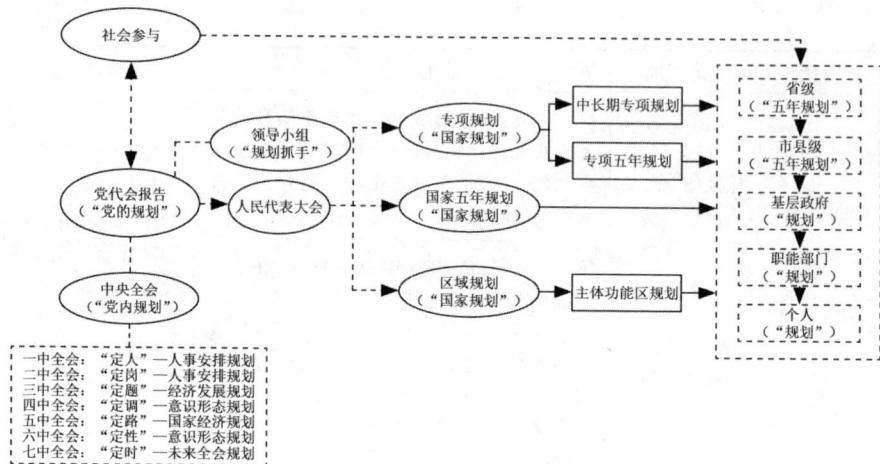

图 3-1 "规划国家"的治理体系示意图

（一）政党和政府层面："规划国家"的理念转化

在国家规划的制定过程中,中共中央对国家战略规划提出思路、意见和建议,国务院及相关部门在中共中央规划建议的基础上制定宏观层面的战略规划,并最终提交全国人民代表大会审议。这一过程中,作为经济总纲领,"五年规划"通过国家战略规划的形式将执政党治国理政的总路线（"党的规划"）转变为国家纲领（"国家规划"）,并通过具体的项目和政策对规划目标进行分解,对重大任务进行落实的过程,是将党的主张转化为国家意志和人民行动的战略性安排。围绕"规划"的中轴,中国共产党、人民代表大会制度和各级政府机关之间得以充分互动,政党理念和国家意志在其中也得以彰显。

同时,作为"规划"的重要抓手,以领导小组为代表的党的决策议事协调机构对加强党对相关工作的领导、统筹、规划和协调,起到了至关重要的作用。① 全面深化改革委员会、全面依法治国委员会、中央财经工作领导小组

---

① 参见原超：《"政治势能"视阈下新时代议事协调机构的制度逻辑及职能优化》,《广西师范大学学报》（哲学社会科学版）,2020 年第 4 期。

等领导小组制度化推进,有助于实现党的科学决策和系统规划,在"规划治理"层面解决改革过程中出现的战略性问题、复杂和重大的综合性问题,防范化解改革过程中面临的重大风险。

(二)中央与地方层面:"规划国家"的纵向动员

"规划国家"在政府官僚机构中通过规划目标的逐级传递和细化分解而得以彰显,从中央到地方以至个人,均被纳入了以"规划—激励—考核"为中心的目标管理责任网络中,形成自上而下紧密围绕各级规划目标而进行治理的"规划体系"。具体而言,中央制定的宏观战略规划在"中央—省—市—县—个人"的结构网络中被不断细化分解成一个个子规划,密织成庞大的规划网络,成功将中央各部门、地方各层级政府及部门吸纳和动员,最终落实到个人层面,在严格的干部考核和激励机制下,个体被充分组织和动员,并成功吸纳到国家规划系统中。其中"专项规划"(如环保领域规划)和"区域规划"(如粤港澳大湾区规划)也通过"规划"的网络,将部分围绕区域性的和专项性工作的不同政府及部门也纳入横向合作协同的治理体系中,实现了政府间的横向交流,资金和人才的跨域流动。

(三)政党与社会层面:"规划国家"的社会整合

依托纵向的组织体系,"规划"实现中央对地方的组织动员的同时,也完成了政党对社会大众的整合吸纳,推动了"规划国家"治理体系的有效性和合法性。在国家规划的编制前期,中国共产党各级组织通过全方面的专题调研倾听、了解基层政府与人民群众的意见与建议。从"七五"计划开始,"问计于民"的环节设计和体系内容不断深化,中国共产党在国家规划的制定和实施中始终遵循"群众路线",通过动员社会、广泛收集民意和凝聚多方意见的方式,实现社会多方主体的充分参与,不断提升国家规划的科学性和民主性。

表3-3　中国共产党五年规划"问计于民"的特征("七五"—"十二五")

时　期	"问计于民"的形式与特征
"七五"计划	开始大范围征求意见,包括地方、部门、民主党派、无党派人士等有关主体的意见,专家学者通过参加座谈会、提交建议等方式提供决策咨询
"八五"计划	形成委托专家进行研究的机制
"九五"计划	形成委托专家进行前期研究的机制
"十五"计划	首次通过群众征文方式征集意见建议
"十一五"规划	前期课题开始向全社会公开招标,专家咨询委员会成为专门的政策咨询与政策论证机构;国家发改委通过多种渠道公开征集意见,5000多人提出数万条意见建议
"十二五"规划	除国家发改委外,委托工商联、妇联等党群机构开展建言献策活动

(四)政党内部层面:"规划国家"的党内规划

在政党内部层面,中央委员会作为党的领导决策核心,每年举行一到两次全会。每次中央全会都有一个相对固定的研究主题。如果说"五年规划"是中央政府对国家未来五年发展的总体安排,中央全会则是历届中央委员会在政党内部层面关于政治、经济、党建、人事等问题的"党内规划"。五年规划逢一、六出台,而中央委员会和国务院逢二、七换届,这使得五年规划成为上下届中央委员会和上下届国务院间保持政策连续性的一种有效机制安排。

表3-4　中国共产党中央全会历次会议的特征

会　议	本质	内　容
一中全会	"定人"（人事安排的规划）	选举中央领导机构
二中全会	"定岗"（人事安排的规划）	对国家机构领导人进行审议;完成对即将召开的两会换届人选的安排
三中全会	"定题"（经济发展的规划）	讨论国家经济发展问题;就国家发展和经济建设的若干重大问题产生决议
四中全会	"定调"（意识形态的规划）	讨论党建问题,抓政治建设为主;其中,十八届四中全会提出全面推进依法治国

会　议	本　质	内　容
五中全会	"定路" （国家经济的规划）	审议通过国民经济和社会发展第 N 个五年规划的建议
六中全会	"定性" （意识形态的规划）	聚焦意识形态问题和党建问题；决定召开下次党的全国代表大会
七中全会	"定时" （未来全会的规划）	为下届中共全国代表大会作准备；清理本届中央委员会的遗留问题，多为人事问题

　　综上所述，"规划国家"不仅简单呈现为对国家发展和经济社会的中长期规划，更是一种治理体系。这一治理体系紧密围绕"规划"构建了自上而下的党内规划网络、政府系统内部规划网络以及自下而上地以规划为契机的社会整合网络。通过以"规划"为中轴嵌入治理体系中，执政党的主张转化为国家意志和人民行动，各种国家机器围绕着规划目标的实现而开动，各种资源围绕"规划"目标而被重新配置和动员。在这一过程中，执政党内部、执政党与政府、执政党与社会大众、政府系统内部等形成了有效的交流、动员与互动。

三、作为"五年规划"面向的"规划国家"

　　"五年规划"是最为我们所熟知的"规划国家"的微观面向。以微观视角审视国家规划，从中华人民共和国成立后的"一五计划"到新时代的"十四五规划"，中国共产党审时度势，与时俱进，不断根据中国国家社会经济发展现实情况制定符合中国实际的战略规划。从"优先发展重工业""发展社会主义市场经济""实现全面协调发展"到"统筹战略发展"，中国共产党在国家宏观战略指引下，不断调适阶段性的战略目标和战略方向。

表3-5 历年国家"五年规划"一览表

时　间	主　题	方针路线	特　点
"一五"计划 (1953—1957)	重工业优先,集中力量进行工业建设	逐步实现工业化,完成三大改造	计划经济时期发展最好的时期,经济增长质量较高
"二五"计划 (1958—1962)	继续工业化,强调发展速度	多快好省,"以钢为纲"	全面失败,绩效最差,"大跃进"之后出现"大跃退"
"三五"计划 (1966—1970)	以国防建设为中心,抓人民的吃穿用	从"解决吃穿用"到"以备战为中心"	受到干扰和破坏,发展速度缓慢,计划指标完成不理想
"四五"计划 (1971—1975)	初期以备战为中心,后期开始强调经济效益	"以阶级斗争为纲",狠抓备战	经济增长起伏大,有计划无控制,计划勉强完成
"五五"计划 (1976—1980)	基本实现农业机械化,重点发展燃料、动力、原材料工业	从"左倾"思想到提出"调整、改革、整顿、提高"方针	高指标,小冒进,经济效益提高缓慢
"六五"计划 (1981—1985)	打好基础,争取实现财政经济状况的根本好转	继续执行"调整、改革、整顿、提高"方针	探索社会主义现代化经济建设新路的计划
"七五"计划 (1986—1990)	以经济体制改革为主旋律,建立经济管理体制新模式	对内搞活经济,对外实行开放	出现了激进改革,计划完成不平衡,部分失败的计划
"八五"计划 (1991—1995)	建立以公有制为主体,多种经济成分共同发展的格局	以治理整顿为基调	力求平稳发展
"九五"计划 (1996—2000)	推动经济增长方式转变	转变经济发展方式	进入总体小康
"十五"计划 (2001—2005)	强调经济发展与结构调整	坚持经济与社会的全面、协调发展	工业化、城镇化、国际化、信息化及基础设施现代化全面加速
"十一五"规划 (2006—2010)	科学发展观统领经济社会发展全局	提高经济增长的质量和效益	开始转化为宏观的国家空间规划,更加突出强调产业技术进步、制度创新
"十二五"规划 (2011—2015)	坚持科学发展,加快转变经济发展方式	经济结构调整与科技创新	由原来的单一经济计划向全面发展规划转变,以"五位一体"建设为主体
"十三五"规划 (2016—2020)	创新、协调、绿色、开放、共享的发展理念	保持战略定力,坚持稳中求进,统筹推进各项建设	强调全面协调发展

续表

时 间	主 题	方针路线	特 点
"十四五"规划 (2021—2025)	以全面科学发展为主题,强调建设现代化经济体系	以满足人民日益增长的美好生活需要为根本目的,以经济双重转型升级为主线	开始全面建设社会主义现代化国家,更加注重解决深层次体制机制问题

通过对历次国家五年计划的系统梳理、总结,根据国家宏观经济背景将其分为五个阶段:

一是工业发展时期("一五"计划)。中华人民共和国成立伊始,面对国际国内的复杂局势,如果想要获得进一步的民族独立和经济发展,就需要通过强大的国家动员能力,推行计划经济体制,优先发展重工业。这一时期的"五年计划"主要以国防建设和工业化建设为重心,开始对国家内部工业体系进行布局。1953年国家顺利推出第一个"五年计划",并取得较大发展,快速提升了国家工业化水平,但农业明显滞后于工业发展,开始出现农业一条腿短的现象。在"一五"计划编制与实施过程中,五年计划的管理机构、编制程序和指标体系基本确立,中国五年计划制度逐渐形成。

二是缓慢探索时期("二五"计划—"五五"计划)。这一时期,五年规划受到政治运动的冲击比较大,经济工作的开展受制于意识形态,这四个五年计划均未编制出正式文本。"二五"计划受到"大跃进"的影响,中国发展受到较大的挫折。受到国际形势变化的影响,备战成为"三五"计划和"四五"计划的主要内容,重工业尤其是军事工业居于优先发展的地位。

三是市场改革时期("六五"计划—"九五"计划)。改革开放是中国特色社会主义制度的自我完善,由于长期的计划经济体制严重束缚生产力的发展,通过以"市场化"和"自主权"为导向,给予充分的市场活力和发展自主权。这一时期的"五年计划"侧重于探索实现社会主义市场经济的有效实现路径,处理好"计划"和"市场"的双重关系,推动经济快速发展。从"六五"

计划开始,五年计划增加了社会发展的内容,计划的名称调整为"国民经济与社会发展计划"。"六五"计划通过充分发挥国家与市场的复合优势,为中国国家发展道路进行了全新的探索与实践。而"九五"计划在国家发展基础上提出全面完成现代化建设的第二步战略部署的宏伟目标,并于 2000 年如期超额实现。"七五"计划作为中国第一个在开局之年编制完成并公布的五年计划,在内容布局方面,首次增加并以独立篇章论述了经济体制改革和民主法制建设。"八五"计划开始,中共五年计划的建议开始由中央全会进行审议,正式的计划文本名称增加了"纲要"。"九五"计划是市场经济体制改革目标确立后的第一个五年计划,规划指标开始强调预测性和指导性。

四是协调发展时期("十五"计划—"十一五"规划)。在市场经济逐步发展和市场体制逐渐确立的过程中,工业化、城市化快速推进,但这一过程也导致粗放、片面的经济发展模式。这一时期的"五年规划"主要以科学发展为导向,通过转变经济发展方式和深化体制机制改革,实现全面科学发展。"十五"计划强调政府对市场主题和社会行为的引导,社会建设、生态环境等指标比例大幅度提升。"十一五"开始,五年计划改为"五年规划",指标体系增加了预期性指标和约束性指标,并逐步建立了规划中期评估制度。总体来看,"十五规划"和"十一五规划"通过转变经济发展方式,适当发挥政府发展规划和市场经济的双重作用,促进经济全面、协调发展,开创科学发展新局面。

五是战略布局时期("十二五"规划—"十三五"规划)。伴随经济社会发展与改革进入关键时期,"十二五"规划坚持把经济结构战略性调整作为加快转变经济发展方式的主攻方向。[①] "十三五"规划按照"五位一体"的总体布局和"四个全面"的战略布局,贯穿创新、协调、绿色、开放、共享发展的

---

① 参见《中央关于国民经济和社会发展"十二五"规划的建议》,人民网,http://www.gov.cn/jrzg/2010－10/27/content_1731694_2.htm。

理念,将实现全面建成小康社会作为阶段性目标。这一时期,中国共产党通过五年规划对国家进行战略布局,为阶段性目标的顺利完成进行战略谋划。

六是战略发展时期("十四五"规划—)。在第一个百年奋斗目标完成的基础上,党和政府制定了"十四五"规划,以习近平新时代中国特色社会主义思想为指导,以推动高质量发展为主题,向第二个百年奋斗目标进军。作为开启全面建设社会主义现代化国家后的第一个五年规划,对战略性、系统性配置国内市场资源,促进经济社会高质量发展,实现中国共产党的新时代战略目标具有重要意义。

从历时层面看,中国共产党审时度势,依据国内与国际的环境变化,不断调适国家战略规划的发展方向,制定具体可行的目标。从中华人民共和国成立以来,中国共产党通过政治动员的方式调动、索取整个社会对党的战略规划与发展目标的支持,以此彰显中国特色政党体制的独特优势。在整个国家战略规划的演进过程中,国家规划不仅是国家层面的战略规划,更是蕴含中国共产党一以贯之的治国理念与规划思路。

第三节 "规划国家"的组织机制

"共产主义中国就像一座由不同砖石筑成的大厦,不论它们是如何构筑的,把它们结合起来的是意识形态和组织。"①历经百年建设历程,中国共产党已经从"革命型"政党向"建设型"政党转型,但是"规划国家"仍然蕴含着大量中国共产党的传统基因,以动员性为主要特征的意识形态和组织网络始终并未改变。在高度组织化的动员体系中,以动员性为功能的意识形态建设和高度动员的组织网络为中国共产党的"规划国家"提供了重要的思想

---

① Franz Schurmann, *Ideology and Organization in Communist China*, University of California Press, 1971, pp. 21 – 22.

保障和组织载体,这种以动员性为主要功能的意识形态和组织体系在"规划国家"中具体呈现为以下三种机制:

一、项目制:"规划国家"的依托机制

"规划国家"依托党政体制的独特优势,使之不仅是一种国家层面的战略发展和产业布局,更具有强大的国家目标实现能力和整合能力,这种整合能力的实施主要依托于"项目制"的实施,在"规划"指引下人才、财政、物力等资源集中于若干重大项目和工程配置。

在国家层面,以"十三五"规划为例,"十三五"期间确定了165项重大工程,着重于科技创新、交通基础设施和生态环境三个领域的重大建设项目。"十三五"期间,中央高度重视优化重大建设项目结构,注重项目能级和领域创新,并不断通过规划指标的分解、实施、督促等程序,推动各项国家战略自上而下在各级政府中顺利进行。在地方层面,以粤港澳大湾区规划为例,根据广东省发改委2020年3月公布的《广东省2020年重点建设项目计划表》,大湾区九市超400个省重点项目(不含前期预备项目),涉及轨道交通、时政民生、产业建设、教育医疗、文化旅游等方方面面,总投资超2.79万亿元。①其中,深圳40个建设中的重点项目,总投资超5100亿元。大湾区的建设离不开重大项目的推动,依托于项目制的整体运作,大湾区建设可以打破更多利益藩篱和政策壁垒,不仅使大湾区成为地理意义上的整体,更使大湾区成为经济、生活方式和治理上的整体。

---

① 参见《重磅发布:大湾区九市超400重点项目分析解读》,广东省粤港澳合作促进会网站,ht-tp://www.ygahzcjh.gd.gov.cn/Item/1652.aspx。

表3-6 2020年深圳41个省重点项目一览表

序号	项目名称	建设起止年限	总投资（万元）
1	深圳至中山跨江通道（深圳段）	2016—2024	2352306
2	深圳市岗厦综合交通枢纽工程	2017—2021	692254
3	深圳市黄木岗交通枢纽工程	2019—2022	644000
4	赣深高铁（惠州）综合交通枢纽配套工程	2020—2021	340574
5	赣州至深圳铁路深圳段	2017—2021	612816
6	广州至汕尾铁路深圳段	2017—2022	295800
7	深茂铁路深圳至江门段	2020—2024	5210000
8	深圳至南宁铁路江门至珠三角枢纽机场段	2020—2024	1860000
9	深圳至深汕合作区铁路	2020—2025	3800000
10	新建深圳枢纽西丽站工程（含西丽站及塘朗山动车所）	2020—2024	1570000
11	穗莞深城际琶洲支线	2018—2022	704732
12	穗莞深城际深圳机场至前海段	2020—2025	1140000
13	深圳机场卫星厅项目	2019—2022	1094000
14	深圳机场三跑道扩建工程场地陆域形成及软基处理工程	2020—2023	639000
15	深圳"一带一路"大数据谷项目	2020—2022	300000
16	深圳市轨道交通2号线三期工程	2016—2020	301800
17	深圳市轨道交通3号线三期南延工程	2016—2020	118510
18	深圳市轨道交通6号线工程	2016—2020	1846997
19	深圳市轨道交通8号线一期工程	2016—2020	1080000
20	深圳市轨道交通4号线三期工程	2016—2020	882299
21	深圳市轨道交通10号线工程	2016—2020	2947024
22	深圳市轨道交通6号线二期工程	2016—2020	882769
23	深圳市轨道交通6号线支线工程	2017—2022	379454
24	深圳市轨道交通13号线工程（深圳湾口岸－上屋北）	2017—2022	2292692
25	深圳市轨道交通14号线工程	2017—2022	4012527
26	深圳市轨道交通16号线工程	2017—2022	3002090
27	深圳市轨道交通12号线工程	2017—2022	4044445
28	深圳市海普瑞生物医药生态园（东、西区）	2015—2022	184207
29	深圳大族激光全球激光智能制造产业基地	2016—2021	517071
30	深圳大疆天空之城大厦（深圳大疆创新总部基地）	2016—2020	159864

续表

序号	项目名称	建设起止年限	总投资(万元)
31	深圳市南山区深圳湾超级总部基地 T208 - 0054 地块建设项目	2018—2025	1000000
32	深圳联想后海项目	2017—2021	903395
33	深圳碳云大厦(碳云体系布局总部基地)	2019—2022	594124
34	深圳湾创新科技中心	2015—2020	716581
35	深圳启迪协信科技园	2016—2021	1290000
36	深圳南山科技创新中心	2018—2023	870044
37	中山大学·深圳建设工程(一期)	2017—2021	1013277
38	深圳技术大学建设项目(一期)	2016—2021	808467
39	深惠城际铁路工程	前期预备项目	3922000
40	深圳南头直升机场迁建项目	前期预备项目	152000
41	深圳乐高乐园	前期预备项目	820000

重点工程和项目是推进国家目标实现和重大任务实施的抓手,重大工程的布局体现了国家的总体发展战略布局,是规划实施的一场场具体的战役。主要体现在资金资源的整合、社会资源的整合和部门资源的协同整合三个方面:

其一,项目制为专项资金的层级流动提供了方向性指引。每年有大量中央专项资金是通过"项目制"的方式分配给地方,除了财政"专项转移资金"外,还有通过中央部委向地方转移的资金,而地方政府也逐级采取项目制的方式分配资金。如"精准扶贫"专项规划的具体实施主要依托于中央政府与地方政府间、区域政府之间关于扶贫资金的专项资金的层级流动,实现了资源的高度集中和合理再分配,最终推动消除贫困全面进入小康社会的战略规划。

其二,项目制作为一种资源输入和利益分配方式的机制,大量社会资源通过项目制而得以充分汇集和整合。以项目制为依托,重大项目的实施能够引导更多社会资本参与重大建设项目的实施和运营,推动政府和社会资本的合作模式,创新投融资机制,加快推进重大项目建设和各级政府规划的顺利完成。

其三,项目制为各级政府及职能部门的互动协调和资源统筹提供了平台。为了保障项目制的顺利开展,各级政府建立了省市县三级垂直协调机制和分领域协调机制,确保重大建设项目顺利完成。地方政府和各职能部门围绕项目制的顺利开展,由省发改委牵头,会同省交通运输、水利等项目行业管理部门和省经信、财政、国土资源、环保、建设等要素保障和项目审批部门,定期会商积极互动,统筹优化要素配置,合力破解重大建设项目推进中的矛盾和问题。

二、干部责任制:"规划国家"的激励机制

在"规划国家"中,通过目标制定的纵向共识和参与决策的横向民主确定规划战略后,如何有效激励地方政府和基层干部顺利完成和落实规划目标成为重点。中国共产党在"规划国家"中建立了稳定的干部激励结构,包括以目标责任制为特征的地方政府间横向竞争激励和各级干部的纵向约束,以及以巡视督导为基础的压力传导。

(一)以目标责任制为基础的地方政府间竞争激励和各级干部的纵向约束

从"十一五"规划开始,我国在国家规划中引入了约束性指标和预期性指标。中央政府通过将约束型指标纳入各地区各部门经济社会发展综合评价和绩效考核,并将若干重点指标纳入各地区领导干部的政绩考核。如"十二五"规划中包括23项指标,其中13个约束型指标,其中若干指标成为考核地方政府中"一票否决"的关键因素。"十三五"规划专门出台文件,明确要求"地方各级政府要将《纲要》章节指标纳入工作分工、监测评估、督查考核范围",这从制度方面进一步明确了目标责任制对地方政府和干部的约束性作用。

虽然"规划国家"不同于苏联时期的"计划国家",中央和地方关系呈现出动态的耦合结构,即中央高度统筹权和地方适度自主权并存。但是当国家给予地方政府适当的发展自主权时,又通过干部激励机制保证地方政府始终能够在中央的框架和思路下进行发展。地方规划目标能够实现直接关乎地方官员的政绩考核是否合格。因此,地方政府面临来自中央的政绩考核压力和同级政府的竞争压力,更加重视任期内规划目标的达成,最终有力地推动国家规划目标的实现。

(二)以巡视督导为基础的自上而下政府间压力传导

主要督查党中央、国务院重要文件贯彻情况、《政府工作报告》部署以及涉及地方量化指标任务落实情况。通过专项督查和日常督查转办问题整改情况,对人民群众、企业或有关方面反映问题线索进行核查。对重大工程实施开展层层督导、逐级考核。加强部门间协同监管,组织开展重大工程项目实施年度评估,开展第三方评估,将实施进度和完成情况作为重要指标纳入年度考核目标。以海绵城市建设专项规划为例,依据《国务院办公厅关于推进海绵城市建设的指导意见》(国办发〔2015〕75号)文件,到2020年城市建成区20%以上的面积应达到海绵城市建设目标的要求。为加快推动天津市各区县海绵城市建设步伐,确保完成20%的任务目标,由市建委主持召开了各区海绵城市专项规划及实施方案第三轮督导,各区通过"互评、互比、互看"的方式,互相学习经验、总结不足,推动海绵城市建设工作科学、有序地开展。[①]

三、政策试验:"规划国家"的修正机制

"规划国家"不同于传统的计划经济国家,中国庞大且高度组织化的动员体系被灵活的政策制定和实施过程赋予了活力,中国的政策制定和实施过程包含了大量自下而上的参与和互动机制,这种特殊的政策制定和实施

---

① 参见《市海绵办对各区海绵城市专项规划及实施方案开展第三轮督导》,天津市住房和城乡建设委员会网站,http://zfcxjs.tj.gov.cn/ztzl_70/hmcsgljs/202010/t20201029_4030968.html。

策略是中国能够保持韧性和适应性的基础。作为"规划国家"的修正机制,政策试验既保障了国家规划政策目标的稳定性,又提供了调整和创新政策的灵活性。

纵向间政府的放权结构为地方政府的政策试验提供了可能。中央政府作为理性设计的主导角色,通过采取分级制政策试验的方式,在国务院领导下,国家发改委与地方政府合作,把区域规划和地方试点结合起来,将中央规划和地方积极性结合起来,推进地区探索不同的发展模式,如果地方试验获得成功,就能作为规划目标推广至全国。在专项规划方面,则将专项规划执行设计授权给各级地方政府和中央部委,进行分散的政策试验,中央通过授予地方政府一定的政策制定权,以换取他们对国家发展目标的认同和对中央政府战略协调的配合。例如,2018 年 11 月,中共中央国务院颁布《关于统一规划体系更好发挥国家发展规划战略导向作用的意见》(中发[2018]44号)要求"建立以国家发展规划为统领,以空间规划为基础,以专项规划、区域规划为支撑,由国家、省、市县各级规划共同组成,定位准确、边界清晰、功能互补、统一衔接的国家规划体系",并且对明确各类规划功能定位、统筹规划管理、规范规划编制、强化政策协同和健全实施机制等方面的要求。这一文件强调了区域性的政策试验和国家总体规划之间的逻辑关系。

第四节 "规划国家"的功能影响

一、耦合结构:中央与地方权威的结构性变化

作为国家结构中最基本的两个主体,中央与地方关系成为实现国家现代化的重要影响因素。"中央和地方两个积极性,比只有一个积极性好得多。"[1]不同于苏联以指令性指标整合塑造下的垂直僵化的央地关系,"规划

---

[1] 《毛泽东文集》(第七卷),人民出版社,1999 年,第 31 页。

国家"通过规划目标的纵向民主的制度安排和干部激励考核的机制设计,形塑了建立在"规划"基础之上的松散耦合的央地关系,推动了中央与地方的积极互动,保障了重塑中央权威和地方政府创新的平衡。

在"规划国家"治理体系下,针对规划目标的纵向民主政策程序设计,将原有的高度动员组织机制运作形塑为具有一定松散耦合状态的制度。其中,紧密围绕"规划"的制度设计、政策议程设置和激励考核实施在一定程度上改变了原来碎片化的部门威权主义状态,实现行政职能部门的整合。"规划编制的过程如同各部门进行一次交流沟通的战略演习,内容包括服从中央领导的公开表态,帮助辨别政策制定者和行政领导对政策的不同意见,并尽量减少分歧。"①

同时,"规划国家"中自上而下的目标管理和激励考核,也是刺激各层级代理人的一种诱导机制,通过将"规划"依托于干部责任制这一严密有序的等级制组织制度,自上而下的漫长链条中形成权力集中,层层节制的组织结构和监督考核,改变由原来组织规模扩大和等级链条延长而导致的委托代理关系的弱化,在激励考核、巡视督查、媒体宣传、政策宣讲等"规划"配套制度下,增强各层级代理人能够严格贯彻国家规划的治理理念。

二、制内市场:政府与市场的良性互动

中国道路的起点和显著特征是改革开放,其关键就是融入经济全球化特别是资本全球化过程中。而"驾驭资本"是中国道路的显著特征之一,包括利用和引导资本、防范和规制资本等维度。② 郑永年提出"制内市场"对此进行了高度概括,③换言之,中国政府与市场之间的关系并非苏联时期政府对市场的严密管控,也非西方国家的资本主导驱动政府,而是一种新型的中

① 韩博天、奥利佛·梅尔顿、石磊:《规划:中国政策过程的核心机制》,《开放时代》,2013 年第6 期。

② 参见唐爱军:《读懂中国道路,关键在于读懂驾驭资本的现代性逻辑》,https://theory. gmw. cn/2021 – 01/18/content_34552010. htm。

③ 参见郑永年、黄彦杰:《制内市场:中国国家主导型政治经济学》,浙江人民出版社,2021 年。

国国家主导型市场,"规划"就是其中关键的驱动机制之一。奈斯比特夫妇对中国规划的评价点明了"规划国家"中政府与市场的关系:"规划森林,让树木自由生长。"①政府与市场之间的关系不是对立和此消彼长的关系,而是围绕"规划"进行的深层次合作,"规划"是中轴和指南,政府和市场是围绕"规划"发展的共同体。这种"规划"的驱动作用主要体现在两个层面:

在宏观层面,在"规划国家"中,政府通过制定中长期发展规划、专项规划和区域规划等,向广大市场主体释放信号,让企业了解国家期待社会发展成什么样子,从而引导企业围绕规划开展布局。例如,在《中国制造2025》规划中,中央政府制订了国家制造强国的路线图,并大量配置了相关资源,《规划》的发布将有力地引导企业、科研机构与个体行为,形成战略合力。

在微观层面,政府通过制定规划引导基础设施投资、人力资本开发和产业结构的调整。政府在推进国家战略进行时,配套以土地、采购、税收、融资等方面的改革和调节,进而向企业、民间资本等释放信号,以影响企业的收益和支出的预算表,从而改变企业的行为,促进企业发展和国家战略的高度融合。以粤港澳大湾区专项规划为例,大湾区的构建和实施需要大量的资金支持,一方面,在大湾区建设过程中,中央政府和广东省政府以专项支出、补贴、税收优惠等手段提供财政支持,与此同时,大量的资金保障来源于围绕"专项规划"的社会资本、民间资金的跟进,这样才能适应客观需要和市场经济环境,形成"一体化"的资金保障条件和投融资支持机制的创新。

三、组织化动员:中国共产党的政治规训与执政能力提升

"规划"为高度组织化的动员体系搭建了平台,中国共产党的宏大理想和战略设想通过多层级、多主体的网络化和动员化的"规划体系"自上而下地对各级党政机关和社会大众进行传递和输送,在政党组织内部、官僚体系

---

① ［美］约翰·奈斯比特、［德］多丽丝·奈斯比特:《中国大趋势》,魏平译,中国工商联合出版社有限公司,2009年,第17页。

中形成强大的政治规训和组织动员，在社会层面形成强大的社会动员，进而为国家治理的资源整合与中国共产党的执政能力提升奠定基础。

首先，"规划国家"作为重要的可信承诺载体，增强了中国共产党的执政地位和合法性。在"规划国家"中，中国共产党、人民代表大会、各级政府及职能部门均被纳入"规划国家"的治理体系中。通过"规划"的串联和逐级传递，将实现共产主义的宏大理想和"全面建成社会主义现代化"等战略设想和组织目标进行逐级分解，向广大人民群众彰显中国共产党成熟的治国理政主张，作为刺激社会大众的可信承诺，强化民众对于中国共产党的认同，进而实现对广大群众的社会动员。

同时，"规划国家"治理体系和干部责任制的结合，推动了中国共产党组织内部和官僚机构各层级的逐级教育与规训。"规划"的制定、互动以及完成规划的过程作为一种"政治教化的仪式化"，这些仪式化活动在日常生活中不断地维系、强化了人们相互间对中央权威的意识和认可。在这种政治规训的仪式化过程中，维系了地方政府与中央政府观念的统一，培育了地方政府与干部的组织认同，重塑了党中央的权威性，增强了中国共产党的执政地位。

第五节　结语："规划国家"与中国之治：延续与转型

"规划国家"是本章提出的核心概念，意在从"方法论"层面、"治理体制"层面、"运行机制"维度和"功能影响"维度对"国家规划"进行概念延展以及内在逻辑的分析。作为一个诠释"中国之治"的概念性图式，"规划国家"形塑着中国共产党治国理政的内在逻辑。中国共产党、人民代表大会、各级政府、社会大众被紧密编制到"规划国家"这个多层级、多主体的治理体系，党的主张、国家意志和人民行动在"规划国家"治理体系中得以转化和彰显。其中，项目制、干部责任制、政策试验等机制分别作为"规划国家"的依托机制、激励机制和修正机制,推动"规划国家"的有效运作以及中国共产党战略目标的实现。"规划国家"有效推动了中央与地方权威的结构性变化、国家与市场的良性互动以及促进了中国共产党执政能力的提升。

"规划国家"作为理解"中国之治"的概念性框架,对于理解中国共产党领导下中国道路的理论建构和实践推进具有重要意义。"中国之治"是中国共产党百年来领导中国人民不断发展和完善中国特色社会主义制度的集中体现和系统总结。作为中国特色社会主义事业的领导核心,中国共产党主导着中国道路的设计和发展,执政党"向内"整合提升与"向外"主导影响的过程,实质上就是"中国之治"开展的过程。① 如何理解"中国之治"的本质特征,中国共产党作为"中国之治"的主导者和"中国道路"的设计者,如何看待它在主导中国治理时的发展规律及其内在逻辑,是我们应当主动思考和追寻的,也是我们探寻从"规划国家"视域认知"中国之治"的理论溯源。

在党政体制下,现代化发展逻辑是执政党诉诸以意识形态合法性为中心价值的政治运动而实现政治、经济和社会发展的现代化。"规划国家"正是契合于上述党政体制下的现代化发展逻辑的有效尝试。在"规划国家"中,中国共产党依托各层级、多主体的"规划"网络将整个官僚体系和社会大众编织进入一个具有高度动员和垄断控制力的"单位",中国共产党宏大的革命目标和使命意识通过"规划"的参与、宣传、执行、督导等环节得以在政府内部和社会广泛扩散和传递,凝聚发展共识、引领社会发展方向,营造全社会的共识以及整个社会和全党对党的路线、方针、政策和战略目标的支持。同时,在"规划国家"中,中央通过"项目制"的形式对各级政府在资金资源的整合、社会资源的整合和部门资源的协同整合,引导资源的正向流动和使用效率。通过"干部责任制"激励和强化了地方政府与干部对中央的组织认同,改变由原来组织规模扩大和等级链条延长而导致的委托代理关系的

---

① 参见高立伟:《中国道路与中国共产党治理的内在逻辑》,《红旗文稿》,2020 年第 3 期。

弱化。"政策试验"作为"规划国家"的修正机制,其运用既保障了国家规划政策目标的稳定性,又提供了调整和创新政策的灵活性。

但是我们也应当看到并反思,在"中国之治"中,中国共产党以"政党现代化"推动"国家现代化"过程中的张力与结构性冲突。以"规划国家"为例,尽管"规划国家"在指标设定、目标管理、激励结构和修正机制方面均体现了国家政策和地方创新的灵活性和制度性耦合,但是基于"规划国家"背后的发展逻辑仍然是坚持以意识形态合法性为中心价值的政治运动而实现政治、经济和社会发展的现代化,这种党政体制下的现代化发展逻辑并非改变,致使"规划国家"中会出现如下问题:

其一,指标的信号反馈和动态调适能力问题。目前来看,基于地方开展政策试验的选择性、周期性以及民众广泛参与规划目标制定的有效性等问题,"规划国家"的治理体系仍然是以目标治理为导向的闭环体制。规划目标很难及时适应国家发展的动态变化,其指标反馈能力较弱。

其二,多委托代理关系下基层政府和干部的强压力和弱激励。在"规划国家"治理体系中,干部责任制和大量的指标是推动规划得以在基层顺利实施的主要工具。"上面千条线,底下一根针",基层政府和干部面临多重委托代理关系和大量的考核指标,在压力型体制下,这种多委托代理下的基层压力往往会导致原本对基层政府和干部的"强激励"转变为"弱激励",弱化了规划在基层的实施效果。

其三,政治动员逻辑与官僚体制逻辑之间冲突的结构性风险。"规划国家"意在构建一个稳定的、可控的目标管理体制,依托于稳定的官僚体系来完成国家战略目标的实施,但是诸如"项目制""干部责任制"等核心机制的内在逻辑却是中共党政体制下政治动员的现代化发展逻辑,二者之间的冲突存在结构性风险。如何在制度设计层面去思考和解决这种张力,可能是未来思考"规划国家"延续与转型之关键,也是未来研究的重要议题。

第四章　小组治理:理解"中国之治"的重要抓手

第一节　引论:作为"治理策略"的领导小组

小组治大国,大事立小组。通过成立跨部门领导小组来组织实施重大战略任务,是我们党和政府在长期实践中形成的一种有效的工作方法,是中国共产党在对国家治理经验不断总结和提升过程中形成的工作机制。究竟什么是领导小组?领导小组的"魔力"是怎样的?如何理解小组治理是"中国之治"的重要抓手,这三点既是本章的逻辑起点,也是本章试图回答的问题。

如果从"组织属性"来考察的话,领导小组对于西方发达国家而言并非陌生事物,而是一直以来以跨部门协调机构或协调机制存在的。而在中国场域而言,领导小组被视为一种议事协调机构长期存在于党政机关当中,如在党的序列中存在有中央财经工作领导小组、中央政法领导小组等,在政府序列存在有国务院扶贫开发领导小组、国家减灾委员会等。领导小组的议事协调功能通过强有力的自上而下推动事务的开展和部门间的沟通互动。

但是无论是西方学界还是中国学人们都认为领导小组具有区别于同西方一样的议事协调功能及其运作逻辑。"中国的政治体制中充满了尚未成为制度的组织。"①"领导小组"作为一种中国共产党传统的理政策略和治理工具,即是上述所谓中国政治过程和治理场域中典型的"亚正式制度"之一。

以"领导小组"为代表的议事协调机构最早以其"议事"功能进入中国高层决策体系。海外学者的相关研究与西方学界对中国政策决策过程的研究旨趣息息相关。

20世纪五六十年代,以鲍大可和本杰明等为代表的西方学者,从精英决策的视角强调高层领袖在政府决策中的决定性作用,聚焦于执政党领导下的国家与政府运行模式、结构和关系形态。这一时期,领导小组被视为政治权威施加个人影响的非正式决策工具。② 60年代开始,随着国内"文革"爆发,海外学者的研究转向中国政治的微观领域,从精英派系冲突视角来诠释中国决策过程。在派系决策模型的影响下,学界对领导小组角色认知也发生转变。这一时期,领导小组被视为党中央加强对独立性越来越强的官僚机构的控制工具。③

20世纪70年代末至90年代,海外学者开始突破意识形态和政治结构的禁锢,从政策过程理论试图解释中国的决策机制。在"碎片化威权主义"模型下,领导小组被视作中国共产党解决"碎片化"官僚运行的组织方式。④Hamrin对中共中央领导小组演化的描述性分析,被视为该领域的开创性研究,⑤学界开始真正将其作为一个具体研究主题进行探讨。

进入21世纪以来,随着中国政策决策机制逐步制度化,涌现出大量相关

---

① [美]李侃如:《治理中国:从革命到改革》,胡国成等译,中国社会科学出版社,2010年,第192~209页。

② See Barnett, A. D., *The Making of Foreign Policy in China: Structure and Process*, Westview Press, 1985.

③ See Lampton, M. David. Health, Conflict and the Chinese Political System, *Michigan Papers in Chinese Studies*, No. 18, 1974, p. 149.

④ See Lieberthal, K. &Oksenberg, M., *Policy Making in China: Leaders, Structures, and Processes*, Princeton University Press, 1988.

⑤ See Hamrin, Carol Lee, The Party Leadership System, Kenneth Liberthal and David Lampton edt., *Bureaucracy, Politics and Decision Making in Post - Mao China*, University of California Press, 1992.

研究,尤其关注领导小组的"党政枢纽"功能。领导小组视为一种"非正式的隐匿性组织形式"①"超部级机构"②和"党的行政担当机构"③,是党对政府运作控制的重要机制和中间枢纽,承担着党、政、军及其内部各个部门之间政策共识和相互协调的任务。

　　总体来看,国外对于"领导小组"的分析立基于西方政治系统。从20世纪50年代至今,西方学界关于中国决策过程的研究历经精英决策范式、派系冲突范式和政策过程理论阶段,领导小组由政治权威施加个人影响的非正式决策工具④和党中央对官僚机构独立性的控制手段⑤,转变为中国共产党解决"碎片化"官僚运行的组织方式⑥和具有党政枢纽功能的重要机制⑦。但是海外学者用西方理论"透镜"来观察和分析中央层级的领导小组,容易忽略中国政治体制和政府机制改革蕴藏的理论创新空间。

　　不同于西方学界立基于西方政治系统的研究旨趣和意识形态倾向,国内关于以"领导小组"为代表的议事协调机构研究根植于一手材料,在研究对象、场域和理论方面体现出多元化和经验性特征,形成了四种研究范式:

---

　　①　Landry,P.,*Decentralized Authoritarianism in China:The Communist Party's Control of Local Elites in the Post-Mao Era*,Cambridge University Press,2008.

　　②　Dumbauagh,K. & Martin,M. F.,*Understanding China's Political System*,Congressional Research Service Report for Congress.,2009.

　　③　Miller,A. L.,The CCP Central Committee's Leading Small Groups,*The China Leadership Monitor*,No. 26,2008. pp. 1-21.;Kim,T.,*Leading Small Groups:Managing All under Heaven*,in Finkelstein Kivelhan,eds.,China's Leadership in the 21st Century:The Rise of the Fourth Generation,M. E. Sharpe,Inc,2003.

　　④　See Barnett,A. D.,*The Making of Foreign Policy in China:Structure and Process*,Westview Press,1985.

　　⑤　See Lampton,M. D.,Health,Conflict and the Chinese Political System,Michigan Papers in Chinese Studies,No. 18,1974.

　　⑥　See Lieberthal,K. &Oksenberg,M.,*Policy Making in China:Leaders,Structures,and Processes*,Princeton University Press,1988.

　　⑦　See Miller,A. L.,The CCP Central Committee's Leading Small Groups,*The China Leadership Monitor*,No. 26,2008. pp. 1-21.

其一,从党政关系视角解读中央工作领导小组的角色。① 21世纪初,领导小组在国内的讨论开启于台湾学者,其视角与国外学者较为相似,主要从党政关系视角解读中央工作领导小组的角色。许志嘉的《中共外交决策模式研究》、邵宗海的《具有中国特色的中共决策机制:中共中央工作领导小组》、蔡文轩的《中共精英政治的"结构-行动者"模式》等,再加上北京大学的谢庆奎、燕继荣撰写的《中国政府体制分析》共同构成了该领域的早期文献。

其二,从历史制度主义、结构功能主义视角关注作为政治运行形态的"小组政治"及其决策功能。21世纪以来,大陆学者逐步开始关注作为一种政治运行形态的"小组政治",主要从历史制度主义②、结构-功能主义③的视角,对党的领导小组的"决策"功能进行分析。最早将领导小组视为一种中国特色政治运行形态的是南开大学的程同顺。他首次明确提出"'组'政治"概念,廓清了"小组政治"在中国的特殊地位。④ 随后,一些学者具体探讨了"小组政治"的决策机制。⑤

其三,从政策执行⑥和组织理论视角⑦切入,关注作为治理形态的"小组机制"及其协调功能。近年来,随着领导小组由隐匿性状态到在媒体宣传中

---

① 参见邵宗海:《具有中国特色的中共决策机制:中共中央工作领导小组》,韦伯文化出版社,2007年。

② 参见赖静萍:《当代中国领导小组制度变迁与现代国家成长》,江苏人民出版社,2015年;张铮、李政华:《"领导小组"机制的发展理路与经验:基于历史制度主义的分析》,《中国行政管理》,2019年第12期。

③ 参见韩东:《非常设机构不应是"非常权力"机构》,《中国行政管理》,2004年第3期;朱光磊:《当代中国政府过程》,天津人民出版社,2002年。

④ 参见程同顺、李向阳:《当代中国"组"政治分析》,《云南行政学院学报》,2001年第6期。

⑤ 参见李洪君、张晓丽:《行政管理过程中的"小组"现象》,《党政干部学刊》,2005年第6期;吴晓林:《"小组政治"研究:内涵、功能与研究展望》,《求实》,2009年第3期。

⑥ 参加贺东航、孔繁斌:《中国公共政策执行中的政治势能》,《中国社会科学》,2019年第4期;原超:《理解"议事协调小组":中国特色政策执行的实践工具》,《领导科学论坛·国家治理评论》,2019年第7期。

⑦ 参见周望:《中国"小组机制"研究》,天津人民出版社,2010年;周望:《办事机构如何办事?——对领导小组办公室的一项整体分析》,《北京行政学院学报》,2020年第1期。

高频显现,学界的研究场域也由"党"转向"政府",由"决策议事"转向"协调治理"。政府议事协调机制取决于小组高层的高位推动①和矩阵式组织结构②,具有较高的行政效率。作为竞争政治精英注意力的治理工具③,推动着地方公共服务的提供和政策创新。这一时期,随着议事协调机构在地方党政机关的泛化使用,学者们也注意到议事协调机构在地方治理中导致了机构臃肿、腐败丛生、权力膨胀等负面效应。④

其四,侧重于对地方领导小组的关注。主要是从地方政府治理⑤和运动式治理⑥的视角,对地方领导小组作为亚正式治理机制的地方治理、资源整合和动员功能的讨论。

随着中国特色社会主义进入新时代,学界研究进入了理论构建新阶段,开始从顶层设计视角重新反思领导小组。领导小组被视为大国治理机制⑦、中国特色社会主义的优势机制⑧和"一元化"政治势能⑨。随着"领导小组"

---

① 参见贺东航、孔繁斌:《公共政策执行的中国经验》,《中国社会科学》,2011 年第 5 期;陈玲:《官僚体系与协商网络:中国政策过程的理论建构和案例研究》,《公共管理评论》,2006 年第 2 期。

② 参见周望:《中国"小组"政治组织模式分析》,《南京社会科学》,2010 年第 2 期;朱春奎、毛万磊:《议事协调机构、部际联席会议和部门协议:中国政府部门横向协调机制研究》,《行政论坛》,2015 年第 6 期。

③ 参见刘军强、谢延会:《非常规任务、官员注意力与中国地方议事协调小组治理机制——基于 A 省 A 市的研究(2002—2012)》,《政治学研究》,2015 年第 4 期。

④ 参见刘新萍、王海峰、王洋洋:《议事协调机构和临时机构的变迁概况及原因分析:基于 1993—2008 年间的数据》,《中国行政管理》,2010 年第 9 期。

⑤ 参见原超、李妮:《地方领导小组的运作逻辑及对政府治理的影响》,《公共管理学报》,2017 年第 1 期。

⑥ 参见原超:《领导小组机制:科层治理运动化的实践渠道》,《甘肃行政学院学报》,2017 年第 5 期;向淼、郁建兴:《运动式治理的法治化:基于领导小组执法行为变迁的个案分析》,《东南学术》,2020 年第 2 期。

⑦ 参见周望:《大国治理中的领导小组:一项治理机制的演化与精化》,《中共天津市委党校学报》,2019 年第 5 期。

⑧ 参见王浦劬、汤彬:《当代中国治理的党政结构与功能机制分析》,《中国社会科学》,2019 年第9期。

⑨ 参见贺东航、吕鸿强:《新时代中国共产党治国理政的政治势能》,《东南学术》,2019 年第 6 期。

向"委员会"转变，"小组治国"的思路得以制度化彰显。①

已有研究充分展示了海内外学者关于议事协调机构研究的理论意义和现实关怀，也为本书提供了理论借鉴和逻辑起点。然而目前海内外关于领导小组的研究存在以下三个方面的问题：

其一，缺少对领导小组历史沿革的充分关注。事实上，无论是作为"临时性组织"的维度还是作为"决策机制"的维度，领导小组都经历了较长时期的发展和变迁，其组织角色、组织功能也发生了较大的变化，但是领导小组背后的运作逻辑和习惯却仍然保留，从历史逻辑出发分析领导小组的"变"与"不变"有助于我们充分理解以"小组治理"为抓手的中国国家治理的制度逻辑。其二，现有研究对新时代议事协调机构的体制创新与政治价值关注较少，不利于"政治科学研究本土化"的理论建构。在不断呼吁"政治科学研究本土化"的今天，对本土化亟须敏锐的学术关切和认知，更需要建构和使用具有中国风格的学术框架去诠释和分析现实问题。其三，现有研究对以领导小组为代表的"议事协调机构"的分析大多立基于西方政治系统，用西方理论透镜来观察和分析容易忽略中国政治体制和政府机制改革蕴藏的理论创新空间，不利于在中观层面进行中西方理论对话和彰显新时代党的议事协调机构运转的制度逻辑。

"政治势能"是复旦大学贺东航教授提出的一个分析中国共产党治国理政的核心概念，在他的系列文章中，"政治势能"被塑造为中国共产党的核心理念的政治表达，包括价值性政治势能、制度化政治势能、体制性政治势能和一元化政治势能。② 新时代中国共产党政治势能的增强，与国家治理体系和治理能力现代化的要求密切相关，也与"党的全面领导"作为新时代中国

---

① 参见王臻荣、朗明远：《从"领导小组"到"委员会"：制度逻辑与政治价值》，《山西大学学报》（哲学社会科学版），2018年第4期；See Tsai, W. H. &Zhou, W., Integrated Fragmentation and the Role of Leading Small Groups in Chinese Politics, *The China Journal*, 2019.

② 参见贺东航、孔繁斌：《中国公共政策执行中的政治势能》，《中国社会科学》，2019年第4期。

特色社会主义的最本质特征相契合。因而,"政治势能"不仅是对中国公共政策"高位推动"的学术表达,也是对发端于西方的公共政策理论的一个具有中国风格的学理性回应。因此,本书将依托于贺东航提出的"政治势能"概念,从历史逻辑出发,分析新时代议事协调机构的政治价值和制度逻辑,进而探索优化新时代议事协调机构职能体系的实践路径。

第二节　领导小组的历史沿革:从"党政协调"到"国家治理"

不同历史阶段的议事协调小组虽然在性质、结构、功能方面有所不同,但这并不意味着这些历史片段是孤立的、无意义的。相反,只有从历史的关联中才可以对这些片段有深刻意义的理解。遗憾的是,海内外学者对于"领导小组"的研究似乎有意地回避了对这种历史关联的探讨,而更多的是试图直接、孤立地以西方的政策过程框架和理论视角去诠释和解释这种特殊机制。对于"领导小组"的研究,其内在意义就在于寻求对中国政治的整体理解,特别是以"领导小组"的历史沿革为研究起点,对"领导小组"的形成、运行和沿革的历史脉络和演变逻辑进行梳理,总结不同时期"领导小组"在中国特色政治过程和国家治理领域中的组织定位,能够帮助我们厘清其中的历史关联,更好地把握和理解中国政治和绘制中国国家治理图景,推进国家治理体系和治理能力的现代化进程。在当代中国政治中,党政关系的演进与现代国家的成长存在内在的逻辑关联,因此,我们将结合党政关系的演进,梳理领导小组的历史沿革,及其在不同时期的角色和功能。

一、以"领导小组"为代表的议事协调机构的历史演变

(一)革命时期的探索

任何一个历史阶段的领导小组均体现了这个阶段中国共产党的主要任务和党政关系的调整。革命战争年代,中国共产党作为一个革命党,面临的

是组织如何产生的重大问题。革命时期成立的"三人军事领导小组"、延安整风时期的"中央高级学习组""中央总学委"等在机构运作和干部系统管理中重构了党政关系,确保了中国共产党在战争和革命事业上的成功。这一时期的领导小组主要是通过党政关系重塑,提高中国共产党作为一个政党组织的应急能力和决策质量。

以"三人军事领导小组"为例,其在革命探索时期的成功运用,可以被视为领导小组在中国治理中的典范和发展雏形。"三人军事领导小组"作为党中央委托的负责军事指挥的临时性机构,是中国红军在长征途中为了便于集中军事指挥权力而设立的。1935 年 3 月,长征途中的红军二渡赤水后,中央政治局在遵义市播州区鸭溪镇召开扩大会议,在讨论下一步的作战计划时产生了分歧。在会议上,毛泽东放弃攻打打鼓新场的提议无法得到会议多数成员的赞同,其前敌总指挥的职务也被撤销。会后,毛泽东半夜提马灯——说服周恩来和朱德,最终放弃攻打计划,使中央红军幸免于覆灭。为了使军事指挥能够机动灵活,避免在会议中出现关于军事路线和行动方针争执不休的局面,政治局会议决定成立由毛泽东、周恩来、王稼祥组成的新"三人团"①。即后世所称的"三人军事领导小组"②,毛泽东通过"三人军事领导小组"顺利地将其在军事指挥领域的权力延伸到党的领域,从而成为事实上的中国共产党最高军事指挥官。"三人军事领导小组"的成立改变了中国共产党在江西瑞金时期模仿苏联建立起的党、军队、政府三者相对独立的中共领导体制,将军队与党融为一体。

在红一方面军和红四方面军会师后,"三人军事领导小组"的职能被中央政治局和红军司令部所取代。"三人军事领导小组"虽然作为一个具有特

---

① 新"三人团"的表述是为了和老"三人团"相区别。遵义会议前,由博古、李德和周恩来组成的老"三人团"是当时党、政、军的领导核心和最高权力机构。老"三人团"在遵义会议之后被撤销。

② "三人团"是当时成立之初的名称,关于"三人军事领导小组"的提法,最早是周恩来于 1972 年 6 月 10 日在《批林整风汇报会议上的讲话》中提出,后世的研究文章均沿用"三人军事领导小组"的说法。

殊意义的军事指挥范畴内的临时性机构,与之后的领导小组的运作方式有很大不同,其象征意义远远大于实际成效,但是它的成立和运作奠定了中国共产党之后在处理党政事务上"遇大事、立小组"的思路。

(二)新中国成立初期的探索

1949 年中国共产党建政以来,面临如何能够尽快地完成民主主义革命进行社会主义建设。1953 年"中共中央工作部""中共中央领导小组"的成立,以及 1956 年进一步由中央各小组直接领导国务院的各"口",其初衷都是为了保证中国共产党对社会主义建设进程全面而绝对的掌握。

新中国成立初期,为了保证中国共产党对社会主义建设进程全面而绝对的掌握,中共中央引进借鉴苏联的《干部分类分级管理制度》。1953 年 11 月,中共中央作出《中共中央关于加强干部管理工作的决定》,决定逐步建立在中央及各级党委统一领导下,在中央及各级党委的组织部统一管理下的分部分级管理干部制度。按照工作需要,把目前全体干部划分为九类,在中央及各级党委的组织部统一管理下,由中央及各级党委的各部门分别进行管理。例如,在中央设置了中央农村工作部[①]、中央工业交通工作部[②]、中央财政工作部[③]等。但从实际运作状况来看,工作部的职能不限于干部管理,也兼及行政领导。

1958 年,中国共产党希望能够更有力地通过党组织动员大众进行社会主义建设,因此在 6 月,党的八届四中全会结束后,中共中央发出《关于成立财经、政法、外事、科学、文教各小组的通知》,决定成立财经、政法、外事、科学及文教等小组,将政府工作划分为五大块,各由专人负责分口领导。《通

[①]　1952 年 11 月,成立中共中央农村工作部,其任务是贯彻执行农村工作的政策方针,组织与指导农民互助合作运动。1962 年 11 月被撤销,业务合并入国务院农林办公室。

[②]　1956 年 1 月,成立工业交通部,后拆分为工业工作部和交通工作部,任务主要是管理工业和交通系统干部,检查各部门对党的决议、政策的执行情况,1960 年被撤销。

[③]　1956 年 1 月,成立中共中央财政贸易工作部,其任务是管理财政贸易系统干部,检查财政贸易部门对党的决议政策的执行情况。1960 年被撤销。

知》指出,"这些小组是党中央的,直隶中央政治局,向它们直接作报告。大政方针在政治局,具体部署在书记处。只有一个'政治设计院',没有两个'政治设计院'。大政方针和具体部署,都是一元化,党政不分。具体执行和细节决策属政府机构及其党组。对大政方针和具体部署,政府机构及其党组有建议之权,但决定权在党中央。政府机构及其党组和党中央一同有检查之权"①。在这一时期,除了上述成立的小组外,又相继成立了中央精简干部和安排劳动力五人小组、国家机关编制小组、中央学制问题研究小组等。这些小组大部分随着其任务的结束而被撤销。

(三)"文化大革命"时期

1960 年以来,在中国全面进行社会主义建设过程中,针对怎样建设社会主义、社会主义社会的主要矛盾等一系列问题,中央一线领导与毛泽东产生了很大分歧。在毛泽东看来,当前自己在与中央一线领导意见分歧中的不利局面很难通过正式的沟通协调等程序得以解决,为了能够更好地推动对一线工作的指导,他决定采取非常规程序,设立中央文化大革命小组从而取代中央书记处。

1966 年 5 月,中央召开政治局扩大会议,通过了《中国共产党中央委员会通知》,宣布设立文化大革命小组,隶属于政治局常委之下。领导小组成立之初,是作为政治局常委的参谋秘书班子角色,没有办公机构,也没有发挥实质意义上对一线工作的指导功能。为了加强中央文化大革命小组的领导力,在八届十一中全会上通过了《关于无产阶级文化大革命的决定》,提出了"文化大革命"运动的目的、重点、依靠力量、方法,还规定各级文化大革命小组是"无产阶级文化革命的权力机构","不应当是临时性组织,而应当是长期的常设的群众组织"。② 同时,全会还改组了中央领导机构,将文化大革

① 中共中央组织部等编:《中国共产党组织史资料:1921—1997》(第 9 卷),中共党史出版社,2000 年,第 187~190 页。

② 国防大学党史党建政工教研室编:《"文化大革命"研究资料》(上册),1989 年,第 75 页。

命小组的部分成员并入政治局常委,在组织上保证并加强了文化大革命小组的权力。与中央文化大革命小组地位变化相联系,其组织机构也得到充实,办公室改成办事组,并相继成立了文艺组、理论组、宣传组、档案组等职能机构。① 中共九大后,随着毛泽东认为"文化大革命"取得全面胜利,为重建党组织,将国家各项工作纳入正轨,中央文化大革命小组被撤销,从而结束了它的政治生命。

（四）改革开放时期的探索

改革开放后,随着"党政分离"改革逻辑的逐步演进,我党面临的是如何能够高效地整合和利用资源进行国家治理的问题。领导小组也出现了两种不同的发展路径:党委序列领导小组不断精简并最终基本稳定下来,仍然代表政党对一些诸如保密、政法、扶贫等重要工作起着宏观掌控和间接指导的作用。如中央财经领导小组、中央对台工作领导小组以及中央政法小组等。而政府序列的领导小组,更多地是以"参谋议事""沟通协调""推进改革"的形态在优化国家治理体系、提升国家治理能力发挥其作用。如国务院扶贫开发领导小组、国务院关税税则委员会、国家减灾委员会、国家科技教育领导小组、国务院军队转业干部安置工作小组等。

"领导小组"在这一时期的变化是与中国共产党在新时期大规模的机构改革密不可分的,其性质、结构、运作制度和章程也逐步呈现出规范化和制度化的趋势。"领导小组"第一次进入了中国特色行政话语体系中。1986 年国务院出台《国务院关于清理非常设机构的通知》,这是第一个关于"领导小组"的专门性文件。《通知》指出:"各级国家机关在常设机构之外设置的不少委员会、领导小组、办公室等统一更名为'非常设机构'。"随着机构改革由改革初期"党政分离"的思路向市场经济背景下"理顺关系"的逻辑转变,对

---

① 参见沈传宝:《中央文化大革命小组的历史沿革及立废原因探析》,《中共党史研究》,2007年第 1 期。

"领导小组"也出现了整合、废除和合并的不同思路。1993 年 4 月,国务院出台的《关于国务院议事协调机构和临时机构设置的通知》(国发[1993]27号)中,将国务院的"非常设机构"更名为"议事协调机构和临时机构"。进入 21 世纪以后,随着社会主义现代化建设的推进,"领导小组"等议事协调机构进一步得到了广泛关注和重视。2008 年的国务院机构改革中,在党的十六届四中全会通过的《中共中央关于加强党的执政能力建设的决定》,第一次作出了"规范各类领导小组和协调机构,一般不设实体性办事机构"的表述。随后,国务院出台的《关于议事协调机构设置的通知》(国发[2008]13号),指出了议事协调机构的改革发展方向:"严格控制议事协调机构的设置,凡工作可以交由现有机构承担或者由现有机构进行协调可以解决的,不另设议事协调机构。一般不单设实体性办事机构,不单独核定人员编制和领导职数。"

（五）新时代中国特色社会主义建设时期

2012 年以来,以习近平同志为核心的党中央开创了"党的全面领导"时代。党的十九大报告中提出,"中国特色社会主义最本质的特征是中国共产党领导";党的十九届四中全会《决定》强调,要"健全党的全面领导制度","健全总揽全局、协调各方的党的领导制度体系,把党的领导落实到国家治理各领域各方面各环节",这是以习近平同志为核心的党中央坚持和完善中国特色社会主义制度、推进国家治理体系和治理能力现代化的根本政治要求。目的是为了重新建构"党的领导"如何制度化地嵌入国家体制,使得"党的领导"和"国家建设"同步提升。其中,改革党中央决策议事协调机构,是完善党中央机构职能的重大举措,是对我国国家治理体系的顶层优化。党的十八大以来,以习近平同志为核心的党中央在全面深化改革、国家安全、网络安全、军民融合发展等涉及党和国家工作全局的重要领域成立了新的决策咨询议事协调机构,对加强党对相关工作的领导和统筹协调,起到了至关重要的作用。

在党的全面领导视域下,在中央层面,议事协调机构改革有两大变化:其一,表现在新组建了中央全面依法治国委员会、中央审计委员会和中央教育工作领导小组,加强党中央对相关领域工作的集中统一领导。在决策过程和决策效用等方面充分彰显党的领导的现实优势。随着全面深化改革的进一步推进,我国面临愈来愈多的改革难题和"硬骨头",随着"领导小组"的成立和制度化推进,逐步推动党的领导体制的系统性、整体性、协同性和科学性,有助于实现科学决策。同时,有助于在"国家治理"层面解决改革过程中重要的战略性问题、复杂和重大的综合性问题,并且在改革过程中能够防范化解面临的重大风险。其二,将中央全面深化改革领导小组、中央网络安全和信息化领导小组、中央财经领导小组、中央外事工作领导小组改为委员会,实现了由任务型组织向常规性组织转型,有利于完善党对重大工作的科学领导和决策,形成有效管理和执行的体制机制,加强党中央对地方和部门工作的指导。由"领导小组"向"委员会"的升级,反映了党的全面领导制度的进一步加强,党的组织结构进一步得以强化,相关职能部门更好地发挥作用,逐步形成了与新时代中国特色社会主义制度相配套的党对重大工作领导体制机制。

二、新时代领导小组改革的政治价值

在中国政治制度的演进过程中,"政治势能"是中国共产党建党立国的重要基础,它帮助党在险恶的政治环境下凝聚思想和战斗力,以强大的意识形态、有效的组织动员取得政权,并在革命、建设和改革的历史进程中统一意志、推动决策执行,以促进经济社会的全面发展。[①] 而新时代中国共产党政治势能的增强,与国家治理体系和治理能力现代化的要求密切相关,也与"党的全面领导"作为新时代中国特色社会主义的最本质特征相契合。

新时代中国特色社会主义的核心就是党的全面领导,主要任务是推动

---

① 参见贺东航、孔繁斌:《中国公共政策执行中的政治势能》,《中国社会科学》,2019 年第 4 期。

国家治理体系和治理能力现代化。如何建构一个现代化国家治理体系对于确保新时代党的领导力提升具有重要意义,党的领导力亦是推进国家治理现代化的现实保障。在治理现代化视域下优化议事协调机构,对党和国家治理体系具有纲举目张的统领作用。廓清三者之间的内在关联,凸显"党的全面领导"视域下新时代议事协调机构改革的重要意义。

"遇大事、立小组",是党和政府长期实践中形成的一种有效的工作方法,是中国共产党在对国家治理经验不断总结和提升过程中形成的。在这一过程中,一方面,中央及各级地方以领导小组为代表的议事协调机构由"以党代政"和"以党领政"协调机制发展为"党的全面领导"下的议事机制,由"政治控制"的工具发展为"国家治理"的手段,由一元的经验意义上的组织形态发展为包括"领导小组""委员会"等多元规范化的组织形态;另一方面,由于高度的政治嵌入性下的行政体制在资源整合、组织协调和政治动员方面具有高度的组织能力,对于推动中国的现代化进程和"现代国家"的转型具有重要意义。以领导小组为代表的议事协调机构作为存在于正式制度外的"亚正式"的治理机制,以其"精巧的治理结构设计""高效的资源整合能力"和"广泛的共识决策框架"灵活机动地消解了日常治理结构的负担和治理能力的匮乏,因而成为深植于中国国家治理中的一个特殊机制。

但是在新时代,中国共产党面临两个基本任务:一个是确保党的领导力提升,另一个是推动国家治理体系和治理能力现代化。因而,新时代议事协调机构(领导小组)的运行逻辑不简单在于其组织结构及运行机制,更在于体制层面的创新。贺东航、孔繁斌认为,党的十八大后,在一些事关全局性重要议题上,中国共产党需要以"党的全面领导"来突破官僚制的程序僵化和形式主义的顽疾,即通过将确立"党的全面领导"作为议事协调机构运行的"政治势能",从价值层面、结构层面和制度层面重新梳理了政党、政府和机构改革之间的逻辑关系,形成如下逻辑链:(1)树立"党的全面领导"作为治理现代化和议事协调机构改革的政治势能;(2)议事协调机构依托"党的全面领导"这一政治势能推动国家治理现代化,主要包括从价值性政治势能建构现代化的国家治理体系的现代价值、从制度化政治势能和体制性政治势能推动国家治理结构和制度体系的现代化建设;(3)现代化的国家治理体系通过在价值层面、制度层面、体制层面重塑并维护"党的全面领导",提升党在国家转型中的领导力。①

综上所述,作为中国特色的由党主导下的党政协调机制,以领导小组为代表的议事协调机构始终围绕不同时期中国共产党面对的生存、发展和转型的历史任务需要而展开的。因此,领导小组的功能变化自然取决于不同时期中国共产党所处的历史环境。其功能变化反映了不同历史时期中国共产党为了发展和转型而进行的积极组织调适。在革命战争时期、新中国建设时期和改革开放时期中,以领导小组为代表的议事协调机构作为一个被动的"机制设计"而存在,而新时代议事协调机构的政治价值不同于上述时期,是作为一个主动的、全变的"战略设计"而产生。在新时代中国特色社会主义中,议事协调机构的组织结构、制度逻辑和发展定位嵌入党的全面领导和国家治理现代化的总体设计中,成为新时代中国特色社会主义的重要组成部分,成为中国共产党作为核心能动者利用"政治势能"推动党的领导力提升和国家治理现代化转型的重要平台。

第三节　领导小组的组织学定位:中国特色的临时性组织

领导小组作为一种组织形态或治理机制,其产生与运作是与科层组织和环境无法分离的。在"组织-环境"的分析框架下,不同的任务环境匹配下产生不同的组织形态,拥有不同的运行轨迹和产生逻辑。在地方治理活

---

① 参见贺东航、孔繁斌:《中国公共政策执行中的政治势能》,《中国社会科学》,2019 年第 4 期。

动中,多元化、复杂化和高度不确定性的任务环境催生地方政府通过组织设计和组织调适对现有环境进行回应,领导小组即是地方政府对任务环境进行回应的一个典型的例证和组织形态。以领导小组为代表的临时性组织以其"精巧的"组织设计和制度安排拥有强大的动员能力和资源整合能力,得以消解常规科层组织无法解决的治理困境。因此,我们将首先讨论科层制的困境及临时性组织的产生,即领导小组产生的组织原因,其次我们将从组织学的视角讨论领导小组的组织学定位,即领导小组作为一个临时性组织的特殊性。

一、科层制的困境与临时性组织的产生

环境是一个剩余的概念,它指所有"别的因素"。为了简化分析,我们采用笛尔所说的任务环境的概念,即指那些与目标的设定和实现相关的或者潜在相关的环境组成部分。[①] 基于此,组织是一种有意识的协作活动系统而不是人的系统,每个组织都从属于和依赖于任务环境和其他组织,组织的理性根植于技术和任务环境之中。[②] 因此,组织的结构、设计和运行也将取决于环境条件,是对环境权衡的结果。不同的环境对于组织提出了不同的要求,其中内部特征与所处环境的要求相匹配的组织适应性最强。这种环境匹配性的要求决定了随着外界环境不确定性和任务环境复杂性的提高,将对原有结构形态下的组织产生挑战,组织为了应对这种挑战将改造原有的组织,同时设计出新的具有适应性的匹配当前任务环境的组织结构或组织形态。

当前,科层组织产生的问题及其在地方治理过程中遇到的困境主要是基于任务环境的变化导致。传统科层组织所面对的任务环境是简单的、机

---

① See Dill, William R., Environment as an Influence on Managerial Autonomy, *Administrative Science Quarterly*, No.2, 1958, pp.409–443.

② 参见[美]詹姆斯·汤普森:《行动中的组织:行政理论的社会科学基础》,敬乂嘉译,世纪出版集团,2007年,第16页。

械的和程式化的,运作程序是按照固有规则"循规办事"即可。然而当前科层组织所面对的任务环境发生了巨大的变化,任务环境变得纷繁复杂、利益多元化,产生于工业时代的以法定性、稳定性、规范性和等级性为特征的传统科层组织无法有效适应当前的变化,表现为协调效率低下、僵化、灵活性低等特点。

保罗·梅耶斯在《知识管理与组织设计》一书中,对任务环境变化下的科层组织在等级结构、规则、程序、协调等方面的革命性变化进行了总结[1](见表4-1)。

表4-1 科层制关系结构中的革命性变化

科层制组织结构	成功原因	失败原因
等级指挥链	上级支配下级	不能解决复杂性问题
专业化分工	劳动分工生产高效	不能提供跨职能沟通和协调
一致性原则	明确上级权威	规则固化,需要多元化的规则
标准化程序	简单的组织流程,易使用非熟练工人	对变化反应迟缓,处理不力
非人格化关系	执行迅速、高效、纪律性强	需要组织成员间密切沟通
等级协调	为非熟练工人提供指导和监督	自我管理

我们发现,科层组织曾经立基于工业时代并发挥巨大作用的"等级化""专业化""程序化"和"非人格化"等特征,在新的不确定性高、复杂程度高的任务环境中,由原来的对显贵行政的"技术优越性"革命性地转变为现代社会的"失败动因"。具体表现为科层组织的"等级化"特征无法有效应对复杂性问题;"专业化"的科层组织虽然在工业时代通过劳动分工达到了生产高效的目的,但是随着复杂性的增加,大量的经济社会问题出现在不同的部门,而科层组织无法提供有效的跨部门沟通和协调;科层组织的"一致性"和"程序化"特征由于其在追求稳定性的规则设计,导致规则的僵化,无法及时

---

① Paul S. Myers edited, *Knowledge Management and Organization Design*, Butterworth Heinemann, 1996, p. 92.

地面对任务环境的变化,因而无法有效制定切合实际的多元化的规则来适应任务环境。科层组织的"非人格化"特征追求形式理性而忽视了实质理性,导致科层组织的形式主义缺乏创造性、效率低下等。

总之,科层制——这个曾经被马克斯·韦伯描述为最合乎理性的表现政府权威的组织形态,在经过了几百年甚至更久远的支持政府机构充当社会权威分配角色的光荣历史之后,不得不接受技术力量和社会变革的震撼和考验,体现着科层制风格的各种理性法则也经受着与社会选择之间持续不断的碰撞。在此冲击下,科层组织表现出很多不适应其任务环境的组织行为,默顿将其归纳为科层制的反功能,他认为科层制非但没有适应当前的社会系统,反而表现出大量有损适应和调解的特征,[①]主要表现在以下三个方面:

(1)形式化的组织制度和过分细致的分工结构

科层制的典型特征就是复杂细致、高度形式化的组织制度。这些组织制度是确保科层体系稳定有序、公正公平地进行公共管理活动的重要条件,但正是这些内部化的复杂的正规程序使得科层制面对紧急突变的社会问题而不能灵活有效地应对。这就是面对环境和条件不稳定性的科层制固有的结构缺陷。[②]

同时,科层组织过于细致的分工结构带来了大量部门间的利益冲突。"任何一个组织,只要把决策权威赋予一个以上的子单元,那么就一定抑或蒙受不一致之苦,抑或导致一些低效率个人偏好组合",大规模组织中广为传播的现象之一,是派系主义——目标不同的子单元之间的冲突。组织中的帮派主义一般造成以下后果:冲突中浪费了资源,放弃的合作机会导致机

---

① See Robert K. Merton, *Manifest and Latent Functions*, in *Social Theory and Social Structure*, 3rd ed, Free Press, 1958, chap. p. 3.

② 参见刘圣中:《现代科层制:中国语境下的理论与实践研究》,上海人民出版社,2012年,第76页。

会丧失,或每个组织对其他子单元的行为做出自利的反应而导致不稳定。①

（2）有限性的制度设计和过分刚性的组织规则

官僚组织的优点在于其稳定性,而不足之处同样来自这种"稳定性",主要表现在有限的制度设计和过分刚性的组织规则无法应对多元化的不确定性程度较高的任务环境。一方面,由于人们获取和处理信息的能力有限,不确定性和不对称信息必然存在,这些事实是完美的制度设计不可回避的绊脚石。由于真实世界中所存在的不完美性,正式制度安排必然是不完全的。② 另一方面,为了使官僚制发挥作用,则要求反应的可信性和对规则的严格遵守。这种对规则的严格遵守不久将会使规则绝对化。③ 这使得官僚组织的"稳定性"特征无法有效应对上述的任务环境。

（3）保守主义和对革新的抵制

科层组织的"程序性"和"等级性"等特征带来了"循规"的原则。科层组织是管理的强有力工具,科层组织一旦建立,便总是运用其权力维护其地位,而不是促进变迁和革新。塞尔兹尼克对 TVA 的研究证明,组织进行激进变革的能力,受到组织成员抵制变革能力的约束。④ 同时,科层组织所遵循的"形式正义"逻辑与组织创新的"实质正义"逻辑相悖。以某个具体时间和人物为取向的实质正义的前提,将会不可避免地与官僚制行政的形式主义、受规则约束的冷静的"就事论事"发生冲突。⑤ 因此,虽然官僚制的结构不断制造出修正自己结构的条件,在更加广泛的社会系统的研究中,承认现在以

---

① 参见[美]盖瑞·J. 米勒:《管理困境——科层的政治经济学》,王勇等译,上海三联书店,2014 年,第 100 页。

② 参见[美]埃里克·弗鲁博顿、[德]鲁道夫·芮切特:《新制度经济学:一个交易费用分析范式》,姜建强、罗长远译,上海三联书店,2006 年,第 19 页。

③ See Robert K. Merton, *Manifest and Latent Functions*, in *Social Theory and Social Structure*, 3rd ed, Free Press, 1958, chap. p. 3.

④ See Philip Selznick, *TVA and Grass Roots*, University of California Press, 1959, pp. 255 –275.

⑤ 参见[德]马克斯·韦伯:《经济与社会》(第二卷)上册,阎克文译,世纪出版集团,2005 年,第 1119 页。

及今后的社会发展过程是必须考虑的因素,可官僚制却经常被视为存在于上述发展过程之外的坚固均衡状态之中的东西。①

当科层组织无法有效解决目前困境时,临时性组织应运而生。临时性组织基于其组织形态和组织设计,很好地适应并回应了复杂多变的任务环境。首先,临时性组织以项目为导向,能够有效调适和处理即时性问题。②其次,由于临时性组织成员来自不同的组织,同时组织结构的松散和开放性有利于有效地应对复杂多变的任务环境,提供适合创新和改革氛围。③ 最后,临时性组织灵活的组织规则能够及时、有效地根据外界的任务环境对自身结构和运行程序进行及时调适,从而对复杂多变的任务环境进行改造,采取这种有弹性的做法,就减少了由不确定性和不对称信息所带来的问题(见表4-2)。

表4-2 临时性组织的组织特征及成功因素

临时性组织的组织特征	成功因素
项目导向	有效适应即时性的任务环境
外界环境的高嵌入性结构	有效应对复杂多变的任务环境
松散的组织结构	适合创新和改革任务环境
灵活的组织规则	有效调适并改造任务环境

二、领导小组的组织学定位

科层组织所面临的治理困境是由于其任务环境的变化导致的。任务环境的多元化对于复杂组织具有显著性影响,它表明组织必须和不止一个环境要素进行交换,而每一个环境要素本身又处于一个相互依赖的网络中并

① See Peter,M. Blau,*Dynamics of Bureaucracy*,University of Chicago Press,1955,p. 13.
② See Saunders,C. S. and Ahuja,M. K.,Are all distributed teams the same? Differentating between temporary and ongoing distributed teams. *Small Group Research*,No. 6,2006,pp. 662 – 700.
③ See Sydow,J. and Staber,U.,The institutional embeddedness of project networks:the case of content production in German television,*Regional Studies*,No. 36,2002,pp. 215 – 230.

自有其领域和任务环境。① 组织结构的差异性越大,不同子单位之间的活动协调就越困难,参与者之间就越容易发生冲突。组织为了在这种情况下有效运行,就必须动用更多的资源和力量协调不同的活动和解决成员之间的矛盾。而这些任务环境是常规的科层组织在现有的组织结构和制度设计下无法回应的。

而临时性组织基于其项目导向的任务目标、高嵌入性松散的组织结构和灵活的组织规则,能够完美地对上述任务环境进行适应、调适和改造。对于发达国家而言,其跨部门协同和临时性组织任务的完成是在"整体政府"旗帜下进行,成立了大量承担议事协调功能的组织机构。在结构层面多以伙伴关系、网络、信息与沟通技术系统、协同政府②、整体政府③、弹性政府④等出现,多元互动是其本质特征。在 OECD(经济合作与发展组织)国家主要表现为网络状的伙伴关系和临时性机构,可以分为水平式和等级式。水平协调式的临时性组织通常表现为松散的组织联盟,如英国、新西兰等国家的一些服务型机构和服务小组。⑤ 等级协调式临时性组织可以分为两种类型:其一,借助核心执行力(首席执行专员、中心机构、强力的内阁首长)成立机构自上而下强力推动整体政府改革;其二,由首相或内阁建立新的组织机构加强部门间协同合作,如新内阁/部委委员会、部际/部内合作机构、核心机构、联合小组、特别工作小组和跨部门项目小组等。⑥

---

① 参见[美]詹姆斯·汤普森:《行动中的组织:行政理论的社会科学基础》,敬乂嘉译,世纪出版集团,2007 年,第 36 页。

② See Kettle,The Transform Action of Governance Globalization Devolution and the Role of Government,*Public Administration Review*,No. 6,2000,pp. 488 – 497.

③ See Laugharne, P. J.,*Towards Holistic Governance Book Review*,Democratization,2004.

④ 参见[美]B. 盖伊·彼得斯等:《政府未来的治理模式》,吴爱明等译,中国人民大学出版社,2001 年。

⑤ See Considine,M. & Lewis,J.,Bureaucracy,Network or Enterprise:Comparing Models of Governance in Australia,Britain,the Netherlands and New Zealand,*Public Administration Review*,No. 2,2003,pp. 131 – 140.

⑥ 参见[挪威]汤姆·柯庆生、佩尔·兰格:《后新公共管理改革:作为一种新趋势的整体政府》,张丽娜、袁何俊译,《中国行政管理》,2006 年第 9 期。

作为一个典型的临时性组织,中国的领导小组也是对科层组织无法有效适应复杂性、不确定性环境的组织回应。不同于机械式的科层组织寻求对环境的控制下订立了大量大规模的标准化生产系统和标准化规则,领导小组往往都是"因事设立""应运而生",能够迅速地持续不断地对环境做出回应。①

近年来随着中国社会经济的发展,无论在市场监管、民生建设、社会管理等领域都出现了大量新的跨域问题,问题的复杂性和多样性对中国地方政府各部门的跨部门协调管理和服务能力提出了严峻的挑战。这种挑战具体表现为三个方面:

第一,中国地方政府内部权力结构的条块分割,使得地方政府部门任何一个单独机构均没有凌驾于其他机构之上的权威,零散、割裂和分层的政府结构导致了任何一个部门都没有足够的人力、财力、物力资源去处理跨域问题。

第二,条块分割的内部权力结构导致了利益部门化和权力碎片化的现象,地方政府各部门为了获取更多的资源和部门领导人的晋升而形成部际间的竞争关系,因而在跨部门合作有可能影响到部门自身的业务量以及资源分配情况,影响到本部门决策等权限的独立性等时,政府各部门作为配合部门在进行跨部门协调时往往采取消极抵触的态度,任何一个部门都无法获取足够的组织资源去处理跨域问题。

第三,地方现有关于部门的监督管辖的边界缺少必要的灵活性,即地方政府管理和监管的规则和制度的制订和规范情况远远落后于监管对象的成长与发展,一些不合时宜的规则和制度性壁垒对地方政府各部门的发展和治理行为产生了制度性的约束,产生了各部门实际处理治理事务时与落后

---

① See Mintzberg, Henry, & Alexandra McHugh, Strategy Formation in an Adhocracy, *Administrative Science Quarterly*, No. 2, 1985, pp. 160 – 197.

的监管边界间制度性资源不协调的矛盾。总而言之,面对社会经济事务的发展带来的越来越多的复杂性和不确定性,地方政府各部门在处理本部门事务和部门发展时受到三种资源依赖关系的影响:政府各部门控制资源的能力匮乏与所需人财物力资源不对称的矛盾、政府各部门控制资源的能力匮乏与所需组织资源不对称的矛盾和政府各部门控制资源的能力匮乏与所需制度性资源不对称的矛盾等。

对于地方政府各部门,为了维护部门的利益和本部门正常事务的开展,作为典型的资源依赖型组织,它需要采取策略性的行动积极主动地同外界环境进行互动,用以换取和控制所需要的资源来源,减少不确定性。而当组织间通过协商所达成的行动的稳定结构不能够对依赖实施有效管理时,组织会使用其他种类的战略。对其他处理不了的相互依赖,组织寻求使用较大社会系统和政府更大的实力,来消除困难或者提供它们的需要。地方领导小组就是地方政府或部门所追寻的解决任务环境的复杂性和不确定性的战略结构之一。

命题1:地方领导小组的产生是地方政府或部门为了回应和减少所面对的环境不确定性和复杂性,通过构建新的组织交换关系和治理结构,从而进行积极主动的组织调适的产物。

从组织学视角来看,组织是一个开放的系统,它必须与外部组织进行交换以获取组织所需要的各种资源,但是由此导致的依赖性又使得组织必须制定相应的策略对其进行管理,例如对其他组织施加控制、拓展组织的行动边界、改变组织内部结构或者重新定义组织目标等等。尤其是面临许多约束并且不能从任务环境中其他部分获得权力的组织,会试图扩大其任务环境。被俘虏的组织常常发现它们手脚被完全束缚,以至于理性准则受到威胁或者被推翻。正是这种情况促使这些依附性的组织常常会参与建立一些非依附性的评估组织,由它们来发展理性尺度和设立认证标准。这些新要素所具有的授予或者剥夺声誉的权力,可以减少组织面临的那些约束。[1]

我们可以发现,在地方治理活动中,地方政府或部门通过成立地方领导小组,在领导小组的领导下,推动专项工作的顺利开展。在这一过程中,牵头部门通常通过引入专家、学者以及公众等外部利益团体参与到专项工作的制定和评估中,制定有利于部门工作开展的评估标准和组织任务,从而获得高层领导的注意力资源。同时,通过改造组织的决策程序,将部门的主要负责人纳入领导小组中,使得组织任务和组织性质发生改变,从而能够有效地推动专项工作的开展。

命题2:地方领导小组作为一种特殊的临时性组织,借助其灵活的组织边界,通过重新定义组织目标、改变组织内部结构和运行流程的方式,从而努力适应和改造外部的任务环境,最终有利于组织自身的发展。

同时,针对外界环境的复杂性与不确定性,组织也具有其能动性,它会有意识地采取各种缓冲技术和桥联战略,保护或调整其与环境的边界,将一些环境因素吸纳到自身的结构中去,以提高技术上的安全性,谋求其合法的制度支持。[2]

地方领导小组办公室拥有专项工作的任务制定、任务分工、指标设计和激励考核的权力。因此,我们经常发现,牵头部门通过下设的领导小组办公室,将部门在工作中遇到的组织问题和一些制度性约束转换为新的组织任务,同时将解决方案连同问题一并将其分工和指标分解至其他部门中。

命题3:在地方领导小组中,牵头部门下设的领导小组办公室通过重塑组织任务的性质以及运作方式,制定有利于牵头部门自身发展的运行规则和组织运行程序,从而使得牵头部门能够对外界复杂环境和碎片化的部门

---

[1] 参见[美]詹姆斯·汤普森:《行动中的组织——行政理念的社会科学基础》,敬乂嘉译,上海人民出版社,2007年。

[2] 参见[美]W.理查德·斯科特、杰拉尔德·F.戴维斯:《组织理论:理性、自然和开放系统的视角》,高俊山译,中国人民大学出版社。

关系进行有效管理。

当组织间通过协商所达成的行动的稳定结构不能够对依赖实施有效管理时,组织会使用其他种类的战略。对其他处理不了的相互依赖,组织寻求使用较大社会系统和政府更大的实力,来消除困难或者提供它们的需要。通过政治机制,组织力图为自己创造一个较好实现利益的环境。①

领导小组特殊的组织结构即是上述的特殊的较大的系统。在地方领导小组中,由于领导小组组长一职通常由地方的党政一把手兼任,而领导小组成员通常是各大部门的主要负责人,因此领导小组组长通常会通过视察、批示等方式对专项工作的进程、困境等进行高度关注,在这一过程中,领导小组组长不仅是以组长的身份,更是以地方党政一把手的身份对专项工作进行关照,因此,本身由职能部门负责的行政任务经过这一新的管理系统,转变为由职能部门和地方部门主要责任人所高度关注的中心工作。

命题4:地方领导小组在依托于现有科层组织管理系统的同时,通过寻求和改造新的管理系统和战略机制,从而达到转变组织任务的性质,从而使行政任务附加更多的组织资源,有利于牵头部门工作的开展。

第四节 领导小组的运行逻辑:政治势能的转化

事实上,以领导小组为代表的议事协调机构的运行逻辑并非一个新鲜议题。学界一般采用结构功能主义和理性选择理论来解释跨部门议事和协调行为。但是这种解释并不能涵盖并诠释作为中国特色社会主义重要机制——领导小组机制——的制度逻辑,以领导小组为代表的议事协调机构的制度逻辑是需要从"行政—政治—政党"等多维度进行综合性分析。贺东

---

① [美]杰弗里·菲佛、杰勒尔德·R.萨兰基克:《组织的外部控制:对组织资源依赖的分析》,闫蕊译,东方出版社,第208页。

航、孔繁斌等学者将"政治势能"式微是对党的十八大以来"全面加强党的领导"这一政治话语的学理性表达，是党在新时代实现治国理政的方法与路径。① 本书认为，"政治势能"同样可以用来分析和解构新时代议事协调机构的制度逻辑。

根据贺东航、孔繁斌的定义，"政治势能"是中国共产党的核心理念的政治表达，包括三层含义。一是"党的领导在场"。通过"党的领导在场"产生凝聚力，整合跨部门利益，解决政策执行的碎片化现象。二是"构建权威"。利用党政联合发文，将公共政策上升为党的议题，提高了公共政策的政治位阶，赋予其更高的政治意义，以获得成立"工作领导小组"权限的组织形态，其功能在于统一思想、释放信号并且由平台进行以任务为导向的分工和整合。三是"借势成事"。当特定的政治位阶、政治信号或政治表征进入公共政策时，能够很快被地方官员察觉和识别，触发其政治意识和积极性，从而使下级官员感受到一种动而不可止的势能，进而改变政策变现的进程。② 本书认为，依托于上述分析思路，"政治势能"视角下议事协调机构的制度逻辑可以从两个方面进行解构：①政治势能的价值载体；②政治势能的行政运作。

一、政治势能的价值载体

依托于政治势能的分析框架，议事协调机构作为一种价值载体，首先构建了"政治势能"转化为"政治动能"的自上而下的表现为政治动员的科层化渠道。新中国成立以来，中国构建了一个强有力、官僚化的新型政权，③构成了"党领导国家"的体制。在高度组织化政党领导下的新型政权造就了一个政治高度嵌入性的行政体制架构，推动着中国的现代化进程。随着这种"现代国家"转型，中国共产党治国理政的方式和策略发生调适和改变。但是作

---

① ② 参见贺东航、孔繁斌：《中国公共政策执行中的政治势能》，《中国社会科学》，2019 年第 4 期。

③ 参见邹谠：《中国革命再阐释》，何高潮译，牛津大学出版社，2002 年。

为一种具有高度内部凝聚力的价值载体，①在高度组织化体系下的政治动员和资源整合的能力和功能始终并未改变。

改革开放四十多年来，在国家建设过程中，一个微妙且意味深长的变化是政治动员的仪式化。当国家把权力下放给下属官员，如何能够让他们按照中央权威的意志和理念行事至关重要，而这在很大程度上依靠政治教化机制得以实现，按照贺东航的"政治势能"视角，价值性政治势能被认为是在非竞争性政治制度下的执政党通过思想、理论、信仰、观念、教育活动等价值性因素进行治国理政的一种方法，主要包括理想信念和教育活动。② 随着社会经济的发展和多元价值观的渗入，传统权威变得支离破碎，单纯的政治宣传和教化活动已经失去其发展空间。此时，传统权威和政治动员活动不得不依附于科层组织，将政治权威化约为政府的专项活动及其组织机构，并自上而下地逐级进行任务分工和压力传递，即表现为专项活动的常规化。这些新的组织形式下的政治动员活动不同于之前的高度动员性，而是以地方落实对上级指示和精神的政策安排和政治实践得以实现。这种政治动员的仪式化就是通过不断地通过党内集中教育和专项活动，构建政治势能中"党的领导在场"，从而通过仪式化的政治势能在科层组织中的有效传递，进行统一思想、释放信号并且由平台进行以任务为导向的分工和整合。

对上级指示和精神的政治实践并非仅仅依靠政治宣传，而是依托于"特定的事件"。事实上，在政府治理中，当权力格局涉及参与各方的行动时，这种行动往往只能通过"特定的事件"才能观察到。③ 这个"特定的事件"即政府治理中越来越多的专项工作及其组织机构。在政府治理中，各级政府和部门都希望通过"专项工作"等"事件"的形式作为一个权力彰显、政治忠诚

---

① 参见陈明明：《在革命与现代化之间：关于党治国家的一个观察与讨论》，复旦大学出版社，2015 年。
② 参见贺东航、孔繁斌：《中国公共政策执行中的政治势能》，《中国社会科学》，2019 年第 4 期。
③ 参见周雪光：《权威体制与有效治理：当代中国国家治理的制度逻辑》，《开放时代》，2011 年第 10 期。

和能力凸显的平台。中央政府通过专项工作的开展不断向下级官僚贯彻党的精神和重要指示,在各级政府专项工作中依托于以领导小组为代表的议事协调机构这一组织形式对下级官僚进行政治动员;同时,省、市和县政府在这种仪式化过程中通过对中央及高层领导的讲话精神、工作指示等共同体道德价值的表达性复原和重申,①从而在形式上对下级官僚进行政治宣传与动员。对于下级政府而言,在政治官僚制下,通过"创制活动"积极回应上级的指示和号召,将上级精神和指示贯穿于专项工作的指导原则中,既能够以充满"上级精神"的话语叙事的政绩向上级表示自己的政治忠诚感和政绩能力,同时,也能够借助这种"仪式化"活动的创建,进行地方政策创新。而在上述被建构的权力运作空间中,各种各样的领导小组是各级党委、政府有效推进治理现代化和政治教化的重要手段和抓手。

在政治势能视域下,以领导小组为代表的议事协调机构即是沟通价值性政治势能和制度性政治势能之间的桥梁,保障中国共产党政治动员为代表的政治价值传递的制度化和制度性建设始终保持与中央精神的同步。

二、政治势能的行政运作

在中国政治官僚制下,如何能够充分调动和集中组织资源和组织动员能力进行治理,如何充分利用政治精英权威所带来的动员能力和规则调适能力进行治理与协调,如何消解由于"条块关系"政府体制及其他制度性约束带来的政策制定和执行的"碎片化"现状等,不仅是中国政府机构调整和体制改革需要考虑的问题,也是议事协调机构产生的重要任务环境和制度背景。政治势能的分析框架强调并构建了"党的领导在场—构建权威—借势成事"的场域,在此场域下党政机关将"政治势能"转化为"治理动能",从而应用于各级政府的治理当中。在政治势能的分析框架下,议事协调机构通过把地方党政一把手纳入领导小组组长的方式构建了"党的领导在场",

---

① 参见[法]爱弥尔·涂尔干:《宗教生活的基本形式》,渠敬东译,商务印书馆,2011年。

为整合跨部门利益奠定了基础;继而通过领导小组党政联合发文,将一般性的行政工作转化为政治性的中心工作,提高了领导小组负责的专项工作的政治位阶;最后通过"领导小组工作责任制"将这种政治工作和政治压力转化为以任务为导向的行政任务,并以"工作责任制"的形式向下级政府官员释放信号,触发其参与专项工作的积极性,配合领导小组工作的开展。

(一)作为核心能动者的"政治精英"

一般而言,党政一把手被纳入领导小组中,作为以领导小组为代表的议事协调机构的组长指挥并带领领导小组的运作。虽然在领导小组组织结构中,"组长"作为"虚"位领导而存在,真正发挥"实"作用的是领导小组办公室。但事实上,作为"小组组长"的政治精英发挥着重要角色作用。

作为党政一把手这样一个强有力的"领导者",他有足够的权威和资源整合能力去动员利益相关群体将注意力集中于某一个公共议题,并且很自然地赋予其解决问题的合法性。[①] 进而能够在议题的酝酿环节和决策环节影响中央和地方治理格局中各个利益体之间的注意力分配,从而有效达成共识,形成共识性决策。

同时,在政策执行环境中,政治精英有足够的政治动员和资源整合能力借助"政治势能"将权力格局中的利益统一起来关注"特定的事件"——专项工作。通过政治精英"督查"和"批示"等手段,实现"实质权威"对"正式权威"的有效替代,形成"权力在场"。基于多数彰显政治动员仪式化运作的专项工作总是依托于领导小组来进行,在这一过程中,高层政治精英的"权力在场"得以彰显,并且通过逐级传播,将精英的个体政治压力和政治教化嵌入下级政府或部门的专项工作具体执行中。政治精英作为核心能动者利用"政治势能"自上而下地对下级官僚进行政治动员、规训及动员监督,从而实

---

① See Crosby, B. C. & Bryson, J. M., *Leadership for the Common Good: Taking Public Problems in a Shared Power World*, Jossey - Bass, 2005.

现政策资源的高度整合和政策落地落实。

(二)"利益共同体"的构建

在政治势能的分析框架下,以领导小组为代表的议事协调机构的成立、组长及成员框架的确立正式建构了在特定场域中——专项活动——的政治位阶,进而释放出信号并且由领导小组这一平台重新建构了一整套的新的权利和义务关系——领导小组工作责任制——进行以任务为导向的分工和整合,最终"借势而为",推动公共政策在新的政治位阶下,地方官员察觉和识别,触发其政治意识和积极性,推动下级官僚对于公共政策的注意力分配,进而改变政策变现的进程。

具体而言,这种"借势而为"的平台搭建就是成立党的工作领导小组(议事协调机构)。一般而言,党的工作领导小组会议会采用"套会"的形式,即将领导小组会议于党委会或政府工作会议一起以"套会"的形式召开。在工作会议的决策时也采用常规的党的民主集中制决策。这种将党的集体领导机制内嵌于政府政策制定过程的机制,使得政府的政策制定和决策过程实际上转变为党的民主集中制决策。通过这样一种富有弹性的决策机制,既充分调动了部门决策和部门协商的积极性,又保证了在融合各方面意见的基础上适时拍板定案、形成决策。"小组治理"的运作机制打破了常规治理困境,通过对国家治理过程中,尤其是治理政策的制定过程的重构,将党的民主集中决策体制和政府的政策制定过程有机结合在一起,增强了决策的民主性和科学性。

同时,领导小组的成员不仅包括"条",各部门也包括下级"块"的各党政机关,这样把同级和下级"条"(职能部门)和下级"块"(党政机关)通过领导小组连接在一起。在这个临时的权力场域中,领导小组的权威、程序和运作发挥实质作用,形成一种新的工作责任制,即领导小组工作责任制。领导小组工作责任制作为一种"责任链条",依托于"责任－利益"纽带而把各责任主体联结起来。正式通过这种特殊的责任制,使得"条"各部门和"块"各党政机关之间形成一种"责任纽带"关系,从而被吸纳入一个新的"责任－利益"共同体中。换句话说,领导小组工作责任制就是利用等级权威以及党政集体领导制度从而在行政轨道外创造出另一个轨道,以便迅速有效地执行和联结。①

第五节　领导小组的职能优化

习近平总书记在党的十九届三中全会上指出,"深化党和国家机构改革是推进国家治理体系和治理能力现代化的一场深刻变革"。这场变革的鲜明特征在于通过建构一个现代化国家治理体系来确保党的领导力提升。②优化党中央决策议事协调机构,加强党中央对重大工作的顶层设计和总体布局能力,这在党和国家治理体系中具有纲举目张的统领作用。如何理解新时代以"领导小组"为代表的议事协调机构的政治价值和制度逻辑?如何在党的全面领导视域下优化议事协调机构的职能体系?这些问题是切实推进新时代深化党和国家机构改革的整体部署,提升党的领导力的重大命题。

"政治势能"作为议事协调机构有效运行的制度背景包括:政治精英在场产生政治势能——议事协调场域下构建权威——借助权威高位推动转化为治理动能。因而新时代议事协调机构的有效运转取决于"政治势能"能否顺利转化为"治理动能"。这一过程中我们需要考虑三个层面:其一,由"政治精英在场"产生的"政治势能"的凝聚力程度是否适度有效;其二,借助权威高位推动转化为治理动能的过程是否科学可控;其三,是否能够正确处理"政治势能"下的"小组机制"与常规治理制度之间的平衡。结合对以上三个问题的分析,我们需要从以下三个方面对其职能体系进行优化,从而能够更

---

① 参见原超:《领导小组机制:科层治理运动化的实践渠道》,《甘肃行政学院学报》,2017 年第 5 期。

② 参见郭庆松:《新时代党的领导力提升》,《中国领导科学》,2018 年第 4 期。

为有效地发挥其功效：

一、加快制定机构编制法，推动机构职能、程序和责任的法定化和制度化

"政治势能"的凝聚力不够或者太多都会影响通过这种特殊的凝聚力整合跨部门利益和碎片化政策执行的效果。由"政治精英在场"（领导小组组长）产生的凝聚力将有效提高"政治势能"，从而通过高位势能推动政策的有效执行和部门利益的整合。这种"凝聚力"太少则不足以形成整合跨部门利益的力量，"凝聚力"太多则会导致"覆水难收"。换句话说，"小组机制"的泛化应用消解了亚正式治理机制灵活性作用的同时，还由于对组织力量的追崇而压缩了制度化转型的发展空间。在这种治理过程的"棘轮效应"中，地方治理转型最终将逐步走向一种"内卷化"，而非制度化转型。因此，我们需要通过将议事协调机构职能、程序和责任法定化和制度化，通过规范设置议事协调机构的设置，适当规范"政治势能"的凝聚力。

因此，在制定中国共产党机构编制工作条例和机构编制法的过程中，应当加强对议事协调机构及其办事机构的设置、运行程序、运行规则、职能配置和撤销条件等问题进行法定化和制度化建设。规范设置议事协调机构，根据实际需要对议事协调机构的办事机构进行单独设置或合署办公，避免机构改革长期以来形成的"量化偏好"，跳出"越少越好"的思维定式。对议事协调机构进行结构性和功能性划分，区分临时性机构、常设性机构和阶段性机构，以及区分决策议事为主型和协调治理为主型，从而实现科学的分类管理。与此同时，提升对议事协调机构运行的监督，提升其透明度，增强议事协调机构运作的有效性。

二、建立议事协调机制的评估制度，完善议事协调机制的科学化运作

"政治势能"能够有效转化为"治理动能"，还取决于这种转换渠道是否通畅。换句话说，需要有科学的评估制度对议事协调机构的设置、运作、绩效等进行有效评价和反馈。目前来看，议事协调机构为人所诟病的最大的问题在于其泛化使用以及议事协调机构运行过程中的权力扩张问题，与目前纷繁复杂下的经济社会事务亟须大量议事协调机构进行顶层设计和事务的具体协调之间的张力。这种张力的核心问题在于如何正确评估是否需要议事协调机制，建立怎样的议事协调机制以及当前议事协调机制的运行状况和治理绩效究竟如何。因此，在治理现代化背景下，建立议事协调机制的评估制度，实现议事协调机制的科学化运作势在必行。

首先，建立议事协调机构设立必要性的事前评估，即当前工作是否有必要通过设立议事协调机构去完成，还是可以依托于当前的职能部门和合作机制即可完成。需要结合议事协调机制的程序设定机构的启动机制，进而通过事前评估，提前预判议事协调机构设立的意义和非预计性后果，减少议事协调机构的泛化使用。其次，对议事协调机构运行机制中的各环节和要素运用的事中评估。包括对议事协调机构在"会议频次""会议程序的规范性""督查频次和方式"等各方面进行科学评估，避免和减少在议事协调机构运行过程中，个别职能部门和官僚通过"批示"和"督查"等手段进行的权力扩张和滥用。最后，对议事协调机构治理绩效的事后评估。需要对每次专项工作、突发事件等成立议事协调机构及其运作中是否合规、对议事协调机构的既定目标和实现结果之间的匹配和实现程度进行评估，以及对议事协调机构在进行专项治理和协调工作中的成本、收益以及非预计性后果进行全面考量形成书面评估报告，进而完善议事协调机制的科学化运作。

三、在治理现代化背景下寻求"小组机制"与现有制度体系和治理弹性之间的平衡

如何处理以领导小组为代表的议事协调机构与现有制度体系之间的平衡，将其有机地置于整个制度体系之中，是比成立领导小组更大的挑战。换句话说，在"政治势能"转化为"治理动能"的过程中，如何保证这种转化过程的合法性和有效性是新时代议事协调机构改革的关键性问题。

"小组机制"作为一种依靠小组领导、权威训诫的方式开展治理行为，能够迅速有效地对常规治理制度和规则进行优化、充实、巩固和完善中国现有

的基本治理体系。但是由于治理资源和党政精英注意力配置的有限性,这种"政治势能"在结构和绩效方面都以不稳定的状态存在,如果"小组机制"过度依赖于"高层权威"的政治势能,并且通过领导小组的形式将这种"高层权威"组织化和制度化,则政治势能的使用"常规化"时也正是其美妙效果失灵之时。随着国家治理体系和治理能力现代化的进一步深入,这种政治势能运作下的"小组机制"及其重构下的各级政府治理结构关系的稳定性和有效性也将进一步被削弱。

"政治势能"作用的议事协调机构在长远来看,需要考虑其在结构上和机制上的转型问题。因此,如何适度地应用"政治势能"运行下的议事协调机构,如何正确处理好以领导小组为代表的"议事协调机制"和常规科层治理制度之间的关系,是我们在新时代优化议事协调职能体系中需要注意和思考的。

第五章 专项治理:"中国之治"的政策工具

第一节 导 论

如同领导小组、国家规划、试点机制一般,专项治理是中国特色、反映中国治理现实的政治实践。在新闻报道、网络媒体、日常生活中常常可以听到类似于"专项治理""专项活动""专项执法"和"专项整治"等词语,遍布于思想政治、科技发展、宣传教育、基层治理、廉政建设、司法案件等各个领域,成为中国政治发展与社会治理的热门词汇之一。随着 20 世纪 90 年代,"治理"概念引入中国,中国的发展变迁和国家治理由此被赋予了"完善治理"的理论标志。① 但是当我们用中国的治理尤其是专项治理去对标西方的治理理念时,我们明显发现,专项治理远远不同于西方的"治理"概念中的对公私部门合作的期许、对多元主体合作的讨论以及国家和社会关系范式的研究,更多是呈现为一种运动式的、动员式的管理模式或治理模式,是一种承继中国共产党组织动员逻辑的治理形式,是中国共产党革命教化思路在国家治理层面的映射。新中国成立以来,专项治理在中国的国家建设、社会治理和

---

① 参见王浦劬、臧雷振:《中国"专项治理"论析》,《国家治理现代化研究》第一辑,2017 年,第 41~53 页。

制度转轨的政策实践中发挥了巨大的治理功效,对于国家的稳定、经济的发展和干部作风优化具有重要的意义。

党的十八届三中全会通过的《中共中央关于全面深化改革若干重大问题的决定》中提出,"全面深化改革的总目标是完善和发展中国特色社会主义制度,推进国家治理体系和治理能力现代化"①,这一理念的明确提出,不但体现了中国共产党在国家制度建设和制度执行过程中的核心作用,在中国政治发展中的引擎作用,而且显示了基于中国本土实践经验和话语考量形成的治理意义新的学理提升。② 作为具有中国特色的政治话语,"专项治理"为我们提供了一个非常好的切入点,通过分析"专项治理"有助于我们理解什么是"中国之治",专项治理中以动员为表现形式的传统力量如何与治理现代化中的现代因素相融合,也是我们推动国家治理体系和治理能力现代化的重要理论课题。

专项治理与西方的"治理"概念有何区别? 作为一个政策工具,专项治理对于中国共产党进行国家治理的意义是什么? 其功能如何发挥? 专项治理缘何成为一个常规化的国家治理机制? 等等,这些问题的回答有助于我们理解"中国之治"的治理逻辑。尤其是西方学者常常用"韧性权威主义"③、"适应性治理"④对中国共产党领导下的国家治理进行概括,但是这种概括或限于宏大理论叙事而无法对经验现象进行概括,或基于西方理论视角对中国现象进行有色眼镜的观察。在不断呼吁"政治科学研究本土化"的

---

① 新华社:《中共中央关于全面深化改革若干重大问题的决定》,中国政府网,http://www.gov.cn/jrzg/2013 - 11/15/content_2528179.htm。

② 参见王浦劬、臧雷振:《中国"专项治理"论析》,《国家治理现代化研究》第一辑,2017 年,第 41 ~ 53 页。

③ Andrew J. Nathan, Authoritarian Resilience, *Journal of Democracy*, No. 1, 2013, pp. 6 – 17.

④ Heilmann, Sebastian and Elizabeth J, Perry, eds, *Mao's Invisible Hand: The Political Foundations of Adaptive Governance in China*, Havard University Press, 2011.

今天,对本土化问题亟须敏锐的学术关切和认知。[1] 虽然在经验层面,作为一种政策工具,专项治理已经在各级地方政府对公共事务治理中得到了广泛应用,但学术界对专项治理的运作逻辑、运行绩效和"常规化"现象并未给予充分关注。

在本章中,我们试图借鉴已有理论和案例分析来对"专项治理"进行诠释和探讨。首先,本章将厘清专项治理的内涵和历史演变,更准确地说是结合历次党的代表大会会议文件和《人民日报》梳理专项治理在不同时期不同领域中的具体映射;其次,本章将结合案例分析专项治理的具体运作程序和治理绩效;再次,本章将以对专项治理"常规化"的解释切入,结合具体案例分析专项治理在中国治理场域中的实践逻辑;最后,本章将分析专项治理与治理现代化之间的关系,即如何在专项治理的基础上走向国家治理的现代化。

第二节 专项治理的内涵与历史演变

一、专项治理的内涵

专项治理作为一种特殊的治理模式与传统的科层常规治理一起贯穿于整个中国大历史之中,是中国国家治理逻辑的重要组成部分。随着中国研究整体旨趣的变化,专项治理不再仅仅是一种总体性社会下国家通过强大专制权力组织社会资源,进行秩序建构的一种方式。[2] 更多的是一种行政治

---

① 参见臧雷振、徐湘林:《理解"专项治理":中国特色公共政策实践工具》,《清华大学学报》(哲学社会科学版),2014 年第 6 期。

② See Arent, *The Origins of Totalitarianism*, G. Allen& Unwin, 1958.;Townsend, J., *Political Participation in Communist China*, University of California Press, 1969.;Womack, B., Where Mao Went Wrong: Epistemology and Iedology in Mao's Leftist Politics, *The Australian Journal of Chinese Affairs*, No. 7, 1986.;Andreas, J., The Structure of Charismatic Mobilization: A Case Study of Rebellion During the Chinese Cultural Revolution, *American Sociological Review*, No. 6, 2007;赵鼎新:《国家、社会关系与八九北京学运》,香港中文大学出版社,2007 年。

理的手段、一种对传统"运动"资源的简化利用,一种基于国家治理资源匮乏的理性选择,一种基于国家专制权力丧失、基础权力尚未确立的权宜之计。①

在这种范式下,专项治理被视为运动式治理的另一种表述,是中国传统的动员政治在新中国成立后的延续,是一种新型的制度化动员机制。众多学者们试图用"动员式治理"②、"运动式治理"③、"行政吸纳运动"④、"国家运动"⑤、"运动型治理机制"⑥等话语重新对这种特殊的治理形式进行解读。

另一种观点认为,"专项治理"可以被定义为中国共产党公共政策实践中非常规化治理手段和政策工具,具有本土化政治实践的特征,继承了中国共产党在革命战争时期动员机制,蕴含着国家建设早期"短平快"的追赶激进的心态。⑦ 作为中国非正式政治影响下的非正式官僚治理实践,专项治理的治理形式主要存在于发展中国家,与西方语义下的"治理"不同,更加突出治理内涵的内生性和非正式性。⑧ 这种观点点明了专项治理的特殊性和非正式性,是一种不同于西方语义的治理模式,其治理机制和治理效果受到了其所在国家和地区的传统文化和政治体制的影响。在传统的动员政治发生"异化"的过程中,学界对运动式治理的关注也由"运动"转而"治理"。正如

---

① 参见唐贤兴:《中国治理困境下政策工具的选择:对"运动式执法"的一种解释》,《探索与争鸣》,2009 年第 2 期;周雪光:《运动型治理机制:中国国家治理的制度逻辑再思考》,《开放时代》,2012 年第 9 期;叶敏:《从政治运动到运动式治理:改革前后的动员政治及其理论解读》,《华中科技大学学报》(社会科学版),2013 年第 2 期。

② 张虎翔:《动员式治理中的社会逻辑:对上海 K 社区一起拆迁事件的实践考察》,《公共管理评论》,2006 年第 2 期;陈楚洁:《动员式治理中的政府组织传播:南京个案》,《重庆社会科学》,2009 年第 9 期。

③ 唐贤兴:《政策工具的选择与政府的社会动员能力:对"运动式治理"的一个解释》,《学习与探索》,2009 年第 3 期。

④ 狄金华:《通过运动进行治理:乡镇基层政权的治理策略》,《社会》,2010 年第 3 期。

⑤ 冯仕政:《中国国家运动的形成与变异:基于政体的整体性解释》,《开放时代》,2011 年第 1 期。

⑥ 周雪光:《运动型治理机制:中国国家治理的制度逻辑再思考》,《开放时代》,2012 年第 9 期。

⑦ 参见臧雷振、徐湘林:《理解"专项治理":中国特色公共政策实践工具》,《清华大学学报》(哲学社会科学版),2014 年第 6 期。

⑧ See Dittmer, L., Chinese Informal Politics, *The China Journal*, 1995 (34); Fewsmith, J., Institutions, Informal Politics, and Political Transition in China, *Asian Survey*, No. 3, 1996.

孔飞力所说,在中国的制度下专制权力和常规权力并不一定扞格不入,而很有可能有和平相处之道。① 因此,在这种分析范式下,运动式治理被认为是与常规治理共存共生且相互作用的治理机制,植根于稳定的制度化组织基础之上,有着一整套制度设施和环境,是国家治理制度逻辑的重要组成部分。②

综上所述,"专项治理"被视为一种制度化的动员式治理模式,一方面,和运动式治理一样,是地方政府常备的政策工具和治理手段;另一方面,继承了中国共产党的动员策略的同时,将其包装为一种常态化和制度化的治理手段和治理机制。"运动"的特征减弱,"治理"的特征增强,由一种政治机制转化为一种动员性质明显的治理机制。

二、专项治理的历史演变

"专项治理"的提法最早源于党的十三大。十三大文件明确提出,要"认真开展专项治理"③,但我们可以将其追溯到中国共产党在革命时期的"政治动员"。在当代中国政治史上,各类政治运动此起彼伏,贯穿于中国大历史之中,成为中国国家治理的一种重要现象。"大跃进"的政治动员即是这一时期国家治理的典型代表。在1958年至1960年,党中央在全国建设中开展了以实现工农业生产高指标为主要特征的群众运动,也是党在探索建设社会主义道路中的一次严重挫折。④ 1957年10月27日,《人民日报》发表社论,首次提出了"大跃进"的口号。⑤1958年5月党的八大二次会议正式通过了社会主义建设总路线,通过了十五年赶超英国的目标,通过了提前五年完

---

① 参见[美]孔飞力:《叫魂:1978年中国妖术大恐慌》,生活·读书·新知三联书店,2012年。
② 参见周雪光:《运动型治理机制:中国国家治理的制度逻辑再思考》,《开放时代》,2012年第9期。
③ 《十三大以来重要文献选编》(下),人民出版社,1993年,第1934页。
④⑤ 参见中共中央党史研究室:《中国共产党历史》(第二卷),上册,中共党史出版社,2021年,第473~500页。

成全国农业发展纲要的目标，通过了"苦干三年，基本改变面貌"等口号。会后，"大跃进"运动在全国范围内开展起来。在"大跃进"中，"以粮为纲"和"以钢为纲"的目标，带动了其他行业的"大跃进"，交通、邮电、教育、文化、卫生等事业都开展"全民大办"。

在大跃进时期的动员特征不仅体现为经济指标、工业指标等不断追高求快，同时从中央到地方的各级政府呈现出打破常规官僚体制的动员过程，这一动员过程伴以撤换官员、舆论造势、各地各行业各单位跨常规边界的竞赛。① 冯仕政将包括"大跃进"等新中国成立以来的各类运动概括为"国家运动"，其范围极为广泛："包括国家各级部门和政府为了完成特定政治、经济或其他任务而发起和组织的所有运动，既包括'反右''文革'等政治性很强的运动，也包括'爱国卫生运动''安全生产大整顿'等生产性运动；既包括由中央发起、波及全国的全国性运动，也包括由某个部门或地方政府发起的部门性或地方性运动。"②这种以动员为特征的国家运动即可以被视为专项治理的前身。

改革开放以来，党中央和各级政府逐步将工作重心转变为经济建设，开启了寻找符合中国国情的中国特色社会主义道路。如何在中国特色社会主义的背景下实现国家的经济建设和有效治理，成为中国共产党的首要目标。这一时期"一些成功的政治动员的策略、途径和方式方法作为经验被运用于政府行政执行过程，成为党提出的一系列社会改造和经济发展的任务的重要手段。久而久之，这些政治动员的策略、途径和方式方法在行政执行体制中固化下来，形成行政执行体制中的一种独特的准政治动员模式，并延续至

---

① See Yang, D. L., *Calamity and Reform in China*, Stanford University Press, 1996；参见李锐：《大跃进亲历记》（上下），上海远东出版社，1996 年。

② 冯仕政：《中国国家运动的形成与变异：基于政体的整体性解释》，《开放时代》，2011 年第 1 期。

今"①。此时，"治理"已经取代"运动"成为中国共产党国家建设的关键词。政治动员在治理领域逐步被专项治理所取代，这意味着：一方面，作为专项治理的前身，政治动员的逻辑和形式仍然深刻影响着专项治理的运作；另一方面，专项治理在资源整合、舆论宣传、人员动员等方面又异于政治动员，更加呈现为一种常规化的、科层化的特征，被广泛应用于思想教育、经济发展、社会治理、文化科教等各个领域。

臧雷振对党的历届代表大会的文献进行梳理，发现专项治理的使用频率和强调力度不断增加。党的十三大文件明确提出，要"认真开展专项治理"②。党的十四大文件指出，要"搞好专项治理"③，党的十五大文件则强调"开展专项治理"④，党的十六大文件指出，要"组织专项治理"和"加大专项治理力度"⑤，党的十七大文件中强调"深入开展专项治理"⑥，党的十八大强调"深入开展专项治理，解决反腐倡廉建设中人民群众反映强烈的突出问题"⑦。臧雷振对专项治理在党的文件中出现的频率进行了总结：

表5-1　专项治理在党的文件中出现频率

来源	次数	内容（括号内为出现频次）
十三大以来重要文献选编	1	纠正部门和行业不正之风（1）
十四大以来重要文献选编	3	损害群众利益（2），行政收费（1）
十五大以来重要文献选编	5	减轻农民负担（4），行业部门不正之风（1）

① 徐湘林：《行政审批制度改革的体制性制约与行政执行体制转变》，《当代中国政治研究报告》，2003年，第166～179页。

② 《十三大以来重要文献选编》（下），人民出版社，1993年，第1934页。

③ 《十四大以来重要文献选编》（上），人民出版社，1996年，第688页。

④ 《十五大以来重要文献选编》（中），人民出版社，2001年，第1595页。

⑤ 《十六大以来党和国家重要文献选编》（上），人民出版社，2005年，第1149页。

⑥ 《十七大以来重要文献选编》（上），中央文献出版社，2009年，第60页。

⑦ 《中国共产党第十八届中央纪律检查委员会第二次全体会议公报》，《人民日报》，2015年3月30日。

续表

来源	次数	内容(括号内为出现频次)
十六大以来重要文献选编	14	党风政风行风建设(5),廉政建设(3),互联网治理(2),环境保护(2),社会法制与治安稳定(1),损害群众利益,减轻农民负担(1)
十七大以来重要文献选编	6	纠正损害群众利益(3),廉政建设(1),商业贿赂(1),党风政风行风建设(1)

我们发现,中国共产党对专项治理的理解及其治理绩效的认识也逐步提升,反映在党的文件中出现的频次处于稳步提升的状态。专项治理不仅体现在党的文件中,成为中国共产党治国理政的政策工具和政治话语,同时在国家治理和各级地方政府治理中也具有重要的意义。因此,作者借鉴臧雷震的思路,依托于"人民数据"中《人民日报》图文数据库(1946—2021)的平台,以"专项治理"为关键词对《人民日报》各版面进行了搜索,搜索时间截至 2020 年 12 月 31 日,经过人工检索剔除不恰当、不合意的数据后,共有 2974 条专项治理的相关数据。其中,专项治理最早出现在《人民日报》是在 1987 年"今年打击经济犯罪要抓大案要案 打击刑事犯罪解决治安突出问题"的新闻版块中。作者将 2974 条关于专项治理的数据按照其发生的不同领域、针对的不同对象、涉及的不同内容等原则分为以下几类:

(1)反腐败治理领域,包括反腐败运动、廉政建设的专项治理等新闻条目,共计 606 条;

(2)干部作风治理领域,包括基层干部作风优化、反"四风"运动、对不作为乱作为的治理等新闻条目,共计 415 条;

(3)违法犯罪整治领域,包括违法犯罪活动、刑事犯罪活动等的专项打击、专项整治等新闻条目,共计 279 条;

(4)农业农村治理领域,包括针对农业发展的专项活动、农村微腐败的治理活动、农资专项整治等新闻条目,共计 180 条;

（5）生态环境治理领域，包括工业企业的环境污染治理，地方水污染、垃圾污染等治理行动、能源资源整顿等新闻条目，共计 179 条；

（6）工商市场领域，包括二手房监管、中小企业监管、网吧治理、假冒伪劣治理、消费者权益保护、营商环境优化等各个领域专项行动的新闻条目，共计 154 条；

（7）文娱体治理领域，包括图书市场、出版物市场等在内的文化领域，包括媒体治理、娱乐演出、大型商业活动等在内的娱乐领域以及包括体育训练、大型赛事在内的体育领域等新闻条目，共计 133 条；

（8）安全生产治理领域，包括工业企业的安全生产监督整治、消防安全专项活动等新闻条目，共计 118 条；

（9）教育治理领域，包括幼儿园到大学范围内的学杂费、校外辅导班等专项治理活动的新闻条目，共计 117 条；

（10）民生治理领域，包括与老百姓紧密相关的衣、食、住、行等各领域专项治理的新闻条目，共计 113 条；

（11）网络科技治理领域，包括数字政府的治理、信息安全的治理、手机软件（App）的治理、“净网行动”等治理的新闻条目，共计 97 条；

（12）社会治安治理领域，包括政法队伍建设、人权保障、信访治理、社会治安综治工作等专项治理的新闻条目，共计 81 条；

（13）交通安全治理领域，包括交通安全的专项整治行动、道路安全专项执法行动等新闻条目，共计 74 条；

（14）精神文明和公民道德建设领域，包括公民道德建设推进行动、社会主义核心价值观推进行动、道德领域突出问题专项教育、精神文明建设专项行动等新闻条目，共计 74 条；

（15）行政服务治理领域，包括事业单位的行政审批专项治理、一线执法窗口服务治理、公车使用治理等新闻条目，共计 73 条；

（16）工程项目治理领域，包括大型工程项目的监督检查行动、政府投资

项目的专项检查行动、工程建设领域突出问题的专项排查等,共计72条;

(17)金融治理领域,包括金融风险专项整治、财政补贴资金治理、银行业不规范行为治理、财经秩序整顿等新闻条目,共计45条;

(18)食品安全治理领域,包括食品安全治理整顿,地沟油、奶产品销毁整顿,猪肉屠宰等专项治理的新闻条目,共计38条;

(19)医疗卫生治理领域,包括医用耗材整顿、药物定价整顿、药品安全专项整治、非法行医整顿等新闻条目,共计38条;

(20)党建和思想政治建设领域,包括党建开展、干部队伍整顿、思想政治改进整顿等新闻条目,共计30条;

(21)扶贫工作领域,包括扶贫工作专项行动、各项扶贫资金的专项治理等新闻条目,共18条;

(22)司法建设领域,包括法制宣传专项行动、司法援助专项行动、青少年普法宣传等新闻条目,共计14条;

(23)其他领域,包括一些特殊领域的专项治理工作,共计25条。其中,如房地产领域整顿(7条),国际合作领域(3条),军事领域(4条),通信安全领域(7条),灾害治理领域(4条)。

总体来看,自1987年以来,专项治理被广泛应用于国家治理的各个领域,包括经济、政治、文化、生态、安全、教育等。其中,尤其是在反腐败治理领域、干部作风治理领域和违法犯罪治理占到了专项治理实际应用的44%,传统官僚机构中的政治动员的思路在干部作风整治、反腐败治理和政法机关的违法犯罪治理中被延续到专项治理中,所占比例相对较大。

如果我们按照年份进行梳理,按照每5年为一个时间节点,将其分为如下几个阶段:第一阶段(1987—1992),第二阶段(1993—1998),第三阶段(1999—2004),第四阶段(2005—2010),第五阶段(2011—2016),第六阶段(2017—2020),然后分别列举每一阶段"专项治理"频数占该阶段频数比率排名前四的领域,我们发现:

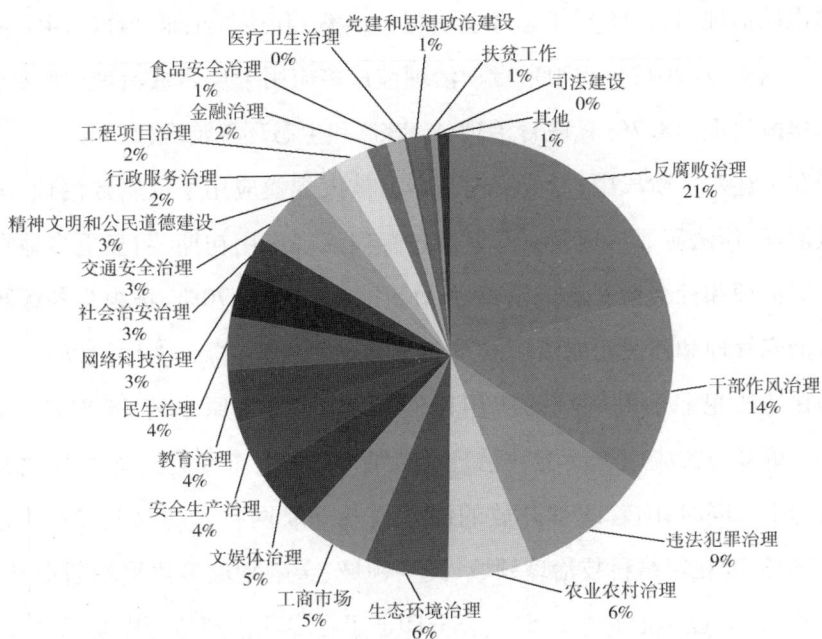

图 5-1 "专项治理"在《人民日报》(1987—2020)出现频数分布图

第一阶段(1987—1992),专项治理被最多应用于违法犯罪治理(58.8%)、社会治安治理(9.8%)、反腐败治理(7.8%)和干部作风治理(5.8%);

第二阶段(1993—1998),专项治理被最多应用于违法犯罪治理(19.5%)、反腐败治理(16.1%)、干部作风治理(15.8%)和农业农村治理(9.4%);

第三阶段(1999—2004),专项治理被最多应用于违法犯罪治理(12.1%)、农业农村治理(12.1%)、文娱体治理(10.3%)和干部作风治理(9.3%);

第四阶段(2005—2010),专项治理被最多应用于反腐败治理(27.7%)、干部作风治理(8.2%)、违法犯罪治理(8.1%)和农业农村治理(7.2%);

第五阶段(2011—2016),专项治理被最多应用于反腐败治理(25.9%)、干部作风治理(17.7%)、生态环境治理(7.5%)和违法犯罪治理(4.4%)；

第六阶段(2017—2020)，专项治理被最多应用于反腐败治理(18.8%)、干部作风治理(18.7%)、教育治理(8.2%)和生态环境治理(5.7%)。

在上述六个阶段中，专项治理基本上被大规模应用于反腐败治理、干部作风治理、违法犯罪治理领域。但是在专项治理应用初期，明显更多地在违法犯罪治理和社会治安治理领域得以应用，占比将近70%，被视为各级政府进行治安管理和违法犯罪治理的重要工具和手段。进入21世纪以来，专项治理在违法犯罪治理领域的应用比例显著下降，由原来的58.8%下降到4.4%，更多地被应用于反腐败治理和教育治理、生态环境治理等其他领域的治理中。同时，随着改革开放的深入以及互联网技术的兴起，21世纪以来，专项治理在网络科技治理领域、民生领域、金融领域等比重不断提升，由原来的0.7%逐步上升至8.5%，充分印证了在专项治理的历史变迁中，治理的特征逐渐取代动员特征，成为当今党和国家治理的重要手段。

为了更清晰地厘清"专项治理"在不同时期、不同领域的具体呈现情况，作者分别计算每一时期不同领域专项治理条目的百分比情况，绘制了专项治理在《人民日报》(1987—2020)的阶段性分布图，为了便于呈现图式和说明情况，作者剔除了交通安全治理、工程项目治理、食品安全治理、医疗卫生治理等较为常规稳定遍布于各个时期的条目以及扶贫工作、军事领域、司法领域、党建领域等出现频次相对较少的条目，保留了波动较大、具有代表性的反腐败治理、干部作风治理、违法犯罪治理、农业农村治理、文娱体治理、教育治理、民生治理和网络科技治理等领域。

作者发现，专项治理在违法犯罪治理领域的应用呈现稳步下降的趋势，最高值出现在1987—1992年间，这一时期50%以上的专项治理行动都呈现在违法犯罪治理方面，这一时期开展了一系列的严打、打黑等专项活动。在反腐败治理和干部作风治理领域，专项治理的比例出现了波动，1993—1998年以及2005—2010年是专项治理在反腐败治理领域出现的波峰，尤其是在

2005—2010年这一时期,专项治理的占比几乎达到30%。在农业农村治理领域,专项治理的使用在1999—2004年这一时期达到峰值,约占15%左右,随后占比趋于稳定下降的趋势,稳定在5%—10%的区间。在2010年之后,专项治理在文娱体治理、民生治理和网络科技治理领域的应用比例显著提升到5%,并有进一步上升的趋势,说明专项治理原来更多的是作为一种政法机关、纪检监察机关的动员工具,随着国家治理进程的发展以及专项治理绩效进一步提升,被逐步运用到多领域多类型的国家和地方治理当中。

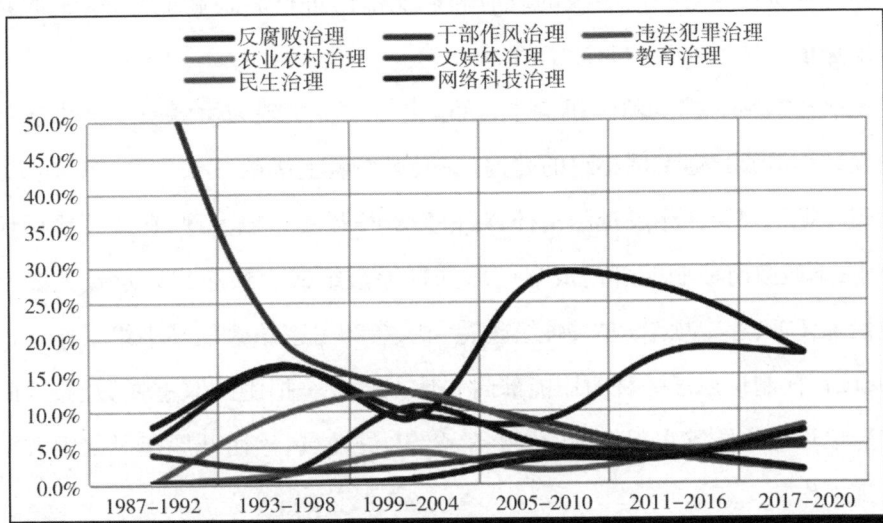

图5-2 "专项治理"在《人民日报》(1987—2020)阶段性分布图

第三节 专项治理的运行机制与治理绩效

一、专项治理的运行机制

作为中国共产党和各级政府治国理政的政策工具,专项治理对于解释中国之治是一个框架性的、综合性概念。这意味着我们需要从中国的治理结构和治理机制层面去对它进行诠释。作者在《地方治理中的"小组机制"

研究》一书中曾经提到,在中国的地方治理过程中,常常会出现"双轨治理"的模式,在结构上,地方政府仍然依托于科层组织进行常规化的制度性治理,而在功能上,则在常规化治理的过程中时常伴随着大量"亚正式"的治理机制。[①]

对于"正式"的治理制度而言,常规的科层组织是其治理主体,遵循着科层制规则下的制度设定和法律法规,各职能部门按照本部门的运行规则和"三定"方案循规履行相应的职能和职责,在正式的治理制度下,按照传统的目标管理责任制对相应层级的政府和职能部门进行激励和监督,问责的对象即是承担治理任务的职能部门。

而在"亚正式"的治理机制中,治理主体常常呈现为由党政一把手挂帅的领导小组或其他专项小组的结构,一般遵循着上级的红头文件、上级或者党政一把手领导的相关批示精神,对相关事务开展专项治理;在政策执行环节中,下级政府或职能部门成立相应的领导小组或专项小组以承接上级专项治理任务;在专项治理中,各级政府和职能部门遵循着领导小组工作责任制,该责任制形成了一种对职能部门和地方党政一把手的双重强激励,因此在专项治理中能够实现高度的资源整合、人员动员,进而开展疾风骤雨式的治理工作。

表5-2 中国治理的"制度-机制"模式

	"正式"的治理制度	"亚正式"的治理机制
治理主体	常规科层组织	领导小组
治理原则	科层制规则下的制度和法规	红头文件和领导批示
治理方式	科层治理	专项治理
政策执行	循规执行	高度动员
激励机制	目标管理责任制	领导小组工作责任制
问责对象	职能部门	地方党政一把手

---

① 参见原超:《地方治理中的"小组机制"研究》,中央编译出版社,2017年,第178页。

专项治理可以分为两种类型:一种是常规性的、例行性的专项治理,如由"扫黄打非办"主持的、以"扫黄打非"专项整治行动为形式的,旨在维护国家文化安全和文化市场秩序的重要举措,又如每年各级政府例行的农资专项整治秋季行动,旨在落实"三农"惠民政策,进一步规范涉农资金管理和保障农民利益等;另一种是突发的、应急性的专项治理,一般以处理突发事件为主,面对常规治理失效的情况,各级政府通过成立相应的领导小组或临时机构,自上而下地进行内部的文件动员,形成专项治理的行动方案、考核监督和问责方案,督促各部门形成联合行动小组开展专项治理,治理过程中督查小组不断跟进考核和监督,待问题解决或缓解后,专项治理小组进行总结和表彰等流程。

无论上述哪一种类型,专项治理的运行机制总体上可以分解为以下几个方面,作者将结合在 2012 年 S 市开展的一次"清理无照经营"(简称"清无")的专项整治行动进行说明。

案例背景:

2012 年 10 月 22 日,S 市市场监管局(简称"市监局")向下辖分局发文《关于深入开展清理整治无照经营专项整治行动积极促进市场主体快速发展的实施方案》,《方案》指出进一步营造公平竞争的市场环境,完善网格化监管模式,促进全市各类市场主体增量发展,确保履职到位,S 市市监局决定自 10 月 22 日起至 12 月 5 日,在 S 市开展为期近两个月的"清无"专项行动。《方案》中明确指出,本次"清无"专项行动的对象包括辖区内所有固定经营场所的无证无照经营户,城乡接合部、集贸市场及校园周边为整治重点区域,涉及前置许可的餐饮等卫生行业、文化娱乐行业和危险化学品等行业为整治重点行业。

"清无"专项治理的开展与实施分为四个阶段:

1.舆论宣传阶段(10 月 22 日—10 月 31 日)。采取多种形式宣传整治活动的目的、意义、总体安排以及查处无照经营的有关法律、法规，营造舆论氛围。要充分利用新闻媒体、宣传栏、发放"明白纸"等形式进行广泛宣传，做到家喻户晓、人人皆知。

2. 排查摸底阶段（11月1日—11月10日）。在S市辖区内组织力量对无照经营户进行地毯式普查，摸清底数，分类排队，造册登记，尤其是要对涉及非煤矿山、危险化学品、网吧、娱乐场所、食品等重点高危行业企业进行逐一排查，建立健全书式和电子台账，对无照经营的时间、人员、具体位置、所属行业以及无照经营的原因、以前采取的相关措施等内容进行翔实的记录，做到对辖区无照经营情况底子清、情况明。对排查出的问题，要制定出切实可行的整治措施，落实监管责任，确保整治活动取得明显效果。

3. 集中整治阶段（11月10日—11月30日）。根据《S市人民政府办公室关于进一步做好查处取缔无证无照经营工作推进市场主体健康发展的意见》（S政办发〔2012〕66号）要求，根据调查情况列出应集中清理规范的重点地段和"钉子户"。对具备一定经营条件的无照经营者，教育、引导其补办各类证照，督促其依法经营，对不具备条件的依法取缔。

4. 总结验收阶段（12月1日—12月10日）。总结验收分为两个部分：一是对"清无"专项治理情况进行督查考核，二是对专项治理情况进行总结表彰。

（1）S市市监局将于12月上旬组成联合检查组，由分管局长带队对各分局辖区业户是否办理营业执照、是否亮照经营、无照经营业户是否采取了处置措施等进行现场检查（检查分组及区域划分见下表）。检查对象为各分局辖区内有固定门头的个体工商户，检查数量为每个分局辖区个体工商户总量的80%（扣除流动赶集业户、名存实亡业户等）。检查范围为商业街、社区、镇驻地、村庄、集贸市场、主干道两边等的个体工商户(检查中遇到的企业一并进行检查,列入检查总户数)。

(2)各分局对专项整治开展情况进行总结,并于 12 月 10 日前将工作总结、《查处无照经营情况统计表》《S 市市监局无照经营监管台账》报送给领导小组办公室。

从上述案例中我们可以总结出专项治理的几个要素和关键程序:

第一,专项治理的主体:领导小组和小组办公室。专项治理的核心在于确定部门分工和建立联动配合机制。这种以多部门中的强势牵头部门为行动核心,多部门的联动协同为核心机制的领导小组,最终构成专项治理的躯体结构。S 市市监局在"清无"专项行动一开始便成立了"清理无照经营活动领导小组"(简称"清无"活动领导小组),由局长担任小组组长,市监局相关科室领导为小组成员,办公室设在执法监督科;下辖各分局职责同构上下贯通,也相应成立了各分局"清无"活动领导小组。作为领导小组办公室,执法监督科负责无照经营整治活动的任务分工、指标体系设计、日常组织、协调、监督和检查等。

第二,专项治理的动员机制:政治宣传和信息报送。专项治理之所以能够取得疾风骤雨式、短平快的高效率的治理绩效,源自专项治理的动员机制,主要包括两个方面:其一,对专项治理进行前期的宣传,并将其上升为政治高度,进而对各个市场主体、网格责任人以及分局、职能部门进行动员。S 市监局在《通知》中指出,"各分局要将无证无照经营和本市各类市场主体加快发展、扭转今年增幅下降的趋势结合起来,要充分认识查处无证无照经营工作的重要意义";同时,联系本市媒体和网格责任人,逐条街道、逐个社区、逐座村庄开展宣传工作,提前给"清无"专项治理工作营造出良好氛围。其二,在专项治理中,形成了专门的信息报送机制。

第三,专项治理的激励机制:正式和非正式的压力传导。专项治理能否具体落实到基层和个人,关键在于其强大的自上而下的压力传导和激励机制。在"清无"行动中,S 市监局领导小组通过在其小组下设督查小组的形式,在专项整治过程中以及考核环节,对各分局、各网格责任人的工作进行督查,形成自上而下的正式的压力传导。与此同时,由于关系到本市的市场主体发展和增幅情况,S 市各辖区相关领导也开展了不定期的监督检查,对各分局和各级部门形成一种强大的动员和激励机制,自上而下地进行压力传导。在这种正式的督查小组和非正式的领导个人的压力传递下,对各分局及基层官僚形成了充分的激励机制,进而将专项治理的整体方案和具体指标落到实处。

二、专项治理的治理绩效

在转型期不断衍生出各种高度复杂、异常性和相互依赖的社会问题,使得各级政府在执行过程中遇到大量的技术性困难,常规的科层治理面对这些技术性困难常常会因为制度性壁垒而无法有效开展,作为亚正式治理机制的专项治理对此是一个很好的补充。

专项治理孕育并成熟于中国改革开放以后由总体性社会向分化性社会转变的过程中,专项治理模式既来源于总体性社会的内卷动力,同时又适应分化多元性社会的外卷压力。它以权力先导、体制发动取向沿袭和因循着总体性支配权力的国家治理路径,同时又不断发挥技术性治理取向和政策工具手段的运用。可见,在地方,专项治理已经逐渐取代了常规治理从而成为上级政府或部门推动下级进行治理实践的一种首选安排。专项治理在政府治理实践中得到广泛应用,源自其强大的治理绩效。专项治理的治理绩效主要可以归结为以下两个方面:

首先,专项治理基于其打击力度大、成果显效快,具有一定的规模效应,在短期内能够调整由于部门权责不清、职能交叉而带来的负面效应。我们发现,专项治理所涉及的往往是一个具有长期性、复杂性、不确定性和多部门参与协调的治理领域,单由任何一个部门都无法有效完成这项重任。以食品安全监管领域的专项治理为例,我国的食品安全监管实行"分段监管"

体制,细化为食品源头环节、食品生产环节、食品流通环节、餐饮服务环节,分别由农业行政部门、质量监督部门、工商管理部门,食药监管理部门以及卫生行政部门进行分段监管。食品安全出了问题关乎上述所有部门,单靠某一个部门无法实现协同有效治理。而专项治理通过其主体领导小组的建立,在专项治理活动中能够充分调动上述所有部门的资源和人员,在短期内聚焦于具体专项工作,实现短期内的资源整合和人员动员,消解了地方治理的"碎片化"困境,进而实现食品安全领域的有效治理。

其次,专项治理通过大规模资源的调动和短期内显著的治理成果展现治理体系的高效和美妙,同时,这种"展示"也削弱了人们的不满,重构并彰显了科层内部的权力空间和利益关系,向公众重塑并加强了自身的政治合法性。[①] 臧雷振用"政府自我满意"的视角对其进行概括。他认为专项治理能够最大限度地实现政府自我满意。在资源匮乏和制度能力不足的背景下,治理效能的最大化实现政府的自我满意度提升的现实渴求,也是政府追求有效性和合法性的另一种体现。[②]

"专项治理"秉承中国共产党革命战争时期的"运动"精髓,在科层官僚理性化的洗礼下,形成了"结构"科层化与"功能"动员化的特征,其本质上是政治动员在科层治理中的体现,因此也继承了中国共产党革命战争和社会主义建设初期的克里斯玛权威下的政治动员的功能。专项治理的"中心化"以及治理绩效主要是基于其治理主体——领导小组的结构影响着相关政治主体对其行为的选择与判断,以及政治决策的执行力度和效果,其有效性又增强了人们对这一组织的信心和期待。在专项治理中,各级政府及其职能部门对这种新时期的动员机制的迎合与期待正是在科层治理遇到体制性壁垒后,对以权威性调动和动员资源解决问题的治理方式的期盼。

① 参见原超:《地方治理中的"小组机制"研究》,中央编译出版社,2017年,第170页。
② 参见臧雷振、徐湘林:《理解"专项治理":中国特色公共政策实践工具》,《清华大学学报》(哲学社会科学版),2014年第6期。

第四节　专项治理的"常规化"

　　冯仕政对以运动式治理为表现形式的专项治理的特征进行了总结"在运作方式上具有明显的非制度化、非常规化和非专业化特征"①。但是在作者看来,专项治理并非呈现为一种非制度化、非常规化的治理状态,恰恰相反,专项治理根植于稳定的制度化的组织基础之上,同时,在国家治理和地方政府治理中被频繁地使用,成为一种制度化的、常规化的政策工具或治理工具。作为"中国之治"的政策工具,专项治理得到了各级政府的偏爱,事实上,"专项治理"已经俨然成为地方政府部门的中心工作。我们发现,专项治理本身作为一种亚正式的治理机制,却在日常治理中得到了广泛地、频繁地使用,形成一种专项治理的"常规化"现象。

　　为什么会出现"专项治理的常规化"这种有意思的现象?冯仕政认为,这与中国独特的官僚体制有关。② 在中国并不存在"理性官僚制",而是"政治官僚制"。③ 建立在政治官僚制下的以专项治理为主要表现形式的国家治理不仅强调效率逻辑,同时更加强调合法性逻辑。而中国官僚制之所以是政治的,而非理性化的,根源在于革命教化政体所秉持的克里斯玛合法性观念。换句话说,在受到这种意识形态影响下的政治官僚制作为组织基础的国家治理必然会产生"运动性"的基因,最终推动专项治理的产生。也有学者从资源依赖理论的角度切入,认为专项治理模式其实是国家治理贫弱条

---

　　① 冯仕政:《中国国家运动的形成与变异:基于政体的整体性解释》,《开放时代》,2011 年第 1 期。

　　② 参见冯仕政:《中国国家运动的形成与变异:基于政体的整体性解释》,《开放时代》,2011 年第 1 期。

　　③ Ezra Vogel, *Political Bureaucracy: Communist China*, In L. Cohen& J. Shapiro(eds.), Communist Systems in Comparative Perspective, Anchor Press, 1969.

件下的理性选择。① 除了资源因素外,决策议程和政府间的合作状态也是影响专项治理走向常规化的原因。② 周雪光认为,当一种治理机制负荷累累,积习日久时,其交易费用不堪重负;如此,在国家治理运作中必须另辟蹊径,寻找一个可以(暂时)替代官僚体制常规机制的机制;如今克里斯玛权威的延续不再是与传统合法性交融,而是建立在现代组织制度之上,"克里斯玛权威"在现代社会逐步走向常规化,带来了一系列的制度设施,具体表现为动员机制的日常工作节奏化、行政问题转化为政治问题等特点,从而推动了专项治理走向"常规化"。③

笔者认为,上述研究大部分停留在对专项治理概念、特征、发展的描述和宏观把握,周雪光等学者对专项治理的常规化现象有所关注,但是他们只是提出了一个运动型治理机制的分析框架,缺少切入经验的实践层面的研究,缺乏对"微观实践"的深入探讨。在"中国之治"日益受到关注的时代,面对国家治理体系和治理能力现代化的目标,我们对于专项治理与常规治理的关系和转换仍然不甚了解。厘清"专项治理的常规化"现象对于我们认识"中国之治"的本质,以及处理专项治理与治理现代化之间的关系具有重要意义。

这种专项治理常规化的现象可以从治理绩效的逻辑和合法性的逻辑来分析。

一、专项治理"常规化"的双重逻辑

(一)治理绩效的逻辑

从政府治理绩效的逻辑来看,专项治理的复兴产生于各个部门为了解

---

① 参见唐皇凤:《常态社会与运动式治理:中国社会治安治理中的"严打"政策研究》,《开放时代》,2006 年第 3 期。

② 参见唐贤兴:《政策工具的选择与政府的社会动员能力:对"运动式治理"的一个解释》,《学习与探索》,2009 年第 3 期。

③ 参见周雪光:《运动型治理机制:中国国家治理的制度逻辑再思考》,《开放时代》,2012 年第 9 期。

决压力性体制下带来的官员目标替代效应而导致的治理绩效低下,但与此同时,目标责任制带来的"庇护共谋"和"技术治理"在某种意义上消解了专项治理中"运动式"的特点,被科层规则所吸纳,逐步被导向一种循规的专项治理。

压力性体制下,目标责任制和项目制等组织化、精密化的治理手段的应用给"权少责多"的基层官僚带来了巨大的"目标替代",从而导致了基层官员使用"忙而不动""刻意装忙"以及"共谋"等"弱者的武器"进行变通,①科层的常规治理失效,从而导致组织有衰退的风险。越是在考核指标和报表制度上力图规划得细密和周全,就越会显露出技术监管的不充分性,进而越会使寻租活动工具化和技术化。② 在此基础上的常规治理并不一定能够强化行政体系对于具体社会问题的感受力和应变力,反而会使得后者变得越加迟钝。③

在常规治理失灵的情况下,上级部门不得不重启专项治理模式来调动基层官僚积极改善治理绩效,专项治理理应起到避免组织衰退、刺激组织的适应和创新能力的作用。但是"庇护共谋"使得组织中"经济发展激励"④、"政治锦标赛"⑤等多种形式的"强激励"失效,取而代之的是一种"弱排名激励"⑥。这种弱排名激励是上下级部门基于庇护关系而达成的共识,并无益于组织实际的治理绩效,在某种意义上消解了专项治理的特点及其对于官

① [美]J.C.斯科特:《弱者的武器》,郑广怀、张敏、何江穗译,译林出版社,2011年;欧阳静:《运作于压力型体制和乡土社会之间的乡镇》,《社会》,2009年第6期;周雪光:《基层政府间的"共谋现象"》,《社会学研究》,2008年第6期。

②③ 参见渠敬东、周飞舟、应星:《从总体支配到技术治理:基于中国30年改革经验的社会学分析》,《中国社会科学》,2009年第6期。

④ 张军、高远:《官员任期、异地交流与经济增长:来自省级经验的证据》,《经济研究》,2007年第11期;徐现祥、王贤彬、舒元:《地方官员与经济增长:来自中国省长、省委书记交流的证据》,《经济研究》,2007年第9期。

⑤ 周黎安:《中国地方官员的晋升锦标赛模式研究》,《经济研究》,2007年第7期;周飞舟:《锦标赛体制》,《社会学研究》,2009年第3期。

⑥ 练宏:《弱排名激励的社会学分析:以环保部门为例》,《中国社会科学》,2016年第1期。

员管理的重要意义。

在压力型体制和目标责任制的共同作用下,专项治理非但没有达到对下属官员的有效激励和推动,达到动员、驱策和整肃官僚的目的,反而被技术化和数字化的考核手段所消解,成为上下级部门"庇护共谋"的新场域。

我们将上述讨论概括为以下两个命题:

命题1a:在压力型体制的前提下,上级部门的激励强度大,下级官员容易产生目标替代效应,从而容易导致常规治理的失灵,因此容易产生专项治理。

命题1b:在唯上负责制前提下,上级部门受到责任连带的影响,主动为下级建立稳定而强大的组织屏障,弱化惩治力度,使得专项治理成为需要常规完成的"数字游戏"并失去其应有的效果。

(二)合法性的逻辑

随着总体性社会的逐渐消退,原有的组织动员体系日益弱化,权威性资源日益流失,基层政权无力进行大范围的政治动员和社会动员。但是改革并没有带来现代官僚制的产生,仍然保持政治官僚制的特点。在政治官僚制的制度环境下,由于政治和经济资源的匮乏无法有效满足和回应绩效的压力,官员不得不通过这些专项行动等"表演"来寻求并加强政治合法性,通过"表演"向下级官僚和民众释放不同的信号。

信号理论认为,在信息不对称的时候,拥有信息的一方愿意发出信号,提供有关信息,以便使得自己处于更优势的位置。[1] 对于上级部门而言,基于权力碎片化和唯上负责制的影响,上级部门试图通过专项行动这一政治仪式化的过程,通过对"事件"加工,使它们转换为权力和地位的工具,[2]重塑上下级部门之间的关系。同时,在"表演"仪式的过程中通过对共同体道德

---

[1]　See Spence,M.,*Market Signaling:Informational Transfer in Hiring and Related Screening Processes*,Harvard University Press,1974.

[2]　参见[美]孔飞力:《叫魂》,陈兼、刘昶译,生活·读书·新知三联书店,2012年。

价值的表达性复原和重申,①从而有效地教化群众。因此,专项治理中的各项"表演"不仅作为一种沟通机制和压迫机制,推动上级部门权威向基层的渗透,提高政府治理的绩效;同时,也作为一种动员和激励机制,向基层部门释放一种信号,使得基层部门能够充分地通过专项行动强化对部门具体管理事务的重视。对于下级部门,在政治官僚制下,通过积极回应上级发起和动员的专项行动的做法,试图向上级部门释放能够表现自己能力的信号,②从而希望能够引起上级的注意。"管理者对种种制约的担心超过对工作任务的担心,这意味着他们更在意过程而不是结果。"③因此,基层官僚往往关注的是通过积极回应专项行动来表现自己的能力和"忠诚感",而非仅仅关注运动式治理带来的绩效。

在政治官僚制下,专项治理不仅意味着一种提高地方治理绩效的手段,而且也作为地方的"剧场政治",是上级部门重塑上下级关系,重申社会主流道德价值的表达,寻求政治合法性,推动基层政治过程和政治生活开展的重要手段。同时,专项治理也为下级部门和官僚向上级释放信号,向上表现自己能力和"忠诚感"提供了一个"表演"的场域。专项治理不应当被视为一种与常规治理对立或补充的治理场域,更多地作为一种"剧场政治",在这个政治的场域中,各种政治空间和权力网络不断地得到重构。④

我们将上述讨论概括为以下三个命题:

命题2a:在政治官僚制下,上级部门寻求专项治理的方式向下级释放信号,从而动员、激励和控制下级部门,使得下级对其管理事务形成充分重视。

命题2b:在政治官僚制下,下级部门通过积极回应上级发动的专项治理,从而向上级官僚释放信号,表现自己的能力和忠诚感,而非关注常规治

---

① 参见[法]爱弥儿·涂尔干:《宗教生活的基本形式》,渠敬东等译,商务印书馆,2011年。

② 参见[美]戈夫曼:《日常生活中的自我呈现》,冯钢译,北京大学出版社,2008年。

③ [美]詹姆斯·Q.威尔逊:《官僚机构:政府机构的作为及其原因》,孙艳等译,生活·读书·新知三联书店,2006年。

④ 参见樊红敏:《县域政治:权力实践与日常秩序》,中国社会科学出版社,2008年。

理的绩效。

命题 2c:在政治官僚制下,资源的约束、职责同构以及官员考核的"弱排名激励"使得上下级部门积极寻求在专项治理场域中的互动与合作,作为地方的"剧场政治",上下级政府和部门通过"表演"来寻求政治合法性。

上述命题直接来源于作者对 S 市监局及 Z 监管所的日常运作和专项执法行动进行的长达近一年的参与式观察。① 作者在 S 市监局及 Z 监管所的田野调查中,对 S 市监局领导、执法监督科、法规科、L 区分局领导、Z 监管所领导、第三执法大队队长、队员等约 30 个相关人士进行了深入访谈,获取了关于不同层级官僚组织在专项治理中的时间分配、绩效考核、运作机制等大量的宝贵信息。

二、专项治理的"常规化":一个个案

(一)"专项治理":Z 监管所的中心工作

S 市监局是 2009 年 8 月为积极响应建立大部门体制的意见,构建更加高效的政府管理体制,减少由于部门协调不畅带来的治理绩效低下,经批准组建而成的行政机关。工商行政管理局、质量技术监督局、知识产权局的职责,以及卫生局餐饮环节的食品安全监管职责被整合划入市场监督管理局,其监管职责涵盖了原上述部门的各项职责。其下属的原各工商所也更名为监管所,根据"一街一所"的原则 L 区分局共有 10 个下属监管所。Z 所就是其中之一。同年,S 市监局借鉴北京东城区城市网格化管理的经验,在其职权范围内特别是"清无"领域引入"网格化管理"的思路,以数字化的平台,将基层执法管理辖区按照一定的标准划分为单元网格。在基层执法部门设置

---

① 2011 年 4 月借助 S 市监局 L 区分局网格化管理绩效评估"的课题,本人跟随 L 区分局 Z 监管所第三执法大队进行"清无"等专项行动的参与式观察,与执法队员同吃、同住、同办案。课题组于 2011 年 10 月撤离,但是基于在前期与执法队长建立的良好私人关系,在接下来的几个月内,断断续续又进行了 4 个月的追访和参与式观察工作,到 2012 年 3 月本人离开 S 市监局 Z 监管所,其中作为"局外人"进行参与式观察大约有近一年的时间。

网格责任人,网格责任人①通过加强对单元网格进行巡查,建立一种制度化和指标化的管理机制。通过在清理无照经营领域建立一整套规范统一的管理标准和流程,从而提升管理的能力和水平,将原来定性的、被动的、分散的治理形式转换为主动的、定量的、系统的常规治理。

S市原本希望通过大部制改革和网格化管理的形式实现对"清无"领域制度化、数字化的管理,促使对无照经营商户的及时处理,加强政府对"清无"的监管能力和处理速度,建立对"清无"长效机制和系统的常规治理体系。

但是根据田野观察,在Z监管所"清无"工作的治理实践中,"专项整治"工作取代了原有的常规治理,成为Z监管所网格责任人的中心工作。我们梳理了一年来S市监局下发的红头文件。其中,2011—2012年S市监局共下发关于食品安全监管领域的红头文件309份,平均每天下发文件0.84份。其中关于日常管理文件有28份,会议、培训等有65份,②其余70%的文件均与专项整治有关。因此,网格化治理要求的是通过制度化和数字化手段形成对无照经营市场形成有效的巡查机制和事前预防机制,一切本应平静、系统、高效运行的常规治理体系却不断被大量的上级部门"专项行动"和"专项检查"所打破,大量"会议"和"检查"被创造出来,执法队员不得不忙于应付这些仪式,原有的科层治理失去了应有的效果。

Z监管所网格责任人普遍认为,自网格化管理以来,表面上在实行大部制改革和网格化治理理念后,Z监管所在进行常规治理时拥有了更为稳定的、高效的组织基础,通过更为有效精确的技术手段实行更具有支配与控制力的治理形式,但是效果和受欢迎程度似乎远远不如专项整治。因此,他们

---

① 本书中,网格责任人是指S市监局在进行网格化管理后基层的监管所执法队员,其中执法队队长为三级网格责任人,队员为四级网格责任人,每一个网格责任人都对自己负责的网格区域中的食品安全、"清无"工作等监督管理工作负责。

② 这其中还有37份是关于专项整治或专项行动的会议通知等文件。

选择放弃上级部门规章制度上规定的"清无"巡查监督的义务,将大部分精力投入各种类型的"清无"专项整治的活动中。"专项整治"不仅成为他们的中心工作,也成为我们几个月在 Z 监管所经常听到的关键词。

（二）"隐藏的文本":常规治理的困境和专项治理的常规化

从 2011 年到 2012 年,在 Z 监管所近一年的工作来看,除了网格责任人"费尽心机"地填写工作日志和反馈报表外,我们似乎很少再看到常规治理的影子,但却历经了无数次由 S 市监局动员组织、L 区分局参与的专项整治行动,覆盖到清理无照经营、打击假冒伪劣、食品安全监管和特种设备检查等多个领域。其中以"清无"专项行动最多,大约占到 50% 左右。为何在网格化监管模式下,S 市局会无视数字化和制度化的治理形式和巡查机制,掀起了看似高成本的运动式"浪潮"。

我们在 Z 监管所"复杂"的常规治理场域的田野调查中,发现了许多"隐藏的文本":常规治理模式中,网格责任人选择"忙而不动"的策略来应付巨大压力,这使得 S 市局被迫将专项整治常规化处理,将其纳入目标管理责任制,通过不断的专项整治来驱动基层官僚治理绩效的改进,并且根据其治理绩效完成情况进行奖惩,从而形成对基层官僚治理的推动、激励和监督作用。

1. 忙而不动:网格责任人的策略选择

在田野调查时,"抱怨"成了我们调研期间的另一个关键词,网格责任人不仅抱怨 S 市实行网格化管理以来常规巡查任务带来的巨大压力,同时也抱怨上级政府暴风骤雨般的专项整治行动。其中,"责任混乱"和"激励不足"是构成他们"抱怨"的两个重要原因。

其一,"责任混乱"制约着常规治理的有效发挥。"清无"工作本身是一项任务重、职业风险高、问责压力大的工作。S 市进行大部制改革以后,网格责任人的工作职责明显增多,且各项职责界限不清,致使网格责任人产生"任务无边、责任无界"的感觉,滋生出消极应付"清无"工作的现象。同时,在"清无"过程中,部门间缺乏协调、配合脱节、相互推诿的事情时有发生。不少部门常常以经营者无营业执照为由,不对涉及前置审批的违法违规行为予以制止和查处,实质上是这些相关职能部门有意在推卸监管责任,导致无照反复,但后遗症却留给了市场监管部门。

其二,"激励问题"导致网格责任人的动力不足。S市监局L区分局在下达给各监管所的《目标管理责任书》中规定,各监管所完成指标的情况与其年度的评优工作挂钩,并追究相关责任人的监管责任。但事实上,这种考核奖惩机制没有形成对网格责任人的有效激励。在Z监管所的基层官僚看来,网格化管理推行之后,网格人工作量增加,但是激励机制、工资待遇与人员数量、业务能力等不平衡,造成工作动力不足。

在S市巨大的"清无"压力下,网格化管理中的各主体的责任问题混乱,L区分局激励不足等因素导致了Z监管所的基层官僚对于上级部门充满了抱怨,他们甚至表态,如果不是上级部门搞"专项整治",他们原本可以有足够的时间和精力去完成网格里面的日常巡查监督和治理。

但是我们在田野观察中发现,尽管基层官僚基本上每天都要被迫去应付各种上级安排的或者突发的专项整治,然而只要当这种"动员"的日子闲下来时,基层官僚们总是忘掉了常规治理中每个人的网格赋予他们的巡查责任和监管义务:他们总是在办公室里"紧张"浏览网页或是在办公室不停地填写各种账、表、卡、册,进行着"案头作业",以便回应上级的"书面考核",在他们看来,"首先是表格数据,而不是实际工作本身会成为体现基层工作业绩的主要依据"[1]。"忙而不动"和"刻意装忙"是其经常采用的应对方式。

2.专项整治走向常规化:目标管理责任制的吸纳作用

为了能够有效地驱动下属监管所进行"清无"工作,L区分局配合S市

① 吴毅:《小镇喧嚣:一个乡镇政治运作的演绎与阐释》,生活·读书·新知三联书店,2007年,第582页。

局,在网格化管理的治理机制上,将全区"清无"、食品安全监管、特种设备管理等领域的专项整治和专项行动纳入目标管理责任制上来,将其制度化和常规化。因此,在 S 市监局看来,他们启动的"清无"专项整治是一种特殊的运动式治理。

> 我们专项行动的各种安排都有一套完善中的监督和考核机制在进行,它带来了运动之前从未存在过的"绩效",和你们说的(运动式治理)还不一样。(资料来源:szsf – cxd01)

狄金华曾经对运动式治理和科层体制作了比较,认为运动式治理是打破科层制的规则与边界,以整体动员的方式来进行的治理方式。[1] 但是 S 市监局的专项整治行动是以目标管理责任制基础之上、按照一定规则程序分工、可问责的运动式治理。S 市监局 L 区分局通过与 Z 监管所等签订目标责任书的方式,将"清无"领域的工作,逐级分派、层层加码、责任分工,按照下属监管所的实际完成情况给予奖励和问责,从而激励"忙而不动"的基层官僚的治理绩效。

2011 年度 S 市监局 L 分局的清理无照经营工作按照总数分解成各监管所的实施目标,其中 Z 监管所在"清无"领域的工作任务目标是:

> 确保无照经营率控制在 5% 之内;积极配合每个月上级开展的专项整治行动,完成率达 100%;申诉举报无照经营案件转化率不低于全市平均水平;结案率达 90% 以上,执行到位率达 90% 以上;与企业签订杜绝无照经营责任书完成率和签约率达 100% 等。

---

[1]　参见狄金华:《通过运动进行治理:乡镇基层政权的治理策略》,《社会》,2010 年第 3 期。

为了能够更好地推动 L 区各监管所积极完成任务,L 区分局结合本区市场监管的实际情况,采取局长与分管局长、分管局长与股所长签订查处无照经营目标责任书的形式,对下属基层监管所和业务股进行了责任分工,并负有连带责任。

以下为 Z 监管所在目标管理责任书("清无"领域)：

一、目标任务

1."专项"整治(4 分)。专项整治期间人均办案数达到全市系统人均水平,得 1.5 分,低于全市人均水平 10% 以内的,得 1 分,低于 10% 以外的不得分;案件结案率达到全市平均水平,得 1.5 分,低于全市平均水平 10% 以内的,得 1 分,低于 10% 以外的不得分;办有大要案件并在媒体公布,得 1 分。

2.清理无照经营(6 分)。层层签订"清无"责任书,有辖区监管与防范具体措施,得 0.5 分;积极配合市局开展集中清查行动,得 0.5 分。辖区无照经营控制在 5% 以内,亮照率达 95% 以上,得 2 分。完成市局下达办理无照经营案件指标数,得 1 分。按照疏堵结合要求开展无照经营专项整治有措施、有成效,得 1 分;涉及前置许可通过年检的企业和个体工商户,证照齐全率达到 100%,得 0.5 分;辖区内无黑网吧经营,得 0.5 分。

二、奖惩责任

区分局将不定期地对各监管所无照经营查处情况进行检查或抽查,发现有无照经营者,在年终考核中依据有关规定予以扣分,持照率达不到要求的,取消单位年终评先资格,同时追究相关责任人的监管责任。

《Z 监管所目标管理责任书》规定,关于监管所的绩效考评内容满分为

100分,分别为岗位部分(50分)、自身建设部分(30分)和其他部分(20分)。其中"专项整治""食品安全监管"和"清无"的指标分数比重占到了监管所岗位考核的32%,另外岗位部分其他职能,比如消费者保护占20%、市场主体监管占18%、市场监管执法占15%、申诉举报处理占15%等。可以看出,"清无"以及配合上级部门进行"专项整治"等职能作为网格责任人的岗位职责的最主要的部分,其完成的进度直接关系到Z监管所的评优和问责,同时,L区分局也通过将"专项整治"纳入目标管理责任制的考核目标,赋予了L区分局开展运动式治理,并且将其"常规化"的合法性。

3. 专项整治走向常规化:"责任连带"机制下的无奈之举

在田野调查中,我们发现"清无"专项整治与目标管理责任制的结合并没有如预期给基层官僚带来巨大的激励效应,一方面是由于目前的奖惩仅限于监管所的年度评优和问责,并没有涉及网格责任人,难以形成有效激励。另一方面也是最主要的是这种问责机制受到"职责同构"和"责任连带"机制下的上下级部门的"庇护共谋"的影响。[1]

S市的流动外来人口占很大比例,庞大的人口和就业压力使得许多商家铤而走险无照经营,同时,"清无"工作涉及社会稳定,处理不当会引起群体事件。但是由于社会稳定对于地方官僚有着"一票否决"的刚性约束,而"安全管理"还无法形成有效的追责机制,因此基层官僚往往都不希望触碰稳定的红线,而选择在安全管理方面睁一只眼闭一只眼。巨大的压力和有限的激励下,Z监管所经常无法完成L区分局下达的季度和年度"清无"指标和专项整治任务。不过,在Z监管所的负责人看来,并没有什么大惊小怪:

> 这个很正常嘛,几乎每个监管所都是这样(无法完成指标),S市的情况你们也知道,要按照责任书上的要求完成是不可能的,上面不会因

---

① 参见周雪光:《基层政府间的"共谋现象"》,《社会学研究》,2008年第6期。

为这个而追责我们的,他们还得靠我们。(资料来源:lhsf-ks03)

在压力型体制下,考虑到下属各监管所普遍无法完成"清无"指标的实际情况,L区为了避免为下属监管所的低下绩效和忙而不动的策略"买单"而承担连带责任,在本区的绩效考核形式方面有所变通,以确保对下属监管所的有效激励和动员能力。

首先,在对下属各监管所的"清无"任务进行考核时,并不关注各监管所的实际排名,而是优先保证所有的下级都能够按照目标管理责任制上的要求完成"案头作业",以便回应更高上级的"书面考核",在此基础之上,L区分局经常根据下级对待上级交办工作的态度和热情而给予通融和帮助。

其次,在保证下面监管所都能完成"案头作业"的基础上,为了不使数据难堪,L区在评优时对下属监管所的完成指标情况进行平滑处理,"拉低压高"是L区分局用来处理下属监管所的绩效考核情况的手段。通过这种方式,使得L区完成S市交代的"清无"任务的总体平均水平提升,而各监管所的完成情况有一定的差距,但是差距相差不大,总体上还是围绕平均水平上下波动。一些"清无"任务完成较好的监管所对这种明显"吃亏"的结果似乎也不太在意。Z监管所副所长CZL对此轻描淡写:

无所谓啦,反正物质激励也那么少,没人会在意的。(资料来源:lhsf-czl01)

L区分局在完成S市监局交代的"政治任务"后,为了能够调动下属各监所之间的工作积极性,也会对监管所之间的"清无"工作绩效进行排名。但是L区分局的排名规则并不是根据下属的监管所完成情况依次排序,而是根据标准化后的各监管所完成指标情况进行"阶梯排名"。排名等级分为优秀、良好和及格三个阶梯,根据各监所"清无"工作完成情况,将其分到三个不同的等级中,然后给予优秀和良好等级的监管所年终评优和少量的绩效奖金作为奖励形式。虽然 Z 监管所已经连续两年被评为 L 区优秀监管所,但是在和我们的交谈中,Z 监管所的副所长 CZL 还是对上级的这种激励形式颇有微词:

> 分局的这种做法有什么意思嘛,大家都差不多,干好干坏都一样,弄的评优好像都是兄弟所轮着拿,绩效奖金还那么少,搞的我们也没有什么动力了。(资料来源:lhsf－wd03)

同时,由于 L 区下属监管所的很多负责人都是由原 S 市工商局 L 区分局"退居二线"的领导构成,在新的岗位上"发挥余热"的同时,也影响着 L 区分局对各监管所目标任务的考核。在目标责任制中还混合有一定的私人关系和情感渗透。正如在田野调查中,L 区分局的副局长 WDJ 无奈地对我们说:

> 其实我们也挺理解下面的,权少责多,我们也得靠他们才能完成市局对分局的考核,所以我们能通融就通融,何况下面的所长有的还是我原来的领导,管的太严了大家都不好看。(资料来源:lhsf－wd03)

因此,在目标管理责任制下,一方面,L 区分局与下属监管所之间存在"责任－利益"纽带关系,为了能够顺利完成上级的任务,只能通过"弱排名"的方式对下级"忙而不动"进行一种形式上的激励,无法起到对下级工作绩效的有效刺激和动员;另一方面,L 区分局和下属监管所之间存在着"关系－情感"的渗透,这种基于私人情感的"庇护关系"也弱化了 L 区分局对于下属监管所的监督。

在唯上负责制的官僚体制下,随着专项整治被吸纳入目标管理责任制,受到科层制内上下级"责任－利益"纽带的影响，非但不能有效地监督和激励基层官僚采取"循规治理"，反而使得上级被迫选择与下级部门合作，形成实质上的"庇护共谋"关系。在目标管理责任制和压力型体制下，被科层制所吸纳的运动式治理成了需要常规完成的"数字游戏"并失去其应有效果。换句话说，这也是运动式治理无法发挥其功效并逐步常规化，陷入和常规治理同样困境的原因。

4."剧场政治"："清无"专项行动中的上下级互动

在 Z 监管所调研期间，各种专项行动和专项整治已经司空见惯。"专项整治"活动好似一个无形的舞台，在这个舞台上，上下级部门、商贩及群众之间的积极互动，共同塑造着地方政府的权力运作，日复一日构建着地方权力运作的表象。在舞台的全面建构中，场景中的权力关系也在各个角色的表演互动中逐渐展现。按照剧场理论，这种权力关系是在后台控制和前台表演中进行的。

在 Z 监管所的调研期间，我们或多或少地感觉到"清无"专项整治行动的"形式主义"，无论是专项行动的流程，还是专项行动中的互动均体现出一种程式化和仪式性的特征。事实上，真正的专项整治行动过程平均不过 1 个小时左右，但是前台短暂的表演并未能代表其中的互动过程，还有许多隐藏的文本。这些幕后文本包括上下级之间信息的仪式化传递。

S 市在进行"清无"专项行动前采取了制度化的动员形式，专项行动的具体安排和流程等，均通过 S 市监局、L 区分局、Z 监管所等各级会议和文件下达，自上而下地进行仪式化的信息传递。首先，以 S 市监局向 L 分局下达专项整治动员会议为序曲，在这个动员会议上，由 S 市局领导向 L 分局下达将于近期组织开展专项行动的实施意见，向下贯彻"清无"精神和决心；其次，L 分局向 Z 监管所发文，传达市局意见，并在必要时分局领导将以会议的形式召集下属监管所领导，Z 所领导将意见传达给本所参加专项整治行动的网格责任人，督促其形成充分重视。最后，由 Z 所网格责任人将"清无"的会议精神和文件中关于专项整治行动的具体安排落到实处作为信息链的终结。我们发现,S市的"清无"专项行动虽然在表现形式上仍然体现了对历史上动员政治的路径依赖,但它已然不是简单地为了整肃基层官僚的一种充满激情、大规模的群众式动员,而是有组织、制度化和常规化的科层内部的"运动"治理形式。然而这并不意味着它已经是制度化的治理机制,这种制度化的"运动"机制并未创造出一种全新的策略,只是以一种新的仪式政治替代了旧的政治仪式。在这个仪式化的过程中,S市监局、L分局和Z所之间权力和支配关系得到了彰显。S市监局利用"清无"专项行动作为舞台,通过对专项行动的"脚本"的创制,极大地推动了科层制内部各种关系的运作,使得各级干部围绕"会议"而采取行动,进而形成多维的互动关系和行动模式。① 正如L分局相关负责人WDJ所说:

> 这就是我们下面工作的政治生态啦,就像你们说的那样,不搞专项,少开会议少发文,下面谁还听我们的话;搞个专项整治行动就是给他们指明方向,这本身就是完成"清无"工作的一部分,不能割裂开来嘛。(资料来源:lhsf - wd03)

上下级之间信息的仪式化传递构成了专项行动成效显著"演出"的幕后脚本,在后台控制中,上级的权力话语随着信息自上而下地逐级传递得到了确认和彰显,运动式治理也被逐步整合到这种以会议和文件为驱动形式的制度化和仪式化体系之中,逐步表现出常规化的特点。

权力是一种能"自我行动"的存在,任何权力都不可能满足于仅仅作为一种权力而存在,它必须为自己的存在和存在形式寻找理由,进而使合法性受到认同。运动式治理即是权力对其合法性认同和自我存在彰显的有效途

---

① 参见樊红敏:《县域政治:权力实践与日常秩序》,中国社会科学出版社,2008年。

径和手段之一。通过"运动"机制，国家权力与政治力量深刻而透彻地嵌入普通民众的日常生活中。① S 市的"清无"专项整治行动为此提供了一个很好的舞台，在幕后"布景"的基础上，上下级互动和媒体参与有效地向公众表达出应有的演出效果。

以在 Z 监管所调研期间的一次"清无"专项整治为片段。6 月的一天，S 市局向 L 区分局发文，称为了保证大运会的顺利召开，将近期在重点区域 L 区开展"清无"专项行动。在科层内部达成一致共识的"布景"工作结束后，专项整治场域下的"演出"正式拉开序幕。我们发现，前台演出的"剧本"仍然具有程式化的特点，所有的工作都按照安排有条不紊地进行。行动当天清晨，Z 所网格责任人便提前来到现场，再次检查确认之前的"布景"工作后，静待 S 市局检查团。此次检查团由 S 市局的一位副局长带队，随行还有相关科处室人员，考虑到本次"清无"行动的重要性，陪同人员还包括有 L 区分局的相关领导和当地的媒体记者。在迎接到上级检查团后，S 市局副局长首先询问了 Z 所 G 队长关于专项行动网格范围内商户的基本情况。尽管 G 队长私下里对专项行动充满了抱怨，但面对上级仍信心饱满地按照"脚本"安排做出了积极回应，表态要在市局的统一领导下克服一切困难保证完成"清无"任务。一阵寒暄后，检查团便开始了当天的专项整治工作。按照预定的路线，检查团走访了 Z 监管所 G 队长负责的网格中较为繁华的一条街道的商户，对商户的无照经营和亮照经营情况进行了检查和问询，随行的媒体记者跟进了检查全程，专项行动持续了大约一个半小时，接近尾声时，S 市局副局长接受了记者的短暂采访，对 L 区的"清无"绩效显著成效予以了肯定，对基层执法队员的辛苦工作进行了赞扬，最后表明政府在贯彻落实"清无"工作，保证大运会顺利召开的决心与信心。

在"清无"专项行动的舞台上，上级部门、基层官僚以及公众在当地媒体

---

① 参见郭于华：《民间社会与仪式国家》，《读书》，1999 年第 9 期。

的参与下完美地完成了自身的本色演出。上级部门通过在“前台”对专项行动程序的有效主导，通过向媒体阐明活动意义重大的表态、对下级工作的褒奖、向公众表决心的姿态等建构了以自身为中心的权力秩序；下级部门通过在“前台”对上级专项活动的认真准备和积极回应，来表现自己的能力和“忠诚感”；在专项整治活动中，权力支配者总是努力设计和利用仪式动员“入戏的观众”的情感以支持其合法性，并激发起群众对其决策思路具体方案的热情。① 上下级心照不宣的互动和对话共同表现了政府治理工作的努力和决心，这种声音通过地方媒体的反复宣传报道而得以强化，公众对于政府对于“清无”工作所做出的努力和重视程度拍手称快，S 市各级部门对于“清无”工作的重视和自身的权威得到了极大彰显。

Z 监管所副局长 WDJ 是这样谈到专项整治的程式化运作的：

> 对于这种专项整治行动，其实我们都是心照不宣循规来做的，说实话作用不大，但也不是完全没用，S 市情况那么复杂，他们哪有这个精力和必要来搞真的突击检查，专项整治行动起码能让上级知道我们是“认真”去落实他们指示的，也让老百姓看看，省的说我们什么也不做。（资料来源：lhsf – wd03）

可以看出，“清无”领域的专项整治行动失去了其“运动”的特征，不再具有突发性和专断性特征，而是被纳入科层之中，以制度化的“动员”机制，有条不紊地进行着常规化治理。这种特殊的运动式治理不仅表现出常规治理科层化特征，而且具有作为“动员”机制含义下的政治仪式化特点。S 市各级部门、媒体和公众在专项整治这一仪式化过程中被紧紧整合在一起，权力结构和利益关系得到了重构，但是在这一过程中，运动式治理带来的绩效问题

---

① 参见郭于华：《民间社会与仪式国家》，《读书》，1999 年第 9 期。

反而往往被忽视。

第五节　结　语

随着中国科层组织的成长,官僚系统向精确性和规模化发展,为了克服官僚惰性、有效驱动官僚,愈来愈多的日常任务以运动的形式出现。但由于革命动员时代的结束以及现代公共事务的复杂和精密,这些专项任务的完成又常常嵌入在组织严密的专业化官僚体系中,并被其逐渐消解吸收,转变成一个个以绩效考核为表现形式的工作任务。而这个日常的组织运作过程,受到碎片化的权力关系、唯上的官员负责制关系的影响。

在这一过程中,我们发现国家治理逐步陷入了汤森和沃马克所提出的"中国的制度化悖论",即改革意味着中国生活的常规化,但它却是以动员的方式进行的。[①] 一般意义上,官僚思维的基本倾向是把所有的政治问题化约为行政问题,从而能够经过官僚制快速高效的运作得以解决,这也是常规治理的一般逻辑。[②] 但是在专项治理的逻辑中,为了消除基于"克里斯玛权威"而带来的权力关系的碎片化、官员的唯上负责制等的官僚惰性,行政问题就必须转化为政治问题才能得到解决。因此,出现了专项治理努力寻求稳定高效的组织基础,而常规治理则不断尝试跳出自己"苦心经营"的理性化空间,通过运动式的方式和技术化的治理寻求对新的权力空间和治理场域的重构,呈现出专项治理常规化和常规治理运动化的特点。

作为"中国之治"的政策工具,专项治理秉承了我党高度动员的特征,充分利用克里斯玛权威及其制度基础推动国家及地方的治理行为,在短期内能够充分动员官僚、整合资源,具有打击力度大、成果显效快的特点,避免了

---

① 参见[美]詹姆斯・R.汤森、[美]布兰特利・沃马克:《中国政治》,顾速、董方译,江苏人民出版社,1996年,第14页。
② 参见[德]卡尔・曼海姆:《意识形态与乌托邦》,黎鸣、李书崇译,上海三联书店,2002年。

由于条块关系和部门职能交叉带来的权责界限混乱的治理局面,迎合了公共治理的现实需求。但是正如科尔奈所言,"每一种体制都能够在制度内部修正其有巨大危害的体制特征,但是它们无法完全克服并彻底消除这些体制特征,因为这些特征深深根植于制度自身,并且具有自我复制的倾向"。在目标管理责任制和唯上负责制的双重压力下,地方政府追求短期的规模效应的动力远远大于建立治理的长效机制,产生治理过程的"棘轮效应",不断给只能向前而无法后退的"齿轮"加大任务计划,使得路径优化变得更为困难。在这一过程中,专项治理在政治官僚制的制度背景下将逐渐被科层消解,失去其发展的内在动力,呈现出专项治理的常规化。在国家治理现代化建设的目标下,我们一方面需要处理专项治理"结构"科层化与"功能"动员化之间的张力,厘清专项治理中克里斯玛权威的制度化与国家治理能力构建的关系,另一方面我们也亟须在探索中寻找政府自身的治理方向,构建有限且有效的政府,①推动国家治理现代化的制度化转型。

---

① 参见燕继荣:《变化中的中国政府治理》,《经济社会体制比较》,2011 年第 6 期。

第六章　网格管理："中国之治"的组织保障

第一节　网格管理的内涵

近年来,网格化管理愈来愈成为一个基层治理的热门词汇出现在政治话语和大众面前。网格长制、街长制、巷长制、路长制、河长制等在基层得到了全方位的应用。"无网格不管理""凡街巷路必有长",已经成为各地各级城市政府的常规化操作。① 尤其是在新冠肺炎疫情肆虐的今天,中国抗击疫情成果显著,一方面得益于中国共产党的政治领导力和精准施策,另一方面与网格化治理的绩效和质量高度相关。在新冠肺炎疫情防控中,基于其精准性、动态性、全方位、技术性的特性,网格化管理发挥了巨大的影响力,实现了疫情管理过程中的动态防控、精准防控、全面布控和技术赋能等。

事实上,网格概念最早来源于 20 世纪 90 年代中期,是从人们熟悉的电力网(PowerGrid)概念借鉴而来。电力网利用高压输电技术通过将孤立运行的发电厂用电力线路连接起来,为用户提供持续的电力供应。网格的目标是让人们像使用电一样方便地去获取和使用计算和信息资源以此来消除信

---

① 参见周望:《理解中国治理》,天津人民出版社,2019 年,第 284 页。

息孤岛和资源孤岛,使世界成为一个信息的有机整体。[①]

　　21 世纪以来,高性能计算机、数据源、互联网三种技术的有机组合为传统的网格管理思想赋予了新的能量。信息技术的赋能与驱动不仅推动了网格化管理由理念成为现实,也为科技人员和普通老百姓提供了一个能够更便捷地发现、检索、存储、使用信息的全球性信息资源平台,在这个平台上,网格提供各种管理机制协助所有参与者共同解决复杂问题。[②] 随着网格化技术的不断成熟,这些技术被应用于城市管理、社会治理等各个领域,形成了网格化管理模式。可以预见,借助更强大的技术支撑和更深刻的思想认识,网格将成为一种新的社会资源整合形态,释放出更加强大的动能,驱动我国经济与社会的高质量跨越式发展。

　　综上所述,所谓网格管理,是根据属地管辖、地理布局、现状管理等基本原则,利用地域编码技术、网格地图信息技术以及同时借助互联网信息技术的嵌入方式,把城市的不同街道、社区划分为若干个单元、单元格,借助城市网格化管理信息平台,对单元格中的治理事务进行全方位的监控和管理。从层级上看,网格超越了街道和社区,处于街道和社区之下,成为各级政府治理的最基本单元。在基层治理中,网格化主要强调治理单元的重构和治理范围的下沉,把治理下沉到基层,有助于实现社会治理的精细化,为全面满足民众个性化需求创造了条件。这一模式具备以下特征:

　　第一,以服务全覆盖为定位。在现有的社区、辖区基础上,按照特定的原则进行网格结构的划分。在每个网格中根据实际需要配备相应的工作人员、公共资源和服务机制,进而对网格内的民众提供规范化、精细化和个性化的综合管理和社会服务。网格作为基层治理或管理的资源供给、信息搜

---

① 参见张建兵:《基于网格的空间信息服务关键技术研究》,中国科学院研究生院(遥感应用研究所)2006 博士学位论文,第 4 页。

② 参见祝小宁、袁何俊:《基于网格化管理的突发公共事件预警机制探析》,《中国行政管理》,2006 年第 10 期。

集和管理控制的基本单元,而网格责任人对网格中的治理事务负责,根据网格中的具体信息和数据进行预判—决策—执行—绩效反馈等工作,实现精细化治理。

第二,以数字信息技术为支撑。运用地理信息系统、移动网络、物联网、云计算等现代信息技术对网格内的信息进行采集、编码、标准制定与信息传输等,提升了网格智慧治理的能力和水平。同时,借助信息技术,网格管理构建了信息收集、信息处置、立案、任务派遣、任务处理、核查、结案、评价等政务流程。

第三,以明确界定职责为思路。以网格作为基层微观管理单位,在其内部进行责任制的清晰划分,明确网格管理员和团队成员的职责,落实包干服务,强化治理责任。网格员通过每月走访,定期召开例会,联系互动群众,及时地掌握网格内的基本信息,实现基层全方位的、无死角的治理绩效。

综上所述,网格管理模式是利用信息交互平台,借助信息技术,整合跨部门资源,通过横向合并和纵向减少中间管理层级等方式,打破了各部门间各自为政的局面。这与"无缝隙政府"理念一脉相承,同样强调打破部门、层级,职能的边界,协调、整合各部门机构,以公众满意、竞争求存、重视结果为导向,旨在为公众提供精细化、高质量的服务,可以说是继"无缝隙政府"模式后的一个重大变革。[①]

第二节　网格管理的历史沿革与主要应用

网格管理的目的是能及时发现和响应事件、集中优势资源能够及时协同和处置事件。基层是联系公共服务群众的"最后一公里",通过细分治理

---

① 参见竺乾威:《公共服务的流程再造:从"无缝隙政府"到"网格化管理"》,《公共行政评论》,2012 年第 5 期。

辖区和治理对象,网格管理紧盯基层治理的空白点、薄弱点,促进了权力的下放,打破了地域、条块壁垒,将管理延伸至了最基层,由网格员进行日常巡查,能灵敏地掌握民众信息,获取基层真实情况,第一时间发现、化解基层治理矛盾,把公共服务、资源、多元社会力量下沉到网格,让重大事件不出"网"、小事不出"格",做到问题不上交、服务不缺位。

一、网格管理的历史沿革

事实上,这种通过细分治理辖区和对象进而进行信息搜集、分析和处置的基础治理方式早在我国封建王朝时期便有迹可循,其中具有代表性的是宋代的保甲制。保甲管理制度是宋朝时期就开始具有军事管理色彩的户籍管理制度,是中国封建王朝时代长期延续的一种统计手段,不同于西方的以社会个人为基础单位,保甲制度最本质的特征是以"户"(家庭)为社会组织的基本单位进行管理。保甲制规定十户为甲、设甲长,十甲为保、设保长,将人口以小型居住区域为标准划分为不同的单元,保长对保内的治安、教化和稳定负责。这种方法把封建家庭、宗族的传统管理方法引入政府管理当中,逐渐形成了中国封建王朝国家对基层社会的统一管理方式,但实质上仍然停留在具有军事色彩的、统计意义功能的一种联家自保、守望相助、自我管理的社区自治组织。

到清代,利用保甲体系建立了覆盖全国的庞大治安监控网络,其功能主要是对基层社会的动态信息进行采集与登记,凡是在辖区任何可疑人物和违法行为都要由保长、甲长登记并上报。这一时期,随着清王朝进入封建王朝君主集权的顶峰,保甲制度由具有统计功能的自治组织彻底演变为政府控制社会、监督民众之工具。[①] 新中国成立后,我国学习并借鉴了苏联模式,在国民经济领域建立了高度集中的国民计划经济体制,在社会领域,城市基

---

① 参见曹正汉、张晓鸣:《郡县制国家的社会治理逻辑——清代基层社会的"控制与自治相结合模式"研究》,《学术界》,2017 年第 10 期。

层社会形成了"国家—单位—个人"三级层次的纵向社会管理结构,逐步建立了以"单位制"为主、以"街居制"为辅的双轨体制。单位制下,社会成员的工作、生活都与单位紧密相连,单位不仅可以管理成员的职业活动,还能管理其私人生活,既对所属成员及其家庭提供生活必需品和服务,也对他们有完全的控制权。通过这样的单位制,实质上就是政府动员、管理社会力量的一种组织手段,彻底改变了我国在旧社会"一盘散沙"的局面,基本完成了对我国民众力量的动员、组织、管理。①

1954 年颁发的《城市街道办事处组织条例》和《城市居民委员会组织条例》进一步明确了"街居制"在我国社会基层管理体制中的重要地位。"街居制"以街道办事处和城市居民委员会作为城市基层行政组织来实施基层管理工作。是对单位制的补充和配合,主要是把在单位制体系外的社会成员纳入国家的统一管理,主要负责没有固定单位的人口、流动人员等边缘人群,从而实现对城市全体社会成员的控制和整合,达到稳定社会的目的。②在这种双轨体制下,"单位"已然处在中心位置,逐渐形成了"单位办社会"的格局,在单位内部,政治、经济、文化、社会实现了高度整合。③ 在单位制和基层地区管理体制相结合的基础上,国家进一步采取了严格的城乡隔离的户籍制度,通过限制人口流动确保社会秩序稳定。这一时期户籍制度、单位制度等成为一种具有管理责任以及权利义务关系的治理载体,全国人民均被吸纳入上述治理载体中,具有单位人的角色。每一个单位人享受单位这一局部的治理载体的社会福利、居住、教育等资源的同时,也必须履行在单位内的义务以维持治理载体的稳定和局部的治理绩效。

改革开放后,中国经济体制逐步由计划型经济走向社会主义市场经济

---

① 参见童星:《中国社会治理》,中国人民大学出版社,2018 年,第 54 页。

② 参见王尘子:《新时代城市基层治理体制机制改革:创新与挑战——基于地方政府实践的分析》,《求实》,2019 年第 5 期。

③ 参见田毅鹏:《转型期中国城市社会管理之痛——以社会原子化为分析视角》,《探索与争鸣》,2012 年第 12 期。

体制,单位制也逐渐解体,街居制也因为我国经济社会转型升级而陷入很多的实际困难,逐渐无力负担起社会经济整合的沉重任务,在管理上陷入困境。随着国有企业的深化改革,转换了运营管理机制,企业形成了自主经营、自我管理、自负盈亏、权责分明的特点,过去承担的社会职能随之开始剥离,大量城市居民从所属单位离开,"单位人"进入市场成为"社会人"。① 同时在农村,政经社合一的人民公社体制转变为家庭联产承包责任制,充分调动了全体农户的积极性,解放了农村生产力,但同时由于农村城镇化进程加快和劳动力市场转型,大批农村人口涌入城市,城市人口流动急剧增加,转型期的社会矛盾逐渐凸显,单位制度已经无力管辖大量外来人口和流动人口。单位社会的终结直接造成中间组织趋于解体,个人与个人间、个人与组织之间社会联结缺失,在城市基层治理中出现了"社会原子化"现象,于是城市基层社会迫切需要一种全新的社会组织形式和管理机制,来化解社会中存在的问题和各种矛盾,并承担起重新整合社会的重要功能。为承担由单位分解出来的诸多社会事务,"社区制"的产生是一种必然趋势。街道、社区是居民主要生活的地方,其生产生活需要、公共事务逐渐沉淀到街道、社区,国家开始探索通过社区建设来重新构筑社会整合的方式。② 由此,以社区建设为背景的基层社会管理改革开始推进,而网格管理正是其中管理体制的一种创新,国家也由此出台相关政策推动网格管理的发展。

相对保甲制、单位制和户籍制度等体系而言,网格管理制度与上述制度或体系有相似的功能,都是对社会基层内部的风险进行防范,可以被看作现代社会中运用信息技术建立的具有"保甲"功能的社会管理制度。③ 但两者也具有本质的区别,当代网格管理,是基于为民众提供服务、满足民生需求

---

① 参见童星:《社会管理的组织创新——从"网格连心、服务为先"的"仙林模式"谈起》,《江苏行政学院学报》,2012 年第 1 期。

② 参见姜郫:《中国城市社区互动式治理研究》,吉林大学 2020 年博士学位论文,第 65 页。

③ 参见孙柏瑛、于扬铭:《网格化管理模式再审视》,《南京社会科学》,2015 年第 4 期。

而发展的,而保甲制、单位制等,更多的是对管理对象的一种社会控制。

2004年,在北京市东城区首创了"万米单元网格"的城市化管理工作新模式,受到北京市乃至中央政府的充分肯定。2013年,"网格化管理"首次出现在党最高级别的文件中,党的十八届三中全会批准的《中共中央关于全面深化改革若干重大问题的决定》指出,要更新社会治理方式,革新社会治理体制,以"网格化管理、社会化服务"为基层治理发展方向,试图"解决在'两级政府、三级管理'的行政治理体系下,社区治理的行政力量无法有效下沉到基层的问题"①。在这个阶段,网格化管理从以综治维稳为目的的管控逻辑开始向以提供公共服务为目的的治理逻辑转变。

2015年,党中央、国务院办公厅就社会治安建设、城市管理建设工作,在具体实施办法中明确要"把网格化管理列入城乡规划……到2020年,实现全国各县(市、区、旗)的中心城区网格化管理全覆盖"②。这也表明,网格化管理成为新时期解决基层社会治理发展难点的重要政策工具,是从管理到治理的转型过程中必不可少的关键环节,并开始在国家政策的鼓励下大范围推行。2017年6月,《中共中央 国务院关于加强和完善城乡社区治理的意见》中指出,"促进基层群众自治与网格化服务管理有效衔接",注重发挥基层群众性自治组织基础作用。"推进平安社区建设,依托社区综治中心,拓展网格化服务管理"③,以此增强全社会的问题防范化解能力,提高城乡社区治理水平。2018年,在党的十九届三中全会上批准通过的《中共中央关于深化党和国家机构改革的决定》中特别强调,构建简约高效的基层管理体

① 李威利:《党建引领的城市社区治理体系:上海经验》,《重庆社会科学》,2017第10期。
② 中共中央办公厅、国务院办公厅:《关于加强社会治安防控体系建设的意见》,中国政府网,http://www.gov.cn/xinwen/2015-04/13/content_2846013.htm。
③ 《中共中央 国务院关于加强和完善城乡社区治理的意见》,中国政府网,http://www.gov.cn/zhengce/2017-06/12/content_5201910.htm。

制,"实行扁平化和网格化管理"①。中央已经将"网格化管理"视为可操作性的基层治理方式,网格化管理已经成了健全基层治理体制、推进基层治理现代化的重要基础。各地调整优化了网格设置,并科学合理地配置网格人员力量,积极推动网格化服务管理规范化建设,切实提高网格管理工作的标准化水平。2019 年,党的十九届四中全会批准的《中共中央关于坚持和完善中国特色社会主义制度 推进国家治理体系和治理能力现代化若干重大问题的决定》强调坚持和发展共建共治共享的社会治理制度,在"构建基层社会治理新格局"的重大战略命题中明确提出,"健全社区管理和服务机制,推行网格化管理和服务"②。

网格化管理是新时代群众路线的生动实践,能使经济社会改革发展成果更多更公正惠及全体人民群众。社区是社会治理的基本单位,这也意味着社会治理的重心应该落实在社区,而推进社区网格化管理,是基层治理的必然要求,也是社区管理模式的重要转型、社区服务机制的重要新实现。③2020 年,根据党的第十九届中央委员会第五次全体会议批准的《中共中央关于制定国民经济和社会发展第十四个五年规划和二〇三五年远景目标的建议》,强调构建以网格化管理为中心的基层管理服务平台,将科技贯穿基层社会治理,创新国家治理体系。④ 2021 年 1 月 28 日,中共中央政治局召开会议,审议通过《关于加强基层治理体系和治理能力现代化建设的意见》《关于十九届中央第六轮巡视情况的综合报告》和《关于 2020 年中央巡视工作领

---

① 中国共产党第十九届中央委员会:《中共中央关于深化党和国家机构改革的决定》,中国政府网,http://www. gov. cn/zhengce/2018 – 03/04/content_5270704. htm。

② 中国共产党第十九届中央委员会:《中共中央关于坚持和完善中国特色社会主义制度 推进国家治理体系和治理能力现代化若干重大问题的决定》,中国政府网,http://www. gov. cn/zhengce/2019 – 11/05/content_5449023. htm。

③ 参见唐皇凤:《新时代网格化管理的核心逻辑》,《人民论坛》,2020 年第 20 期。

④ 参见中国共产党第十九届中央委员会:《中共中央关于制定国民经济和社会发展第十四个五年规划和二〇三五年远景目标的建议》,中国政府网,http://www. gov. cn/zhengce/2020 – 11/03/content_5556991. htm。

导小组重点工作情况的报告》。会议上强调:"要构建网格化管理、精细化服务、信息化支撑、开放共享的基层治理平台"①,毫无疑问,网格化管理工作在创新社会治理方面发挥着越来越重要的作用。

表6-1 网格管理政策梳理表

时间	政策名称	主要内容
2013.11	《中共中央关于全面深化改革若干重大问题的决定》	坚持源头治理,标本兼治、重在治本,以网格化管理、社会化服务为方向,健全基层综合服务管理平台,及时反映和协调人民群众各方面各层次利益诉求。
2015.4	《关于加强社会治安防控体系建设的意见》	以网格化管理、社会化服务为方向,健全基层综合服务管理平台,推动社会治安防控力量下沉。把网格化管理列入城乡规划,将人、地、物、事、组织等基本治安要素纳入网格管理范畴,做到信息掌握到位、矛盾化解到位、治安防控到位、便民服务到位。因地制宜确定网格管理职责,纳入社区服务工作或群防群治管理,通过政府购买服务等方式,加强社会治安防控网建设。到2020年,实现全国各县(市、区、旗)的中心城区网格化管理全覆盖。
2015.12	《关于深入推进城市执法体制改革改进城市管理工作的指导意见》	推进网格管理。建立健全市、区(县)、街道(乡镇)、社区管理网络,科学划分网格单元,将城市管理、社会管理和公共服务事项纳入网格化管理。明确网格管理对象、管理标准和责任人,实施常态化、精细化、制度化管理。
2017.6	《中共中央国务院关于加强和完善城乡社区治理的意见》	进一步加强基层群众性自治组织规范化建设,合理确定其管辖范围和规模。促进基层群众自治与网格化服务管理有效衔接。推进平安社区建设,依托社区综治中心,拓展网格化服务管理,加强城乡社区治安防控网建设,深化城乡社区警务战略,全面提高社区治安综合治理水平,防范打击黑恶势力扰乱基层治理。
2018.2	《中共中央关于深化党和国家机构改革的决定》	根据工作实际需要,整合基层的审批、服务、执法等方面力量,统筹机构编制资源,整合相关职能设立综合性机构,实行扁平化和网格化管理。

---

① 《中共中央政治局召开会议 习近平主持》,中国政府网,http://www.gov.cn/xinwen/2021-08/31/content_5634504.htm。

时间	政策名称	主要内容
2019.10	《中共中央关于坚持和完善中国特色社会主义制度、推进国家治理体系和治理能力现代化若干重大问题的决定》	完善群众参与基层社会治理的制度化渠道。健全党组织领导的自治、法治、德治相结合的城乡基层治理体系，健全社区管理和服务机制，推行网格化管理和服务，发挥群团组织、社会组织作用，发挥行业协会商会自律功能，实现政府治理和社会调节、居民自治良性互动，夯实基层社会治理基础。加快推进市域社会治理现代化。推动社会治理和服务重心向基层下移，把更多资源下沉到基层，更好提供精准化、精细化服务。
2020.10	《中共中央关于制定国民经济和社会发展第十四个五年规划和二〇三五年远景目标的建议》	推动社会治理重心向基层下移，向基层放权赋能，加强城乡社区治理和服务体系建设，减轻基层特别是村级组织负担，加强基层社会治理队伍建设，构建网格化管理、精细化服务、信息化支撑、开放共享的基层管理服务平台。

表格内容来自：中国政府网，人民网

二、网格管理的主要应用

在国家有关政策和各地政府的积极引导下，网格管理作为我国城市特色基层管理方式已经开展了几年的摸索、推广，首先是运用社会综合治理领域，2003 年底，北京市东城区以一万平方米为基本单元，将当时辖区划分为1593 个网格，由城管进行全时段监控。2004 年，东城区正式上线了整合多项数字技术的城市管理平台，自 2004 年北京市东城区首次实施网格管理以来，取得了良好的效果。从 2005 年起，国家建设部又连续三年确定了三批"数字化城市管理"的试点城市，继续在上海、南京、武汉等城市分批试点，随后，各地、各领域也开始了网格管理的尝试。浙江省舟山市、上海市金山区和湖北省宜昌市等几个城市都对这一管理模式做出了因地制宜的创新。概括起来，由于网格管理具有比较宽泛的适用性，主要运用于以下诸方面：

（一）网格化城市管理

网格化在城市管理工作上的运用，主要是指负责网格管理工作范围内的部件与事件（包括城市管理综合执法、交通运输路政、公安消防等），以智慧城市管理工作指挥平台为基础，全方位收集有关城市管理工作的全面动态信息,由城管执法大队、巡逻、环卫等行动部门人员联合行动,把各管理网格内的巡逻、城管执法、环卫、城市管理行政协管员等部门行动人员的联络、协调、配合、保障等工作内容以规范的形式固化下来,以达到城市管理工作与公共服务的"零间距"、社会管理工作的"全覆盖"以及市民需求的"全回应"。网格监督员对市民小区环境、背街巷子、主要道路、农贸市场、学校周围、重要区域环境卫生情况和秩序等开展了巡回监察,与社区居民零距离接触,实现"在线监控＋线下治理"的城市管理新模式,全面提升城区精细化管理水平。[①]

(二)网格化市场监管

网格化市场监管,是指为了逐步健全市场主体监督的网格化机制,将工商部门管理范围界定为若干个"格",每个"格"内设定了若干名市场监督负责人和巡查干部,承担对责任包干范围内经营户及有关工商、质监职责的监督和服务。主要涉及三个方面:一是食品、药品、特种设备等领域的安全监管,通过日常巡查和专项检查相结合,实现动态、精准监管;二是信用监管,主要对企业登记注册等事务的监督,而后转向重点打击企业失信行为,并全方位了解公司的登记注册信息、年检信息、商标信息、经营合同信息等,从而提升监督的整体水准与效率,其主要监管方式是公示和抽查;三是秩序监管,包括准入、退出有序、市场竞争有序、交易活动有序,其主要监管方式是立案查处,运用大数据时代"互联网＋"的工作管理模式,建立"网格巡查、信息采集、源头发现、任务分派、问题处置、检查反馈、督查督办"七步闭环的综合治理模式。[②]

---

① 参见李世颉:《网格管理中的地方政府信息资源集成研究》,中国社会科学出版社,2016 年,第32 页。
② 参见王国赞、钱洪志、赖基伟:《新形势下基层推行网格化"智慧监管"的实践与思考》,《中国食品药品监管》,2018 年第 11 期。

（三）网格化巡逻防控管理

网格化巡逻管理,是一种精细化、管控信息化、城市治安社会化共同参与下的社会管控新机制。通过巡查辖区内人口总数和城市治安,科学合理地布置点位,通过警情引导警务,科学合理地划定了巡查网格,明确必巡路线和必到点位,并逐人、逐地、逐时间确定了防控责任人员范围和主要责任。以网格为单元,组织巡查队民警用流动方法在沿街面的重点部位、公共复杂地点以及相连范围内进行巡查,并综合利用巡查、设卡、守候伏击等方法,来及时发现并果断应对各种街面违法和群体性事件,并以 GIS 信息技术为基础,与全市的地理资料数据有机融合,全方位了解网格内各种基本信息状况,同时充分调动和利用辖区的公共资源,进一步加强了辖区警务巡查管理工作,全方位构筑了"网格化"的治安防控体系。①

（四）网格化党建

基层党建工作是新时期中国党建工作的重心,其中网格化党建工作是一个亮点,同时也是通过基层党建推动城市中社会基层管理综合治理的一个创新模式。以党的建设为支撑、网格为基础,将社区里的基层党员划分到更细微的单元网格内,由各级组织安排党员或干部下沉到街道社区,使基础"党的建设"与"网格"有机融合,并深度整合社会管理、行政服务、物业管理、志愿活动等具体管理工作,促进了基层党建网格和社区管理网格之间的融合互动,及时在基层发现并解决问题,防范和化解基层社会风险,不断激发基层治理活力,打造出城市基层治理共建共享共治的红色体系,以网格化党建助力城市基层治理现代化。②

从组织层次看,坚持党的领导是进一步完善和创新基层民主社会治理的根本保证。以网格为纽带,在各个管理网格单元中设立了基层支部或党

---

① 参见叶宏杰:《网格化专业巡逻勤务基础工作研究》,《北京人民警察学院学报》,2007 第 2 期。
② 参见沈建波:《基层党建引领城市治理现代化的探索与实践》,《新视野》,2021 年第 1 期。

小组,使党的建设和基层治理深度融入、交叉渗透,加强了基层党组织在基层单位中的领导核心作用,奠定了"红色网格"的治理基石。追溯党的基层组织建设历史,"支部建在连上"是其发展根基,虽然党面临的环境与考验不断在变化,但"支部建在连上"这一宝贵精神对于我们在新时代探索党的基层组织建设仍然具有现实指导意义,基层党组织在纵向上扩展到村,在横向上扩展到社区、社会组织等,基层支部是党的最小单元,是党全部工作的基础,党的基层支部不仅仅要建在"连"上,还要建到"楼"上、"网"上,从而激活基层治理的"神经末梢"。① 将"支部建在网格上",更有效地发挥网格党组织在城市基层治理中的核心领导和组织协调功能,以网格化管理推动了城市的精细化管理,有效提高了为民服务的水平。

综上所述,网格管理遍布基层治理的各个领域中,成为基层政府推动地方事务治理、社会稳定的有效工具。"基层安则天下安,基层治则天下治",基层社会治理肩负千钧重任。随着信息技术的日益发达,加之网格化管理在实践中研究探索的不断深入,目前网格管理服务已经在基层形成了全覆盖、全方位、全过程的动态管理服务体制,并成为"精细化管理、精准化服务"的代名词,从而实现了创新社会治理、完善政府行政管理与公共服务管理职能、密切党群干群关系、提升政府为民服务的水平,成为全国各地提升基层治理能力、完善治理体系的重要抓手。

第三节　网格管理的具体实践

作者选取北京市东城区万米单元网格和舟山市"网格化管理、组团式服务"两种具有代表性的、经典的网格管理模式,以期能够从具体运作的实践中了解网格管理模式的实质内涵、运作逻辑以及未来发展趋势。

---

① 陈明明:《"支部建在连上"的时代价值》,《学习时报》,2017 年 12 月 11 日。

2004 年,在北京市东城区首创了网格化管理模式,其作为一种创新的管理模式不断深入实施,之后经历了三个重大发展时期,从 2004 年开创了网格化城市管理监督体系阶段,到 2010 年开拓了网格化社会服务管理领域阶段,为了强化数据共享与应用,开始推进多网融合建设工程,再到 2014 年至今的城市管理网、社会服务管理网、社会治安网"三网融合"的网格化服务管理体系建设阶段。① 从最初应用在城市管理到坚持服务与管理并重,着力打造一个城市综合服务管理平台,实现社会治理全面覆盖、全方位民众受惠的目标。

浙江省舟山市从 2007 年底下半年开始,陆续在普陀区桃花镇、勾山街道等地开展"网格化管理、组团式服务"的改革工作试验,2008 年 8 月,舟山市委在充分调研后,把这一试点工作在舟山全市各乡镇、街区推广,具体化为"网格化定位、组团式联系、多元化服务、信息化管理"。2013 年,浙江省推出了两网融合,是将"基层社会管理综合信息系统"与"网格化管理、组团式服务"融合成一张网,在网内收集、发现、处理群众诉求,提高为群众服务的效能。② 2017 年开始,舟山市全面开展"最多跑一次"改革和"四个平台"建设,"综合指挥系统 + 四个平台 + 全科网格"构成了全面建设新型基础智慧治理体系的基础框架。"全科网格"变单科为全科,覆盖整个辖区事务,整合职能部门"网",建立一支全科网格员队伍,实现"多网合一,一网统筹"。③ 舟山网格管理模式在发展过程中从注重单向管理转向多元治理,注重基层治理与基层党建的良性互动。

结合东城区和舟山市网格管理的特点,作者将主要从管理对象和内容、

① 参见张伟、高建武、向峰:《北京东城区:网格化模式迈入 3.0》,《中国建设信息化》,2017 年第 3 期。

② 参见郑春勇、张婷婷、苗壮:《基层社会治理中的整体性技术治理:创新与局限——基于浙江实践》,《电子政务》,2019 年第 5 期。

③ 胡重明:《迈向第Ⅲ代网格化治理——基于浙江省舟山市普陀区案例的研究》,《中共杭州市委党校学报》,2021 年第 1 期。

组织结构、信息技术应用、流程管理、评价考核五个方面对网格管理的特征进行分析：

第一,在管理对象和管理内容方面,网格管理均以网格内的事件或民众的需求作为服务和管理对象。东城区与舟山市的侧重点有所不同,东城区着重通过数字编码,建立起一套标准的城市部件数据库系统,对网格内的部件、事件进行管理。舟山市在东城区管理内容的基础上,通过组建以民众为中心的服务小组,构建服务全覆盖的网格管理模式。①

第二,在组织结构方面,网格管理均呈现为在原有治理体系和组织架构中实现治理结构的下沉,通过下设一级网格,将资源进一步下沉到基层治理单元——网格中,并且在基层网格中实现人员的动员和资源的整合,以提升工作的合力和资源的部门共享。

东城区与舟山市都在原有的各级体系下设网格一级,改进了原有的组织结构,并创新了管理体制。东城区首次成立了区级、街级二级层次的工作体系,由区级社会服务管理综合指挥中心、街道社会服务管理综合指挥分中心、社区社会服务管理综合工作站三级平台,区、街道、社区、网格四级工作体系组成了"三级平台、四级管理"的组织管理体系,并确立了统一接收、统筹派遣、分级负责、信息追踪、社会监管、综合评估的管理工作模式。② 在此基础上,进一步创新了城市管理体系,将监察职责与管理工作职能分离,并设置了城市管理监督中心和城市管理指挥协调中心,如图 6-1 所示,形成城市管理体制中的双轴心。

其中,监督中心主要是负责监控和采集管理区域内的问题信息,并实时监督问题处理情况、对网格部门的工作状况进行评价。指挥中心主要根据

---

① 参见秦雪:《大数据视角下网格化管理中心权力生成研究》,华东理工大学 2020 年硕士学位论文,第 7 页。

② 参见王小伟:《北京市东城区:百姓办事一口受理》,中国文明网,http://www.wenming.cn/wmcj_pd/cjdt/201501/t20150123_2416380.shtml。

监督中心传送的信息,指挥、调度各部门具体处理事件,实行各部门的管理职能,并负责统一规划和部署全区域的管理事项。舟山构建起了由城市中心到基层网格的五级上下联动组织体系,在市级层面设立了“网格化管理、组团式服务”工作领导小组,由党政“一把手”市委书记、市长兼任组长,市委副书记、政法委书记兼任常务副组长,在领导小组下设办公室,常务副组长兼任办公室主任,负责统领五个专项组,分别为综治平安组、团队管理组、城区工作组、渔农村工作组、技术保障组。各县(区)、乡镇(街道)及社区(居委会或村)4个层级也据此体系成立相应的领导小组和办公室,通过强化条块改变了条条各自为政的局面,提高了基层组织办事能力。① 在此基础上,舟山市在每个网格内配备一支网格管理服务团队,在网格内充分整合各类资源,将社会部门、团体、个人容纳到网格服务团队中,增强工作合力,实现各部门资源共享的互助工作模式。

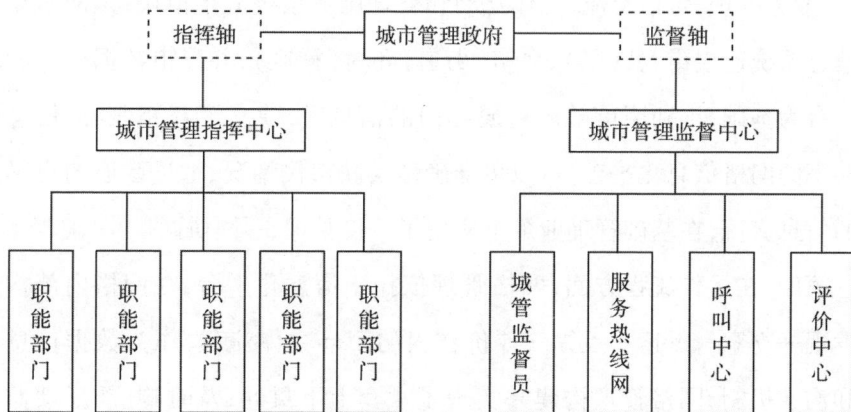

图6-1　“双轴化”管理体制示意图

第三,在技术运用方面,网格管理系统突破了传统的单位制或以网格为

---

① 参见胡重明:《再组织化与中国社会管理创新——以浙江舟山“网格化管理、组团式服务”为例》,《公共管理学报》,2013年第1期。

基本单元的管控思想,充分运用了数字化技能通过构建网格管控平台,把网格内的网格责任人、街道社区、社会团体、居民个人等所有资源加以充分地连接与集成,以技术赋能的形式对各个网格进行了动态化、精细化管理和全面管控,以及对服务质量进行了提升。

东城区采用"云服务"方式,通过互联网、电话、微信、微博等渠道,提供便民服务。运用二维码、手机移动终端等技术、把市民纳入网格管理体系,发挥全民共治的主体作用。建立全国人口基本信息服务网络平台实现人口数据动态化管理工作,并促进部门专业信息系统与网格化服务管理信息系统对接,形成了一个天上有"云"(云计算中心)、地上有格(社会信息管理网格)、中间有网(物联网)的全国社会治理信息联通共享的信息化支撑体系。[①] 舟山市的信息平台建设,是基于传统的包干联系机制,结合现代的网络信息技术建立"公共服务与管理信息化平台"。在网格化信息体系中,纳入基本数据、业务办理、短信交流、工作互动和管理服务系统五个模块,该网格化管理信息系统连接市、县(区)、乡镇(街道)和村(社区),并以市数据中心的基本平台为基础,再利用市政府所属部门的信息库,建立了互相兼容、信息资源共享的网格信息化平台,可以更准确地反映市民情况、增进政府与市民之间的信息交流,在基础管理业务上实现了一口受理、一网协同。

第四,在运作流程方面,网格管理依托于信息化平台,在网格内部构建了发现—立案—派遣—反馈—评价在内的闭环主体流程,作为数据信息枢纽和沟通机制,网格管理构建并实现了一套上下贯通、及时响应、反馈监督的问题处理思路和程序。

东城区已将业务流程整体统一为"信息收集—案卷建立—任务派遣—任务处理—处理反馈—核实结案—综合评价"七步闭环。并且还设立"街道

---

① 参见于军、李欣玉主编:《全国社会治理创新典型案例——2012—2015 年全国社会治理创新典型案例选编》,国家行政学院出版社,2017 年,第 137 页。

小循环"和"区级大循环"业务办理流程,"小循环"业务流程指事件信息全程在街道内部立案、执行指派,并获得处置的工作过程。"大循环"业务流程是指根据"小循环"工作过程无法协调解决的问题,在区级层面对事件信息进行立案、派遣,在全区各专业处理部门的参与下,由区级层面进行协调处理并得到解决的过程。在区级层面上,这类事项重点主要是领导部门批示的、公众通过热线电话等渠道反映的、媒体刊登的、需要上报市级相关部门的以及街道层面。通过工作流程的优化,实现工作关口前移、重心下移,实现对社会公共服务需要和城市建设管理问题"早发现、早办理,应发现、尽发现,应办理、尽办理"。舟山市围绕公众需求设计业务流程,主要包括以下五个基本运作过程:网格服务团队进行走访、收集分析民情、协同相关部门解决问题、反馈问题解决结果、对整个服务过程进行监督考核。[①] 并且建立分层解决机制,每个层级都建立问题处理机制,如果网格管理中心提交的问题在社区(居委会或村)一级无法自行解决,则需要更高的上一层级予以解决。[②] 两地的做法克服了原有管理模式缺少反馈与监督的缺点,利于实现管理组织的扁平化,提升管理水平。

第五,在评价考核方面,网格管理在网格内建立了精细化的、敏捷性的岗位考核绩效管理办法。作为网格管理实现长效运行的重要手段,实现精准激励、精准问责和精准核算能够大幅度提高每个岗位的管理效率和管理水平,实现精准治理。

东城区创造了一系列考评体系,网格管理中心把对各项问题处理的数量、办理结果进行统计分析加以考核,并每月在网格管理中心网站定期公布。建立内评价与外评价相结合的科学评价体系,内评价主要指区级平台对各部门具体工作情况的综合考核,主要包括按时回复情况、办理情况等;

---

① 参见范柏乃:《推进社会管理创新:理论、实践与路径》,《社会科学家》,2013 年第 12 期。
② 参见竺乾威:《公共服务的流程再造:从"无缝隙政府"到"网格化管理"》,《公共行政评论》,2012 年第 2 期。

外评价是指投诉人对各部门事务办理效果的考核，主要考虑投诉人服务的满意情况和反馈情况、媒体曝光等情况。[①] 舟山市考核内容主要是根据实际业务工作过程，包括对受理事项的时间、民情日记的篇数和质量等，虽然没有分内评价和外评价，但在考核方式上创新采用了百分制方法，是一种网格平台检查、暗访调查、满意度测评和项目督查相结合的考核方式，并把网格员的工作创新作为附加分项，激励网格服务团队成员的工作积极性。[②]

第四节　组织嵌入治理：网格管理的运行逻辑

作为中国近年来在各地积极探索的基层管理新模式，网格管理模式的改革重点不仅在于增加了更小一级的基层管理单位，而且重塑了中国基层社区管理工作的新体制，逐步形成了"党组织主导，政府部门牵头，经济社会协调，民众参与，上下联动"[③]的城乡社区管理工作格局。其思路可分成三步：一是重构基层经济社会管理单位，根据一定的原则合理划分网格作为经济社会最基础的治理单位，从而构建和确定网格中的工作职能，并建立健全各类网格管理工作制度；二是在网格责任制的驱动下，整合服务团队资源，建立网格内的街道、社区、社会组织、社会成员个体之间的联动和多元参与的治理格局；三是构建和规范网格内的公安、民政等部门职能，通过部门权力在网格内下沉，减少职能层次，提高工作效率。

厘清网格管理的运行逻辑，既是深刻理解网格管理的意义、规律、模式和特点的需要，也为理解并指导各地网格管理的实践奠定了结构性框架和

---

① 参见北京市东城区人民政府：《北京市东城区人民政府关于印发东城区便民事项网格化办理规定的通知》，北京市东城区人民政府网，http://www. bjdch. gov. cn/n3952/n3970/n381754/c4687135/content. html。

② 参见竺乾威：《公共服务的流程再造：从"无缝隙政府"到"网格化管理"》，《公共行政评论》，2012 年第 2 期。

③ 陈荣卓：《城市社区网格化管理区域实践研究》，中国社会科学出版社，2015 年，第 231 页。

整体性思路等基础。从上文两个经典案例中可以看出,我国网格管理运行逻辑呈现党建引领、技术支撑、流程再造、组织整合等核心要点,故本书将政党、技术、流程、组织四个维度融入网格管理的运行逻辑中:

一、党建引领:"党建+网格管理"

"党建+网格管理"与基层社会的治理方式相互耦合,耦合是一个物理学概念,是指两种体系之间存在着动态关联,并通过相互之间的良性相互作用,从而形成彼此影响的现象。[①] 本书将这一概念运用在基层社会治理过程中,强调"党建+网格管理"与基层治理之间的相互依赖、互相促进。[②] 党建引领,一方面特别针对的是网格化党建,即网格管理在基层党建的具体应用,另一方面指的是中国共产党基层党组织的组织原则——"支部建在连上"的理念在基层网格管理中的具体实践,通过在基层治理中设定网格作为最小的治理单位,通过网格责任制的实施,在网格中实现资源和人员的高度动员和整合,将政党的组织动员的理念贯穿于网格当中,进而实现党的组织优势向治理优势的转化。

作为党和政府的核心职责,有效的社会治理是实现经济社会进步、国家长治久安、人民安定幸福的关键保障。在社会治理中,需要一种统领性的力量,横向能够协调多元主体,纵向能沟通上下层级,实现社会整合,而只有中国共产党,才具备如此高度的组织力及其合法性。社会治理最基本的环节是对基层社会的治理,将党建工作和基层社会治理相互融合,才能将党建的组织优势和政治优势转化为治理优势,并尽快建立以基层推动经济社会发展的新体制机制。

现代城市社区人口密度大、组织类型多样、社会结构复杂、人口流动性大,小区业主、小区业委会、物业公司之间的矛盾纠葛不断出现,社区基层组

---

① 参见布成良:《党建引领基层社会治理的逻辑与路径》,《社会科学》,2020 年第 6 期。
② 参见张波:《互联网+党建引领基层社会治理创新》,《中共天津市委党校学报》,2018 年第 2 期。

织往往无法及时发现并处理社区里的重大民生事件，为弥补这一短板，网格管理就是在社区之下合理规划更小的管理空间，将组织范围扩展至各个社区，将党支部建立到小区网格上，"党建＋网格管理"模式将党员分配在具体的小区、单位、楼栋中，由党员直接引导群众，同时强化了对网格党支部的基础建设，并高度重视基层党员队伍素质培训，进一步规范了基层党组织的党内政治生活，提高了党组织在基层事务管理中的领导力量，将党建工作贯穿基层管理的全过程，使党组织可以统筹全局、统一协调工作。

从"党建＋网格管理"层面来分析，党建入格对于提高基层社会治理能力和水平起到了关键作用。第一，全面的党组织体系覆盖是党的领导延伸到基层的重要保障，是联系群众的桥梁，引领着基层社会治理。第二，广大党员干部下沉到网格，缓解了基层人员紧张，更好地回应群众问题。第三，吸纳网格中的优秀分子加入党组织，为基层社会治理储备人才。

从基层社会治理层面来看，有效的基层社会治理能够防范化解基层的矛盾风险，增强人民群众对执政党的信任，扩大党在基层的群众基础，使网格内的党员力量与群众相互协作，积极主动发现问题，第一时间及时解决问题，推动"党建＋网格管理"模式的发展。

二、技术治理："互联网＋网格管理"

互联网信息技术在社会治理中的运用早已获得各界的普遍认可，将技术手段作为治理的科技支撑已经成为一种社会共识。2015 年 3 月 5 日第十二届全国人民代表大会三次会议上，国务院总理李克强在《政府工作报告》中第一次明确提出"互联网＋"行动计划，并要求着重开发利用互联网、云计算、大数据、物联网等技术，在一些关键领域上取得重大突破点。① 党的十九届四中全会报告也明确提出，"建立健全运用互联网、大数据、人工智能等技

---

① 参见第十二届全国人民代表大会第三次会议：《政府工作报告》，中国政府网，http://www.gov.cn/guowuyuan/2015 － 03/16/content_2835101. htm。

术手段进行行政管理的制度规则"①。将技术治理在政府部门管理中的应用表现为利用云计算,大数据分析体系、智库体系,把智能化技术应用到电子政务系统,提高行政领域效率,在城市建设、治安、市政、交通等领域实现精准化管理。② 在技术治理中,各级政府通过数字化管理达到复杂事务的可视化,用量化指标精细化治理绩效,不仅降低了治理的边际成本,更延伸了治理触角,在空间和时间两层维度伸展了行政的监管和服务手臂。③

现行的网格管理已经超越了传统的网格管理的理念,通过信息技术的应用,将原来的基于网格的"管控"上升为超越网格的"服务"。"互联网＋"背景下的网格管理,就是将互联网技术与网格管理相融合,以大数据为基础,在信息化基础上综合运用地理信息系统、无线通信、计算机等技术设施,设计网格化信息管理系统,并把信息网络全面覆盖到市、县、乡镇、社区四级平台,这种信息服务平台具有网上办事、数据查询、信息互动等功能。

在信息化的网格管理系统中,网格责任人、职能部门、社会公众被信息系统紧密地捆绑在一起,实现了信息的无缝流转和链接。网格管理监督员通过使用信息采集仪现场收集并传输网格内信息,并在第一时间内将信息发送至网格管理平台进行处置,可以有效解决信息收集滞后的问题,从而实现对城市管理问题的精确定位;运用微信、微博、手机软件(App)、论坛、新闻等网络形式,利用手机、笔记本等移动终端,群众可随时随地知道网格动态,反映自己的诉求。在信息化的网格管理中,社会公众可以通过手机软件(App)或微信公众号等方式进行事件举报,接线员按照属地管理的原则,通过网格信息平台转交给相应部门,网格人员及时跟进,现场处理或者联系相关部门负责人员进行处理,并最终将处理结果上报给监督中心,由监督中心

---

① 《中共中央关于坚持和完善中国特色社会主义制度推进国家治理体系和治理能力现代化若干重大问题的决定》,中国政府网,http://www.gov.cn/zhengce/2019－11/05/content_5449023.htm。
② 参见宋辰熙、刘铮:《从"治理技术"到"技术治理":社会治理的范式转换与路径选择》,《宁夏社会科学》,2019 年第 6 期。
③ 参见彭勃:《技术治理的限度及其转型治理现代化的视角》,《社会科学》,2020 年第 5 期。

将处理结果反馈给报案人。同时,通过构建以网格为单元的数据库系统,将民政、公安、信访、综治等部门信息统一汇聚在网格内的信息化平台,通过数据的共享减少交流成本,实现网格内的有效管理。

三、组织整合:"扁平化 + 网格管理"

网格管理是对精细化管理的一个极大的丰富和发展,它将管理责任具体明确到每一个环节和运作过程中,要求第一时间发现问题并进行恰当的处理。

精细化管理和敏捷治理是 21 世纪政府管理的热门词汇。无论是精细治理还是敏捷治理都是指治理单位或者治理主体通过对治理细节的重视实现对治理环境快速有效地回应。具体呈现为在过程管理和质量管理的原则下,通过分解、细化目标,明确治理主体的责任,并能够构建扁平化的治理结构,减少治理环节和沟通环节中的信息损耗或失真,进而实现问题的即时发现、即时处理和有效反馈。

在传统的韦伯科层制中,为了强调科层内部的制度化、分工化、专业化,往往采用横向分配与纵向授权,从而厘清了各个职位的角色,使组织中的成员各司其职。但从横向分工来看,过分强调专业化分工,强调部门间分明的界限,却往往忽视了很多部门之间存在着交叉职责,直接导致部门职责不清、部门职能的碎片化,并且越细的分工,越需要一种整体性的力量来协调,建立协调机制的难度也越大,造成了协调成本上升。同时,同级部门缺乏信息共享机制,为提高管理的专业性而忽视信息的传递,各部门成为信息孤岛。并且在这样的科层制体系下,底层人员很少具有对问题的处置权,抑制了工作的创新性。显而易见,这样的组织体系难以适应外在环境的快速变化。从纵向授权来看,由于层级太多,顶层的指令难以顺利下达,底层的问题也很难真实地被传递上去,导致顶层难以对底层需求的迅速变化做出快速反应,同时各个层级间联系薄弱,需要较多的精力在各部门间、各层级间进行协调,降低了工作的效率。

同时,在传统官僚制中,过细的分工意味着更烦琐的事务处理,工作环节越来越多,治理结构越加复杂,从而造成社会治理的碎片化。[①] 政府行政层级过多,不仅造成机构庞大、机构臃肿、行政支出增加,而且行政回应性降低。针对这样的治理碎片化问题,也产生了强调横向、纵向协同合作的"整体政府"理念,即通过打破传统的组织界限,构建多元整合的精准治理机制。[②]

从组织结构来看,实现精细化治理最基本的就是在科层制的基础上建立一种扁平化组织体系,实现权力的下移。通过减少自上而下的管理层级,建立一种打破部门界限,下沉权力和资源、以服务质量为导向、沟通方式信息化的组织架构。其减少管理层级,能够避免基层向上级传达信息与问题过程中的失真,使上级的信息、决策快速传递到基层,使决策更快更有效率,同时能及时反映基层需要,在一定程度上提高组织快速反应能力,改善服务提供的质量;利用管理信息系统、现代化信息技术工具在各部门间进行沟通,使信息的收集、传递变得十分便捷,大大提高了管理的效率;把资源和权力下放到基层,给予基层知情权和决策权,从本质上说,扁平化组织的核心不一定是组织层级的减少,而更在于信息层级和决策层级的减少。

对于基层治理而言,"两级政府,三级管理"是基层治理的基本组织架构,但是这种模式在现实运作中面临一个问题,即"上面千条线,下面一根针"的治理工作困境。一方面,街道所掌握的资源远远不能满足社会管理的需要,在人力、财力、权力资源短缺方面非常明显;另一方面,街道负担过重,便将各种矛盾纠纷事务均下移到居委会层面,因此在居委会或社区层面存在着权少责多的困境。

---

① 参见王阳:《从"精细化管理"到"精准化治理"——以上海市社会治理改革方案为例》,《新视野》,2016 年第 1 期。

② 参见 Tom Christensen、Per L greid、张丽娜、袁何俊:《后新公共管理改革——作为一种新趋势的整体政府》,《中国行政管理》,2006 年第 9 期。

面对上述困境,网格管理的基本逻辑就是"寻找一个新的、更小的治理单元"。按照有利于资源整合和信息畅通的原则,在街道和居民社区间划分出若干网格,"扁平化 + 网格管理"的基本原理是在网格这个最小单元中建立管理、监督责任制,设置考核评价标准,构建一支基层网格队伍,促进管理水平的有效提升。网格管理模式依靠党委,统筹各个行政管理部门,明晰了各个网格主管的权限与工作责任,贯彻"属地管理、分级负责"的工作基本原则,动员社会资源,引入社会力量。建立"三级平台、四级服务管理"的组织体系,明晰网格的职责分工,划定"责任田",以"管理无盲区"的工作理念,各定其位、各尽其能,网格员要了解每户家庭的基本状况,了解网格内的问题与要求,把综合整治、安全、综合执法、市场经济监管、疫病防控、综治维稳、解决矛盾纠纷等社会工作职责,全面下沉到网格。在此基础上,在网格内部形成了民主规范的考评系统,对考评的对象、内容、方法等做出了科学合理的设定,量化考评,并每月对网格工作做出考核评分,将考评结果和网格工作人员的绩效奖金相互挂钩,形成了考评激励机制;搭建网格共治平台,坚持走群众路线,引入居委会、业委会、物业公司、警务室等力量共同形成基层协同治理的局面。

四、业务流程再造:"闭环 + 网格管理"

组织结构变革是一个极其复杂的过程,单纯地从形态上改变结构,而不对固有的运行流程进行改造,很容易造成组织结构变革的失败。

20 世纪 90 年代,首先出现在美国的"流程再造"理论引入了公共管理领域,该理论的首创者是美国学者迈克尔·哈默(Michael Hammer)和詹姆斯·钱皮(James Champy),他们倡导对企业的业务流程加以重整、再建,并变革了既有的企业管理方式,期望能够在企业成本、质量、服务,以及绩效上做到显著性改进,使企业能够适应变化着的现代经营环境。[①] 近年来,我国一些

---

① 参见胡昌平:《管理学基础》,武汉大学出版社,2001 年,第 231 页。

地方政府开始引入"流程再造"的方法,成为实现"政府再造"的重要工具。地方政府的"流程再造"是为了满足公众需求,在坚持公众导向原则下,对原有的运作流程进行重新设计和整合,精简业务流程,降低行政成本,优化公众与政府的沟通渠道,使公众既能及时获取信息也能向政府反馈诉求。① 随着市场经济体制的逐步完善,在原先计划经济体制下产生的政府管理运作机制迫切需要改变,一些地方政府开始尝试改变政府职能,对政府部门的业务流程进行再造,比如各地行政服务中心推行"一站式"服务,根据服务的内容整合优化服务流程,减少不必要的环节,对日常事务受理流程进行再造,提高政府的快速反应能力。

网格管理模式在业务流程再造上,致力于将网格建设成为一个大数据信息枢纽,以形成及时响应、跟踪反馈、数据共享的"闭环管理"流程。"闭环管理"是由计算机的闭环控制系统引申出来的一种管理理论范畴,其特点是可以监测到问题、并传送问题到解决方。② 这样的一个流程明确了各主体相应的责任,并需要将处置结果反馈给服务对象,避免了各主体之间互相推诿责任,实现了分类处置,有效地在一个闭环里解决问题。

网格管理形成发现、立案、派遣、处置、核查、结案、评价等一套完整有效的闭环工作程序,建立了触发、执行、协调、监督、评价和资源配置的科学运行机制③:(1)触发机制:及时有效发现网格内问题,并向受理部门上报。(2)执行机制:对触发机制上报的问题及时下达给相关责任部门进行相应的处理。(3)协调机制:在处理问题时,协调各部门关系,提高问题处理效率。(4)监督机制:对整个触发、执行、协调过程进行监督。(5)评价机制:对整个运行过程及其各部门的工作情况进行科学评价,并给予适当的激励。(6)资源配置机制:对处理问题所需要的资源进行协调和协同使用,充分利用管理

---

① 参见梅寒:《我国地方政府流程再造问题研究》,南京大学 2016 年硕士学位论文,第 13 页。
② 参见谢希仁:《计算机网络》(第 6 版),电子工业出版社,2013 年,第 78 页。
③ 参见李舒:《城市网格化管理的运行机制研究》,复旦大学 2008 年硕士学位论文,第 26 页。

资源。在这样的一种管理机制下,网格里发生的问题都会在第一时间内被迅速发现、迅速反馈、即时解决、闭环处理。网格人员在网格中日常巡逻时,如果出现了问题要及时进行上报,并由指挥中心负责下派给有关部门处理,并切实努力做到"件件有回音,事事有落实",使服务市民的"最后一公里"工作变得更加顺畅。

在这样的一套机制下,网格内出现的问题会在第一时间被快速发现、迅速反馈、即时解决、闭环处理。网格员在网格中日常巡查时,一旦发现问题要及时进行上报,由指挥中心负责下派给相关部门处理,即真正做到让服务居民的"最后一公里"更加通畅。

第五节 群众路线与组织力量:网格管理的治理绩效

在中国,网格管理模式的实践已先于理论研究成果,从最初在社会治安巡逻等领域的运用,到后来不断延伸至社会管理、市场监管、党的建设等范畴,现已形成在社区管理工作领域中行之有效的模式,更甚至呈现出"无网格,不管理"的发展趋势。从全国各地的实践探索结果中不难看出,网格管理在其中发挥了重要的作用。网格集中了原本分散的管理资源,汇聚成强有力的管理和服务能力,并激发了最基层的神经末梢。

从经济角度看,随着信息化的嵌入,规范了数据信息处理,有序推动城市管理网络、电子监测网络等平台"互联互通",在城市管理行政执法、社区服务、社会治安等领域都达到了信息共享,同时,各地部门之间也达到了城市管理基础资源共享,大大降低了城市管理工作的成本。陈平在对北京市东城区网格管理模式进行调研时,发现由于各专业部门的巡查人员编制少了10%,相应节约了外出补贴、车辆费等巡查成本,并且随着城市部件损坏、丢失的数量大大减少,维修、重置的费用也大大降低。① 同时,网格管理也推动了相关产业发展,产生了良好的经济效益。

从社区管理的视角,网格管理革新了城市管理体制和管理机制,形成了城市社区问题源头管理模型,有效推动了问题的及时发现与处理,从而实现了精准、灵敏、有效的城市管理模式,构建了城市管理工作的长效机制,从而提升了城市管理工作与城市运营的效能。吴宏云先生从以下五大方面总结了网格模式下城市管理工作的变化:在管理方式上,从"粗放"转化为"精细",在方法上,由"突击、运动式管理工作"转化为"可持续的、日常管理工作",在管理工作主体上,从"离散管理工作"转化为"无缝管理工作",在管理工作态度上,从"被动管理工作"转变为"主动式管理工作",在管理工作过程上,从"开环管理"转变为"闭环管理"。② 本书试图从群众路线与组织力量两大方面来分析网格管理的效用:

一、践行群众路线:提供精细化服务,促进基层治理清晰化

群众路线是毛泽东思想三个活的灵魂之一。1981 年通过的《关于建国以来党的若干历史问题的决议》把"实事求是,群众路线,独立自主"上升到毛泽东思想的活的灵魂,并对群众路线的内涵做了解释:"群众路线,就是一切为了群众,一切依靠群众,从群众中来,到群众中去。"③党的十八大以来,习近平总书记再次强调群众路线是我们党的生命线和根本工作路线。2019年 10 月 28 日,习近平总书记在党的十九届四中全会上指出:"坚持立党为公、执政为民,保持党同人民群众的血肉联系,把尊重民意、汇集民智、凝聚民力、改善民生贯穿党治国理政全部工作之中,巩固党执政的阶级基础,厚植党执政的群众基础,通过完善制度保证人民在国家治理中的主体地位,着

---

① 参见陈平:《依托数字城市技术创建城市管理新模式》,《中国科学院院刊》,2005 年第 3 期。

② 吴宏云:《当代中国城市政府网格化管理探析》,华中师范大学 2008 年硕士学位论文,第 21 页。

③ 中共中央文献研究室编:《改革开放三十年重要文献选编》(上),中央文献出版社,2008 年,第 122 页。

力防范脱离群众的危险。"①由此可见，广大人民群众不仅仅是政府社会治理的服务对象，更是基层治理的责任主体，唯有践行群众路线，才能更加巩固共产党的施政发展基石，提升政府的公共服务力。而在推进社会治理现代化实践的道路中，网格管理正是群众路线的生动实践。②

对于基层治理而言，为了提供精准与全面的服务，必须深入群众，及时发现群众诉求。网格管理把治理区域分为比社区还细微的网格，利用信息技术手段对各类问题进行精细的分析，并明确管理主体的责任，真正把工作落实到网格，实现了服务提供的无缝隙、全覆盖。网格的精细划分，实质是社会治理重心的下移，力量和资源的下沉，划定网格员责任区，整改了先前基层工作人员分工不明确的问题，网格员在基层解决问题，预防化解矛盾隐患，提高了基层服务水平。并且随着"党建+网格管理"的逐步发展，党员干部深入网格内，与群众进行零距离沟通，既了解了群众的诉求，也进一步加深了党与群众的感情，有利于各项工作的开展。与此同时，网格管理科学的管理机制、规范的管理标准和流程都有助于提高服务提供的精准性。尤其针对特定人群，包括长期留守在家的孤寡老人、失能失智老年人、困境儿童、孤儿、精神疾病患者等，网格人员将通过定期入户巡查与走访，进行详细的摸排动态信息管理，更新、完善居民基本信息，以了解其真实状况，并准确掌握其业务需要，提交给各有关职能部门，以帮助居民办理社会保险、社会救助、社会福利、劳务就业发展等基本服务，根据其特殊需求有针对性地制定精细化的服务供给计划。③

---

① 中国共产党第十九届中央委员会：《中共中央关于坚持和完善中国特色社会主义制度推进国家治理体系和治理能力现代化若干重大问题的决定》，中国政府网，http://www.gov.cn/zhengce/2019-11/05/content_5449023.htm。

② 参见王卓：《网格化社会治理方式的历史性及本质》，人民论坛网，http://www.rmlt.com.cn/2020/1228/600763.shtml。

③ 参见唐皇凤、吴昌杰：《构建网络化治理模式：新时代我国基本公共服务供给机制的优化路径》，《河南社会科学》，2018年第9期。

　　网格管理在提高公共服务供给精准化的同时,更是促进了基层治理的清晰化。在国家治理中,信息是国家治理行动的基础和前提,对国家治理的意义不言而喻,必须通过多种途径收集社会中的事实信息才能提供精准的服务。为了准确和充分地掌握社会事实的准确信息,国家会投入大量的资源,提升社会的清晰度。① 传统的城市管理具有粗放的特点,对城市问题的发现缺少敏感度,对城市具体是什么状况并不了解,更多的是被动的发现问题,并且缺少及时做出反应的机制。面对日益复杂的社会环境,有效地采集信息是社会治理的关键,也是社会治理清晰化的基础要素。比如在对流动人口进行管理时,由于城乡发展一体化,原有的城乡关系被打破,农村人口大量流入城市,给社会治安带来了一定的安全隐患,同时流动人口管理也面临着极大的挑战,如何准确掌握流动人口信息,考验着城市管理部门的信息采集能力。② 而网格管理的特点正促使社会治理更加清晰化。在规划网格之时,通过将人口与空间精细化划分,从而形成了横向到边,纵向到底的网格系统,基本覆盖了全部区域和人群,将更多的信息纳入治理体系中。③ 并且随着信息技术的嵌入,利用 GIS 技术、计算机三维等技术录入动态信息,更好地观测、记录城市管理中的盲点、死角、漏洞,及时掌握了社会事实信息以及动态变化情况,也提升了网格内跨部门信息传递、协同管理能力,为精准治理提供了可能性。建立"微信群 + 网格化"的管理模式,组建网格微信工作群,微信群里邀请网格居民加入,网格员在群里发布民生信息、政策信息,使居民足不出户就能了解医保缴费、党务政务等信息,同时微信群提供了居民反映民生问题与建议的渠道,增加了与居民的沟通和互动,激发了居民的

---

　　① 参见韩志明:《在模糊与清晰之间——国家治理的信息逻辑》,《中国行政管理》,2017 年第 3 期。
　　② 参见陈柏峰、吕健俊:《城市基层的网格化管理及其制度逻辑》,《山东大学学报》(哲学社会科学版),2018 年第 4 期。
　　③ 参见韩志明:《城市治理的清晰化及其限制——以网格化管理为中心的分析》,《探索与争鸣》,2017 年第 9 期。

主体意识,发动居民群众积极参与基层治理,让居民参与到社会治理建设中,提高社会治理效能。

二、发挥组织力量:建设科学组织体系,促进协同化共治

单位制解体以后,国家与民众的关系结构发生了变化,国家在向社会投入资源的时候,只能面对一个个独立的原子化个体,不仅效率低下,而且极大地增加了公共治理成本,基层城市迫切需要提升组织化程度。社区是居民日常生活的一个重要场所,为了强化与民众的联结,基层治理开始趋向于社区建设,城市基层管理体制逐渐转向了社区制。如何通过调整治理结构,促进治理更高效,成为一个需要考虑的问题。网格管理系统在"区—街道—社区"的三层责任管理体系架构下设网格,形成了四级责任管理体系,把居民楼、学校、医院、社区社会组织、公共场所等划分到不同网格,将社区事务下沉到每个网格,重建了基层治理结构。在网格这个最小单元中建立管理、监督责任制,把服务链条延伸到网格,从"上面千条线、下面一根针"转变为"上面千条线、下面一张网"的组织架构,提升了管理水平。传统的"金字塔"式组织结构由于职权划分、人员繁杂、工作机构众多,不仅运作成本很高,而且需要多个部门协作处理的事务很难开展。而网格管理是一个整体运作的模式,协作公安、城管、民政、党建、社保、工商等部门,整合多方资源,充实网格力量,从纵向减少了中间环节和管理层级,直接对接相关的职能部门,实现组织管理的扁平化,减少由于层级过多而导致的管理成本和沟通成本,以前居民需要跑好几个部门才能处理完一项事务,现在公共服务的行政职权和治理资源的下沉,极大地提高了服务供给的效率。同时,网格管理细化了网格员的工作职责,防止网格中出现推诿扯皮、权责不清的现象,整合了相关职能,改变了以往的条块分割状态,优化了条块关系,促进条块人员力量有机融合。在具体服务流程中,传统的管理流程是"公民—职能部门—管理部门",这是一个开环机制,缺少反馈和监督。网格管理已经形成"信息收集—案卷建立—任务派遣—任务处理—处理反馈—核实结案—综合评价"

七步闭环的处理机制与综合评估制度，形成了网格事件分层流转程序，有安排、有督促、有考核、有效果，提高了网格中的办事效率。并且在传统的管理结构中，公共服务的供给大多采取自上而下的形式，缺少与居民的互动，导致政府无法精准地提供居民需要的服务，而实施网格管理后，网格员定期巡查、走访，与居民加强了联系、互动，拉近了与居民的距离，形成了上下互动的治理模式。①

　　基层社会治理部门必须要充分调动社会各方面力量，扩大多元化投入途径，形成共建共治共享的管理格局。而党组织则是基层管理的主心骨，党建入格是实现治理现代化的有效路径。网格化党建，大大增强了网格党组织的覆盖力量，派党员入格，“一个网格一个党小组”，使党的工作覆盖至每一位群众，发挥了调解矛盾、人员管控、政策宣讲、帮扶困难、监督安全、民事代办等功能，架起党群的“连心桥”，进一步体现了共产党员的先锋模范作用。与此同时，党组织积极推动多元主体互动和协作，激发群众的主人翁意识，整合网格内的医生、教师、家政服务人员等力量，精准提供服务。除整合网格力量外，还通过功能集成、服务热线整合，形成了网格管理的联动中心，促使各管理机关在同一个平台上做到对外一口办理，内部迅速处理。

第六节　网格化党建与国家治理现代化

　　创新社会治理是国家治理现代化的重要使命之一，在中国的社会体系中，党建工作处于至关重要的地位。中国共产党作为我国的执政党，既是国家整体社会秩序的基础和保障，还是经济和社会发展的推动力量。随着社会治理主体多元化，而政党作为社会治理的主体之一，承担着极其重要的治

---

① 参见泮佳怡：《无缝隙治理视角下的基层网格化治理创新研究》，中共浙江省委党校 2020 年硕士学位论文，第 28 页。

理责任,因此党建工作对国家治理起着重要的引领作用,要坚持发挥党组织的优势和作用,应对治理的难题,以党建工作引领和撬动社会治理。

习近平总书记在党的十九大汇报中提出要做好社会主义基层组织建设工作,"要以提升组织力为重点,突出政治功能,把企业、农村、机关、学校、科研院所、街道社区、社会组织等基层党组织建设成为宣传党的主张、贯彻党的决定、领导基层治理、团结动员群众、推动改革发展的坚强战斗堡垒"①。这是总书记对党的基层组织建设所提出的全新任务,为我国基础党组织的建设提出了全新的目标和方向。中国共产党之所以能成为中国特色社会主义事业的领导核心,就在于有严密的组织,为我国的各项事业提供了根本的组织保障。而组织力则关系到一个组织的兴衰成败,没有组织力就没有生命力、创造力、战斗力,狭义上组织力是指政党组织动员社会内外的能力,广义上组织力是指政党组织的竞争力,可以概括为领导力、动员力、治理力、执行力、发展力、服务力等形成的合力。② 要增强党的组织力,就需要更加突出政治功能,实现途径应当至少涵盖:深入推进"两学一做",坚持"三会一课"机制、推进党的基层单位内部设置与教育活动方式革新、强化基层单位党组织牵头人团队建设、拓展基层单位党组织覆盖范围、拓展党内基础民主、强化党内激励与关怀帮扶、进一步提高党员干部教育管理工作,有针对性的、稳妥规范有序的对不合格党员干部进行处理、继续完善党支部标准化、规范化建设。只有组织力提升了,组织建设好了,才能使政党成为一个更坚强的战斗堡垒,网格化党建正是增强基层党组织组织力的一种有效途径。

"党建+网格管理"有着天然的耦合特性,将党组织与乡镇、社区、企业网格管理紧密结合,拓展了基层组织覆盖范围,建强了严密的组织体系,通

---

① 《决胜全面建成小康社会 夺取新时代中国特色社会主义伟大胜利——在中国共产党第十九次全国代表大会上的报告》,中国政府网,http://www.12371.cn/2017/10/27/ARTI1509103656574313.shtml。
② 参见颜俊儒、梁国平:《乡村治理视角下新时代农村基层党组织组织力的提升》,《理论探讨》,2019年第2期。

过细分网格的方式,明确责任区域和工作内容,零距离服务群众,从而在社区中激活基层党支部的政治功能,提升基层治理的实际效能。

改革开放后,国家单位制解体,社会人员流动也日趋密集,社会形成的新问题越来越多、情况越来越复杂,在这样的大背景下,之前以单位人员为管理服务对象的基层党组织设置模式已无法全面高效地涵盖基层领域,因此需要积极探索、不断创新、优化基层党组织设置方案,以推进党员的全面覆盖,不断消除组织空白和盲区,做到哪里有群众,哪里就有党员,哪里有党员,哪里就有党组织。随着近年来网格管理工作的蓬勃发展,我国的基础党建工作也进行了网格化的尝试,在借鉴网格化城市管理机制经验的基础上,进一步贯彻"一切工作到支部"的原则,构建"纵贯至底、横向到边、纵横交错、全方位涵盖"的基层社会组织网格管理体系。详细而言,网格党建工作主要是将行政区域细分为一个个网格作为党建工作的基础单位,每个网格中配若干党员任网格员,并在网格中承担政治责任和治理责任。网格规模虽小,但却承载着精细化社会治理工作的主要职责,能掌握最基层人民群众的实际需要,通过网格党建,就可以真正做到从网格中缓解社会问题、预防社区风险、提升居民幸福感,是促进国家治理现代化的有效途径。在全国各地的具体实施中,网格党建主要有如下三个方面的执行路径:

一、科学合理规划党建管理网格

根据"多网合一、一网统筹"和"街巷定界、规模适宜、无缝覆盖、动态调节"的基本管理原则,遵照"支部建在管理网格上"的要求,根据人群分布特点和人口数量,以单位网格为基础,设立网格党支部,搭建"社区党组织——网格党支部——楼院党小组——党员干部中心户",形成了纵贯至底、横向到边的党的组织建设与管理工作全覆盖,有效拓展了组织的管理服务触角,编织了一张遍及各家各户的党建管理服务网格。首先,保证社区内所有的党员都被纳入党组织中;其次,保证社区内的每个组织都接受党组织的协调与领导;最后,保证网格覆盖社区内的每个区域、每类群体。同时在该组织体系设置中,分别有自上而下和自下而上的两种途径,畅通了政府信息上报、政策落实的快速反应渠道,并建立了发现问题及时报告、及时处理的闭环管理机制。

二、建强服务队伍

注重充分发挥网格党建中的组织资源优势,有效整合网格内的各种资源,将辖区的人、物、事、社会组织等社区公共服务管理内容全面融入网格,并将城市管理、民生服务等网格内容融合为"一张网",灵活高效地处置网格内的各类诉求。同时贯彻"大整合、大联动、大治理"的理念,通过充分调动社会多种力量,整合网格内社区单位的党员干部、退休党员、入党积极分子、义工等团队,加大对流动党员干部的教育指导,进一步提升党员干部的归属感,增强党员干部的创新力,形成了由城管、学校、医院、驻区企业等不同类型单位组成的专业委员会,完善事件处理联席制度、议事决策等制度,鼓励引导各社会组织广泛参与网格服务,把党的组织建设与社会组织建设有机结合起来,不断壮大基层治理队伍,构建党员干部引领,人民群众共同参与的服务格局。多方力量在网格党支部的引领下,共同传递社情民意信息、进行治安巡逻、调解民事纠纷,不仅为网格内的居民提供了全天候、全方位的服务,更是激活了基层党组织的活力。

三、党建工作责任包干

网格的党组织书记、党员代表采用签订包片责任书、公示承诺书等方法履行责任,让党员带岗带责进网格,把责任延伸至每一个基层组织和每一个党员,并建立科学的考评方法,[1]促使党的工作落到实处。同时以问题为导向,实施"清单制 + 责任制",先明确主体责任,然后再对各项工作、任务做出分解、分工,都变成精细的、可衡量的目标,同时确定了具体的岗位职能内容与完成期限,固化基层党建的服务内容,推动责任落实。在这其中,网格党员的职责,除

---

[1] 参见李威利:《从基层重塑政党:改革开放以来城市基层党建形态的发展》,《社会主义研究》,2019 年第 5 期。

了信息采集、安全巡查、民生服务、政策宣传、开展例会培训,更重要的是加强干群联系。党员干部在楼栋内进行身份公示、入户走访或者依托党员干部的活动网站,搜集社情民意,协助群众解决生活困难问题,还运用现代网络工具,搭建党员干部和群众之间进行交流的网络平台,同时进行对"红色"网格人员开展考评,力求通畅党密切联系服务大众的"最后一公里"。

随着网格化党建的不断发展,我们对于国家治理的认识也在不断升级。当今,我们正处在一个"风险社会",原有的社会管理模式在社会管理方面存在着诸多问题,为了更好地防范社会风险,创新社会管理模式已经成为必然趋势,在数字城市建设、智慧城市建设与社会治理相联合的情况下,网格管理成为一种新的治理路径,利用信息技术、资源整合、条块结合等方式创新管理体制,进而为国家治理现代化打下牢固根基。

第七章　政党学习:"中国之治"的自我革新

第一节　引　论

非学无以建党、非学无以兴党、非学无以强党。善于学习,是马克思主义政党的优良传统。自中国共产党成立以来,就将政党学习摆在了重要地位。可以说,中国共产党成长壮大的历史,就是一部不断学习的历史。习近平在中央党校建校 80 周年大会暨 2013 年春季学期开学典礼上指出,"全党面临的一个重要课题,就是如何正确认识和妥善处理我国发展起来后不断出现的新情况新问题。认识好、解决好各种问题,唯一的途径就是增强我们自己的本领。增强本领是治国理政的关键,增强本领就要加强学习,提高政党的学习能力,使政党具备面对复杂局面的能力,既把学到的知识运用于实践,又在实践中增长解决问题的新本领"[①]。中国共产党善于学习,勤于学习,在一百多年的历史实践中,探索出了一条依靠政党学习来整合政党、提高党员素质的路径,这是中国共产党增强治理水平,在新时代带领人民不断取得新胜利的"秘密武器"。

[①]　习近平:《中国共产党人要坚持学习学习再学习》(2013 年 3 月 3 日),习近平在中央党校2013 年春季学期开学典礼的讲话。

为什么中国共产党从建党之始不断采用党内集中教育这一制度安排?
中国共产党的政党学习包括哪些类型? 若干类型是如何演变至今的? 不同
理论取向会提出不同的发生学解释,例如,沈大伟、韩博天等认为以党内集
中教育为代表的政党学习是中国共产党通过调适意识形态,进行制度化建
设以重塑执政合法性的做法。[①] 周望认为,当前中国共产党的各种"学习"行
为呈现出"要素整合"的特征,既强调新理念、新方案在来源上的广泛性,又
强调这些经过实践检验的新要素对于自身的适用性。[②] 政党学习就是面对
不同形势做出的政党调适,政党适应的过程中,所表现的政党学习既有被动
的"刺激-回应",也有主动的"预测-控制"。程熙从政党适应性视角切入,
将以党内集中教育为代表的政党学习视为保持党的先进性,增强党的长期
执政,优化政党治理的重要手段。[③] 俞可平强调政党学习的开展直接影响中
国共产党官员的素质,进而影响中国共产党对国家的执政理念体系和治理
能力。[④] 贺东航、孔繁斌认为,以党内集中教育为代表的政党学习是中国共
产党治国理政的政治势能,构成并不断更新政党的价值观念体系。[⑤] 陈殿林
等学者则从理论发展出发,提出以党内集中教育为代表的政党学习为马克
思主义政党建设理论注入新鲜血液,推进了马克思主义大众化进程。[⑥]

已有研究充分展示了海内外学者对于以党内集中教育为代表的政党学

---

① See David Shambaugh., *China's Communist Party:Artophy and Adaptation*, University of California
Press,2008; Heilmann Sebastian and Elizabeth J. Perry, Embracing Uncertainty:Guerrilla Policy Style and
Adaptive Governance in China, *Heilmann and Perry ed.,Mao's invisible hand:the political foundations of a-
daptive governance in China*,Harvard University Press,2011.

② 参见周望:《理解中国治理》,天津人民出版社,2019 年,第 15 页。

③ 参见程熙:《政党调适与中国共产党集中教育活动的演变逻辑》,《社会主义研究》,2019 年
第 3 期。

④ 参见俞可平:《中共的干部教育与国家治理》,何哲译、俞可平、托马斯·海贝勒、安晓波主
编:《中共的治理与适应:比较的视野》,中央编译出版社,2015 年。

⑤ 参见贺东航、孔繁斌:《中国公共政策执行中的政治势能——基于近 20 年农村林改政策的
分析》,《中国社会科学》,2019 年第 4 期。

⑥ 参见陈殿林:《改革开放以来党内集中教育演进的逻辑特征》,《中国特色社会主义研究》,
2018 年第 5 期。

习的理论意义与现实关怀，但是这些工作大多没有跳出传统"应激－调适"理论范式的窠臼，上述宏观层次的研究隐含的理论想象是政党组织在面对新的环境变化将进行行为调适，从而实现一种"动态的稳定"。但是这种宏大的理论叙事忽视了中国共产党的"组织特性"在中观层面的系统分析和学术对话。习近平在中央党校建校 80 周年大会暨 2013 年春季学期开学典礼上强调，"在每一个重大转折时期，面对新形势新任务，我们党总是号召全党同志加强学习；而每次这样的学习热潮，都能推动党和人民事业实现大发展大进步"①。我们很难将政党学习归咎于是一种在"刺激－回应"范式下的组织调适，其更接近于一种动员机制而非适应性机制。因此，作为一个独特的政党组织行为，以党内集中教育活动为代表的政党学习对于这个超大规模的使命型政党组织扮演着怎样的角色和功能？其背后的制度逻辑是什么？学界并没有充分解释。

本章拟从历史和理论维度考察中国共产党进行政党学习的制度逻辑。首先，本章将梳理中国共产党政党学习的历史沿革，发掘历史变迁线索和内在规律；其次，从横向出发，对中国共产党政党学习进行类型学分析；再次，以"组织学习"作为隐性主轴，比较中西方政党组织学习的差异，提出本书的分析框架，并重点以中国共产党集中教育活动作为重点，分析中国共产党政党学习的制度逻辑；最后，本章讨论政党学习活动的常规化和制度化努力对政党现代化和国家治理现代化之意义及其面临的挑战。

第二节　中国共产党政党学习的历史沿革与类型

中国共产党的党内学习问题，是一个涉及政党建设、组织管理、思想政

---

① 习近平：《中国共产党人要坚持学习学习再学习》（2013 年 3 月 3 日），习近平在中央党校2013 年春季学期开学典礼的讲话。

治教育、干部培训等综合性研究课题,从党内学习的视角切入,有助于我们从统领性的分析框架理解中国共产党的自我革新与组织调适。本章对中国共产党政党学习进行横纵向的梳理,即中国共产党政党学习的历史沿革和主要类型。一方面,有助于我们厘清中国共产党政党学习的历史脉络和发展规律,进而帮助我们了解"每当面临危机时,中国共产党总会启动'政党学习'这一工具凝聚力量渡过难关"的深刻内涵,及其在革命时期、社会主义建设时期、改革开放时期和新时代的不同呈现形式和发展变化;另一方面,有助于我们从"面"上了解当前中国共产党在进行政党学习过程中应对不同情境采取的不同类型的学习方式和学习平台,帮助我们分析中国共产党在政党学习中的"变"与"常",进而深入体会中国共产党政党学习的制度逻辑。

一、中国共产党政党学习的历史沿革

习近平总书记在中央党校 2013 年春季开学典礼中强调,"我们党历来重视抓全党特别是领导干部的学习,这是推动党和人民事业发展的一条成功经验"①。早在中国共产党建党之初,就格外重视政党的学习和干部教育培训工作,并在历史进程中不断探索和完善,主要呈现在以下几个时期:

(一)大革命时期中国共产党的政党学习

中国共产党是在共产国际的领导下,按照列宁建党原则的基础上成立的。因此,中国共产党是马克思主义与中国工人运动相结合的产物,也是先进分子认真学习马克思主义的伟大成果。同时,大革命时期的党内学习的形式与作风奠定了中国共产党进行政党学习的基础。总体上看,中国共产党在理论学习中产生,建党以来,理论学习便成为中国共产党在建党初期的政党学习的聚焦点。这一时期,中国共产党政党学习的内容包括两个方面:其一是马克思主义理论尤其是经济理论、各国劳工运动现状、劳工运动史等

---

① 习近平:《中国共产党人要坚持学习学习再学习》(2013 年 3 月 3 日),习近平在中央党校 2013 年春季学期开学典礼的讲话。

理论内容,以了解中国革命运动的现状和中国共产党革命的目标。理论对于中国共产党进行革命运动的指导意义不言而喻,正如毛泽东所强调,"指导一个伟大的革命运动的政党,如果没有革命理论,没有历史知识,没有对于实际运动的深刻的了解,要取得胜利是不可能的"①;其二是具体针对中国现状,以培养革命需要的干部为主要目标的有针对性的政治教育和军事教育。通过一系列有针对意义的政治教育和军事教育,以提高党员能力、认识、素质、克服小农思想的影响,增强党组织的战斗能力。

这一时期,中国共产党进行政党学习主要通过设立马克思主义研究团体和成立专门的学校等形式开展,如工人学校、农民运动讲习所、党校等方式组织党员和先进分子学习,总体上呈现为一种以理论导向为目标的组织化学习状态。早在 1921 年中国共产党成立之初,在党的一大《决议》中就曾提到要组成"劳工组织讲学所",为党的发展培养有用人才。1921 年 8 月,毛泽东根据党中央的指示,成立了湖南自修大学,这是中国共产党第一个正规从事马克思主义宣传和教育培训革命干部的高等学校。1924 年,中共安源地委党校正式成立,这是中国共产党历史上第一个正规党校。自 1924 年起,北京、上海、广东等地陆续筹办各类党校,各类党校系统成为党的组织化学习的重要基地。1925 年 1 月,党的四大通过的《关于宣传工作之决议案》强调"党中教育机关除支部具其一部分作用,另外于可能时,更有设立党校有系统地教育党员,或各校临时讲演讨论会,增进党员相互间对于主义的深切认识之必要"。由于革命形式的发展和党校经验的积累,1927 年 4 月党的第五次全国代表大会开始,筹建中央党校的问题被提上了党中央的重要议事日程。② 据统计,1925 年 1 月,党员人数为 994 人,1926 年 1 月,有 8000 多人,1926 年 4 月,达 1.1 万人,1927 年 4 月,发展到 57967 人。③ 这些干部教

---

① 《毛泽东选集》(第二卷),人民出版社,1991 年,第 533 页。
② 参见陆沪根、周国华:《党校教育规律研究》,华东师范大学出版社,2007 年,第 2 页。
③ 参见李小三:《中国共产党干部教育简史》,中共党史出版社,2009 年,第 15 页。

育培训学校的创建,为中国共产党队伍发展壮大起到了推动作用。

（二）土地革命时期中国共产党的政党学习

1927年大革命失败后,中国共产党的工作重心由城市转向农村,以农村为根据地积累和扩大党的力量。在农村根据地的建设与发展中亟须大量党的干部。随着大量农民进入中国共产党的队伍,需要对其进行无产阶级教育思想培训。因此,在这一时期,加快培育在农村革命根据地的革命干部具有重要意义。中国共产党经历了第一次国共合作的失败,革命暂时进入低潮,政党学习在内容上也有所变化,更加注重对经验教训的总结,从单纯的理论学习转向在实践中进行党内学习的探索,在内容和形式上均服从于革命的实际情况和具体问题。

土地革命时期,中国共产党建立了井冈山革命根据地,为了巩固和发展新生的苏维埃红色政权,中国共产党在根据地建立了各种形式的训练班和比较正规的教育机构,如苏维埃大学、马克思共产主义大学（中央党校）、中国工农红军大学、红军特科学校、游击队干部学校、高尔基戏曲学校等。上述各类学校和专门机构将马克思主义基本原理与中国共产党的具体实践相结合,为中共苏区政治建设、军事建设和社会建设培养了大批特科、卫生、通讯、文化文艺等党员干部人才,为中国共产党在根据地的发展和新生苏维埃政权的巩固奠定了基础。

同时,这一时期更加意识到加强党内教育实现意识自觉的重要性。正如马克思和恩格斯所述,"伟大的阶级,正如伟大的民族一样,无论从哪方面学习都不如从自己所犯错误的后果中学习来的快"[1]。在经历了大革命的失败后,中国共产党在政党学习时注重对过去的经验教训进行总结学习。1927年,毛泽东领导的"三湾改编"确立了"支部建在连上"的原则,在各级部队建立了党的组织,同时也建立了党内基层学习机构,为政党学习进一步

---

[1]　《马克思恩格斯文集》（第一卷）,人民出版社,2009年,第379页。

融入基层党组织和军队奠定了基础。1929年《古田会议决议》是关于党员干部思想教育的重要文献,开创了党内思想建设的新境界,在古田会议上,毛泽东系统总结了自1927年以来中国共产党创立红军的斗争经验,强调用无产阶级思想进行军队和党的建设,进一步地奠定了政党学习作为"党指挥枪"实践工具的重要意义。同时,在党内基层学习机构的基础上,中国共产党各级党组织加强马克思主义理论书籍编译工作,通过发行刊物,翻译著作等方式充实党员干部的学习内容。

(三)抗日战争和解放战争时期中国共产党的政党学习

抗日战争和解放战争时期,是中国共产党迅速发展壮大的历史时期,也是党内学习和干部培训的重要历史发展期。在这一时期,中国共产党充分抓住国内外局势复杂的机遇和革命迅猛发展的趋势,迅速壮大革命根据地,党员人数和党员干部队伍急剧扩大。为了能够更好地领导庞大的党员队伍,解决全党的思想认识问题,提高党的领导水平,使得党内和军队内部实现思想的统一和革命队伍的纯洁,党中央启动并开创了以整风学习为主要形式的政党学习的新局面。

1938年,在党的六届六中全会上,党中央决定要加强学习。毛泽东同志提出,"发动学习运动,开展学习竞赛,把全党变成一个大学校"的理论。"如果我们党有一百至两百个系统而不是零碎的、实际地而不是空洞地学会了马克思列宁主义的同志,就会大大地提高我们党的战斗力量。"①为了实现上述目标,中共中央决定在党内开展一系列大规模的学习运动,从自发的学习运动发展为成规模的、阶段性的整风学习,使得党的学习呈现出崭新局面。这一时期的政党学习主要呈现为以下三个特点:

一是建立了全党学习的领导体制和具体制度。1939年2月,中共中央专门成立了干部教育部,统一领导学习运动。1941年9月26日,中央书记

---

① 《毛泽东文集》(第二卷),人民出版社,1993年,第182~183页。

处会议决定成立中央学习组,毛泽东任组长、王稼祥任副组长。① 1942 年 5 月,中共中央政治局决定成立中央总学习委员会,毛泽东担任主任,领导和监督延安各层级干部开展整风。同时,党中央决定成立各地高级学习组,颁发了高级学习组的组织条例,形成了较为完整的学习制度。两小时学习制度、学习小组制度、考核制度、自学制度等一系列具体学习制度机制建立起来,党内学习在这一时期逐步走上了制度化道路。《关于干部学习的指示》《关于在职干部教育的指示》《关于提高延安在职干部教育质量的决定》《关于延安干部学校的决定》《中共中央关于在职干部教育的决定》等文件的出台,充分体现了党中央高度重视党内学习,拓展了党内学习的理论和实践,促进了党内学习体系的建设和完善。

二是在根据地继续创办教育机构。在陕北根据地,中国共产党创办了抗日军政大学、陕北公学、鲁迅艺术学院、延安大学等学校,这些学校成为全党进行系统学习的重要阵地。1941 年 12 月,党中央作出了《关于延安干部学校的决定》,"针对干部教育培训过程中存在的诸多问题,分别从教学内容、教学方法、教学组织、教员质量以及教材、设备等方面提出了具体的要求"②。这一时期,党中央对干部教育培训的部署逐渐成熟,在组织层面形成了更加系统的思考。

三是党的思想建设和思想统一成为政党学习的主要内容。毛泽东针对党内学风建设提出宝贵意见"共产党员又应成为学习的模范,他们每天都是民众的教师,但每天又是民众的学生。只有向民众学习,向友军学习,向环境学习,了解他们,才能对于工作实事求是,对于前途有远见卓识"③。同时,毛泽东在延安大学开学典礼上指出,"党校是学习搞党务的,也有政治、经

① 参见吴小妮、王炳林:《中央政治局集体学习制度与学习型政党建设》,《安徽师范大学学报》(人文社会科学版),2013 年第 4 期。
② 陈凤楼:《中国共产党干部工作史纲(1921—2011)》,党建读物出版社,2012 年,第 58 页。
③ 中共中央文献研究室:《建党以来重要文献选编(1921—1949)》(第十五册),中央文献出版社,2011 年,第 640 页。

济、文化课程，还有一些军事课，但是比较偏重讲党的理论，党的历史和作风"①。"根据马克思列宁主义的理论和中国革命的实践之统一的理解，集中十八年的经验和当前的新鲜经验传达到全党，使党铁一样地巩固起来，而避免历史上曾经犯过的错误——这就是我们的任务。"②

在《〈共产党人〉发刊词》中，毛泽东对外宣布要将共产党建设成为一个全国范围的、群众性的、思想上政治上组织上完全巩固的布尔什维克的政党，这实质上将党的思想建设放在政党建设的高度来讨论。"学习性也是党性；学风问题即是党性问题。"同时，在延安整风运动中，中国共产党特别重视将马克思列宁主义理论和中国革命实际相结合，在学习和反思中共党史和革命经验与教训基础上，形成《关于若干历史问题的决议》，促进了毛泽东思想在全党指导地位的确立。全党的学习大大地提高了党的理论水平，促进全党的团结，为夺取新民主主义革命的胜利夯实了基础。

（四）社会主义和建设时期中国共产党的政党学习

1949 年新中国成立，中国共产党由革命党变为执政党，党的工作重心发生了根本性变化。为了建设社会主义新中国的需要，党中央继续完善党内学习和干部教育培训，政党学习更为系统化和规范化，同时政党学习的主要内容也更加偏重于政治学习和业务学习相结合，学习方式和范围也逐渐扩大，由原来的根据地的自学和学校学习转变为自上而下的多领域的、多种方式相结合的党内学习，结合当时城市管理的具体工作，以中央指示、经验总结、党内通报、会议报告、新华社，人民日报的社论等方式在全党进行推广。同时，大规模地向苏联学习也是这一时期中国共产党政党学习的主要特征。随着 1950 年《中苏友好同盟互助条约》的签订，中国共产党开启了全面学习苏联经验和技术的历史。

---

① 《毛泽东文集》(第三卷)，人民出版社，1996 年，第 150 页。
② 《毛泽东选集》(第二卷)，人民出版社，1991 年，第 613~614 页。

1950 年 11 月，国务院下发了《关于举办工农速成中学和工农干部文化补习学校的指示》，明确指出："工农干部是建设人民国家的重要骨干……人民政府必须给予他们以专门受教育的机会，培育他们成为新的知识分子。"1951 年 2 月，中央下发《中共中央关于加强理论教育的决定（草案）》，明确了在统一的学习制度下系统进行党内学习的要求。① 自 1951 年起，党中央、国务院及各地方政府分层次进行教育培训，开设识字班、工农速成中学、工农文化补习学校、机关干部业余学校、职工业余教育、农民业余学校等。党内学习机制也在不断完善，如上课制度、请假制度、成绩考查制度，考试制度等陆续完善。

新中国成立以来，党中央对在职干部进行大规模轮训。其主要形式包括两种：其一是从中央领导到全体干部的有计划的读书活动。1958 年 11 月，毛泽东给县级以上党委写了一封《关于读书的建议》的信，要求全体干部读苏联的《政治经济学教科书》第三版，1959 年 12 月 10 日至 1960 年 2 月 9 日，毛泽东组织党中央从事理论工作的高级干部开展了历时两个月的集中读书活动。② 在郑州会议、庐山会议等重要会议上，都对党员干部的读书情况进行了详细地讨论。其二是在全党内的大范围的调查研究活动。中央在全党大兴调查研究之风，要求从实际出发，理论联系实际，在农村开展社会主义教育运动。总体上呈现为一种自上而下的、运动式的集中学习。

（五）改革开放初期中国共产党的政党学习

改革开放初期，中国共产党深刻总结了经验和教训，逐步恢复了党内学习和干部培训的传统。邓小平强调，"在不断出现的新问题面前，我们党总是要学，我们共产党人总是要学，我们中国人民总是要学。谁也不能安于落后，落后就不能生存"③。在全党工作重心向经济建设转变后，中国共产党面

---

① 参见冯俊：《干部教育培训改革与创新研究》，人民出版社，2011 年，第 146 页。
② 参见陈思、田雪鹰：《毛泽东组织的一次特殊读书活动》，《党史博览》，2018 年第 3 期。
③ 贺天成：《邓小平论学习》，《学习月刊》，1994 年第 10 期。

临最大的问题就是党员干部的知识和素质无法满足经济社会发展的需要。这一时期,党中央对学习内容有明确要求:其一,继续学习马列主义、毛泽东思想,将党内学习与党的工作相结合开展。"学习马列主义、毛泽东思想,要努力把马克思主义的普遍原则同我国实现四个现代化的具体实践结合起来"①;其二,学习研究党的历史。在全党学习研究党史基础上,党的十一届六中全会通过了《关于建国以来党的若干历史问题的决议》,在政党学习的基础上统一了全党思想;其三,学习现代化建设所需要的科学和管理知识,为改革开放和现代化建设提供人才保障。

在这一时期,干部培训成为中共党内学习的重要内容,从管理体制、机构设置、激励机制等层面均对干部培训和党员教育进行了规范化和制度化的设计。1977 年中共中央下发《关于办好各级党校的决定》,逐渐形成以党校为中心,各级行政学院相结合的党内学习平台。之后中央陆续下发文件,强调干部教育工作的经常化、常态化、制度化。② 1980 年颁布的《关于加强干部教育工作的意见》规定了干部党内学习的途径和方法,包括短期轮训、党校培训、在职学习三种形式,规定了选编教材和党员培养的具体方法,同时强调了各级党委对党内学习工作的领导责任和相应的制度要求。③ 1983 年《中共中央关于加强党员教育工作的通知》提出了党员日常学习的主要形式和途径,包括党校、短期轮训、经常性党课教育、有组织的自学、党的组织生活、党内主题活动、报刊网络等。1987 年中共中央专门下发了《关于建立健全省部级在职领导干部学习制度的通知》,把干部的理论素养、学习能力作为选拔任用干部的重要参考,有力地推动了党内学习的建设。④

---

① 中共中央文献研究室:《邓小平年谱》(一九七五 — 一九九七)(上),中央文献出版社,2004 年,第 451 页。

② 参见何祥林:《建设马克思主义学习型政党研究》,人民出版社,2015 年,第 103 页。

③ 参见杨海蛟:《回顾与展望:改革开放以来的中国政治发展》,中国社会科学出版社,2008 年,第 655 页。

④ 参见周玉清、王少安:《论马克思主义学习型政党建设》,人民出版社,2016 年,第 84 页。

（六）党的十三届四中全会到党的十八大时期中国共产党的政党学习

在党的十三届四中全会到党的十八大期间,中国共产党的党内学习和干部培训进一步制度化和规范化,如何在复杂多变的环境中继续推进中国特色社会主义伟大事业成为党内学习的重要背景。"学习应该养成习惯,形成制度。"①在这一时期,中国共产党进一步推动政党学习的制度化建设。

同时,政党学习在这一时期紧密围绕提高党的执政能力建设和推动现代化建设两大目标。一方面,"加强学习是防止和反对腐败的一个最基础的方法"②,中国共产党在全党范围内开展了一系列自上而下的政党学习运动。如1998年中共中央在全党开展以实践"讲学习、讲政治、讲正气"为主要内容的党性党风教育活动;2004年在全党开展的以实践"三个代表"重要思想为主要内容的保持共产党员先进性教育活动等。另一方面,党委(党组)中心组学习制度、省部级在职领导干部学习制度、中央政治局集体学习制度、省部级领导干部专题研讨班制度、党员干部读书制度、党员党性定期分析制度、全党专题教育制度等都是这一时期党内学习探索的先进制度形式。

21世纪后,中国共产党在将学习嵌入政党进行了理论和实践方面的有益尝试,提出建设学习型政党。2004年9月,党的十六届四中全会通过的《关于加强党的执政能力建设的决定》正式提出"努力建设学习型政党",第一次明确提出"重点抓好领导干部的理论和业务学习,带动全党的学习,努力建设学习型政党"③,党的十七届四中全会提出了《中共中央关于加强和改进新形势下党的建设若干重大问题的决定》,明确提出了"建设马克思主义学习型政党,提高全党思想政治水平"④的重大命题。2011年7月,中共中央办公厅印发的《关于推进学习型党组织建设的意见》对建设学习型党组织进

---

① 《江泽民文选》(第二卷),外文出版社,2006年,第447页。
② 《江泽民文选》(第三卷),外文出版社,2006年,第421页。
③ 吕澄:《推进学习型党组织建设学习读本》,红旗出版社,2010年,第6页。
④ 《中国共产党第十七届中央委员会第四次全体会议文件汇编》,人民出版社,2009年,第10页。

行了充分论述。党的十八大提出，必须把党建设成为"学习型、服务型、创新型的马克思主义执政党"①。将学习型、服务型、创新型作为执政党建设的统一目标提出来，是对执政党建设规律的深刻把握和重大理论创新。

（七）党的十八大之后中国共产党的政党学习

党的十八大以来，中国共产党继续推动政党学习的制度化建设，围绕党的中心工作，聚焦党内一段时间基本任务，对党内学习的指导原则、方式方法、流程规范做了规定，进一步促进党内学习体系的完善和发展。同时，党的十八大以后，党的群众路线教育实践活动，"三严三实""两学一做""不忘初心、牢记使命"、党史学习教育等党内主题教育实践活动是新时代加强党内教育的鲜活形式。

在这一时期，党中央多次召开会议，中共中央多次下发指导性文件，针对党员干部阶段性教育培训规划，党校行政学院、社会主义学院等办学治校主体责任的发挥以及加强特定主题的学习等方面不断加强指导规范。先后发布了《2014—2018 年全国党员教育培训工作规划》《2019—2023 年全国党员教育培训工作规划》《中国共产党干部教育培训科学化研究》《关于推进学习型党组织建设的意见》等，明确了习近平新时代中国特色社会主义思想在党内学习的重要地位，对党内学习的方式方法和基础保障等进行了指导性规定，覆盖全党的党员干部培训计划基本成型，使得党内干部教育培训有据可依。中国共产党第十八届中央委员会第六次全体会议通过的《关于新形势下党内政治生活的若干准则》明确指出，"坚持和创新党内学习制度。以党委（党组）中心组学习制度等为主要抓手，各级党组织要定期开展集体学习"②，将党内开展学习活动上升到制度高度。

---

① 胡锦涛：《坚定不移沿着中国特色社会主义道路前进为全面建成小康社会而奋斗》，《人民日报》，2012 年 11 月 8 日。

② 中共中央党史和文献研究院：《十八大以来重要文献选编》（下），人民出版社，2018 年，第 421 页。

二、中国共产党政党学习的主要类型

(一)党校教育

党校是中国共产党干部培训的重要阵地和主要渠道。在我国,国家级的干部教育培训机构有六所,分别为:中央党校(国家行政学院)、中国浦东、井冈山、延安三所干部学院,中央社会主义学院和大连高级经理学院,这些干部教育培训机构在培训中国共产党党员干部方面发挥着关键的作用。作为马克思主义学习、研究、宣传的重要阵地,党校的特殊性质决定了党校在整个干部教育培训体系中起着不可替代的作用。当前我国已经形成了中央、省级、市级、县级的四级党校教育培训网络,我国现有县级以上党校3000多所,党校培训的对象主要是领导干部。

不同于其他培训机构,党校的特殊功能在于其既要向党员干部传授知识技能,还要巩固干部对于党员身份的认同。沈大伟将党校的职能大致划分为意识形态教育、专业技能培训与思想库建设三大部分。[①] 我国的党校、行政学院、干部培训学院作为干部教育培训的主渠道和主要阵地,自建立之初就承担着培养和提高干部素质的重要任务,通过党校学习,培养了大量的基层党员干部和科学理论的骨干精英,对推动建设有中国特色的社会主义事业起到了重要的引领作用。以中共中央党校为例,其基本任务为:"培训轮训各级党员领导干部及后备干部,培养理论干部;承办党委和政府举办的专题研讨班;围绕国际国内出现的新情况开展科学研究,承担党委和政府下达的调研任务,推进理论创新;针对改革开放和社会主义现代化进程中的重大理论和现实问题,开展马克思主义中国化最新成果的理论宣传,开展党的路线、方针、政策的宣传;按照国家有关法律法规和政策规定,开展学位研究生以及其他形式的干部继续教育和培训;开展同国内国(境)外教育、研究等

---

① See David Shambaugh,Training China's Political Elite:TheParty School System,*The China Quarterly*,No.18,2008,pp.827-844.

机构和组织的合作与交流。"①

从党校教育改革及发展进程,我们可以看出中国共产党历来重视党校教育。中国共产党建立之初,党校便发挥其重要作用。1923年,我国历史上的第一所党校——安源党校成立,揭开了中共教育和党员干部培训的崭新一页。1933年3月,在瑞金中央革命根据地成立马克思共产主义学校对干部进行轮训,这是中央党校的前身。延安时期,瓦窑堡恢复党校,并正式改称中共中央党校。新中国成立后,我国从中央到地方先后建设了各级党校。"文化大革命"结束后,各级党校恢复教学,在中央的关怀下,党校迅速恢复了招收学员培训干部的教学工作。改革开放以来,党校教育逐步完善,走向了正规化。新时代,党校的教育培训工作坚持"党校姓党"的原则,强调"理论基础"和"党性修养"两个方面。

表7-1 中央党校的前世今生

时　间	历史沿革
1933年	创办于中央革命根据地瑞金的马克思共产主义学校
1935年	随中国工农红军到陕北后改称为中央党校
1937年	迁入延安
1943年3月—1947年3月	毛泽东亲任中央党校校长
1947年	中央党校撤离延安
1948年	中共中央决定创办高级党校,名为马列学院
1949年3月	马列学院随中共中央机关迁驻北京,开始了大规模培养教育干部的历程
1955年	改称中共中央直属高级党校
1966年以后	在"文化大革命"期间停办
1977年	恢复党校定名为中共中央党校

---

① 《中国共产党党校工作条例》,人民出版社,2008年,第9页。

续表

时　间	历史沿革
党的十一届三中全会前后和进入社会主义现代化建设新时期	在以邓小平为核心的中央领导集体领导下,中央党校为发起"真理标准问题"大讨论、推动实事求是思想路线的重新确立和党在指导思想上的拨乱反正做了大量的工作,为干部队伍的革命化、年轻化、知识化、专业化建设作出了重要的贡献
党的十三届四中全会后	在以江泽民为核心的中央领导集体领导下,中央党校在用马列主义、毛泽东思想、邓小平理论、"三个代表"重要思想武装全党、教育干部方面,取得了新的成就
党的十六大后	在以胡锦涛为总书记的党中央领导下,中央党校深入贯彻落实科学发展观,认真总结历史经验,坚持党校姓党、从严治校,在新的历史起点上把党校事业继续推向前进
党的十七大后	在习近平校长直接领导和关心支持下,中央党校认真贯彻全国党校工作会议、《中国共产党党校工作条例》和《2010－2020年干部教育培训改革纲要》精神,努力建设"一流学府",大力推进科学办校、开放办学,取得了一系列新成就、新进展,党校事业开创了新局面
党的十八大后	在以习近平同志为核心的党中央坚强领导下,中国特色社会主义进入了新时代。中央党校认真学习、研究、宣传习近平新时代中国特色社会主义思想,坚决贯彻落实2015年12月全国党校工作会议精神和中央颁发的《关于加强和改进新形势下党校工作的意见》,坚持党校姓党的根本原则,紧紧围绕"干部培训、理论建设、思想引领、决策咨询"四大职能,聚焦主业主课,真抓实干,奋力作为,进一步彰显了党校的特色和优势,党校事业发展进入了全新的历史境界
党的十九大以来	中央党校伴随党和国家的新发展、新面貌,继续开启新时代,踏上新征程,谱写新篇章

表格内容来自中共中央党校(国家行政学院)网站 https://www.ccps.gov.cn/xygk/xyjj/

表7-2　改革开放以来全国党校工作会议一览表

开始时间	会议名称	会议主要内容
1979年12月25日	第一次全国党校工作会议	定方向——标志着党校复校后,党校工作逐渐走向正轨
1983年2月22日	第二次全国党校工作会议	谋改革——党校教育正规化发展的开始
1985年1月31日	第三次全国党校工作会议	夯基础——完善中国特色党校教育体系,推进正规化

续表

开始时间	会议名称	会议主要内容
1994 年 3 月 4 日	第四次全国党校工作会议	求发展——确立"一个中心，四个结合"教学体系
2000 年 6 月 7 日	第五次全国党校工作会议	拓思路——开启新世纪新阶段的党校教育
2008 年 10 月 26 日	第六次全国党校工作会议	识规律——不断提高党校教育科学化水平
2015 年 12 月 11 日	第七次全国党校工作会议	坚持党校姓党，做好新形势下党校工作

表格内容来自中国共产党新闻网 www.cpcnews.cn

（二）中央政治局集体学习制度

中央政治局是我国国家治理体系的核心，中央政治局在全党学习活动中的率先垂范带动了党的各级组织、各级领导干部和全体党员不断加强和改善学习，中国共产党治国理政的本领在学习和实践中不断得到加强。中共中央政治局集体学习，是中央领导层集体学习的重要载体，是政党学习的一种重要的学习形式，是为提升党的执政能力和先进性提供的重要的制度保障。"中国问题的关键在于共产党要有一个好的政治局，特别是好的政治局常委会。只要这个环节不发生问题，中国就稳如泰山。"[1]政治局的团结稳定取决于政治局内部各成员意见的统一，集体的探讨式学习提供了一个平台。作为一种新颖而重要的学习形式，中共中央政治局的集体学习制度是我国治理体系提升学习能力的重要方式，是国家学习能力的重要体现。

中央政治局集体学习制度萌芽于 20 世纪 80 年代。1980 年 7 月 24 日开始，中央书记处邀请科学家赴中南海开办了 10 场科技讲座。1986 年，中央书记处邀请相关专家赴中南海开展普法教育讲座，期间中央领导共进行了 4 次集体学法活动。但是因为种种原因，中央政治局集体学习并没有形成制度坚持下来。1994 年，中央政治局集体学习重新启动，并逐渐形成制度，党的十八大以后继续完善，形成中央政治局集体学习制度的最终模式。

---

[1] 《邓小平文选》（第三卷），人民出版社，1993 年，第 365 页。

中共中央政治局集体学习内容涵盖了政治、经济、文化、社会、生态、国防和党的建设等多个方面。十六届中央政治局进行了 44 次集体学习,十七届进行了 33 次集体学习,十八届进行了 33 次集体学习,这有力地推动了中国特色社会主义事业的发展。从中央政治局的历次学习主题,我们可以清晰地看出中央政治局集体学习和国家治理密切相关,与国家治理所涉及的议题高度吻合。学习的内容很大部分都是民众普遍关注的热点问题和当时紧迫的政策议题,表明了中央政治局集体学习的时效性和针对性。

中央政治局集体学习的大体流程包括:首先,由中央办公厅牵头并负责组织邀请专家、会议安排等事项;其次,由中央政策研究室负责研究选题,选题多数关注于国内外政治、经济、社会、文化和科技等对国家发展与人民生活高度相关的重大课题,选题所涉及的部委负责提供相关材料,完成具体工作;在正式学习过程中,中共中央总书记主持学习过程,相关专家在会上就重点内容进行深入讲解,讲解结束后由政治局成员和专家就学习内容进行讨论。

习近平总书记指出,"只有加强学习,才能增强工作的科学性、预见性、主动性,才能使领导和决策体现时代性、把握规律性、富于创造性,避免陷入少知而迷、不知而盲、无知而乱的困境"[1]。中央政治局集体学习正是给党中央领导人一个统一的、集中的探讨式平台,从而减少决策的盲目性,增强中央决策的科学性、规律性和预测性,进而以示范效应推进学习型政党和学习型社会的建设。

表7-3　第十九届中央政治局集体学习

场次	时间	内容
第三十四次	2021 年 10 月 18 日	推动我国数字经济健康发展
第三十三次	2021 年 9 月 29 日	加强我国生物安全建设
第三十二次	2021 年 7 月 30 日	坚持党对人民军队绝对领导、奋力实现建军一百年奋斗目标

---

① 《习近平谈治国理政》(第一卷),外文出版社,2018 年,第 404 页。

续表

场次	时间	内容
第三十一次	2021 年 6 月 25 日	用好红色资源、赓续红色血脉
第三十次	2021 年 5 月 31 日	加强我国国际传播能力建设
第二十九次	2021 年 4 月 30 日	新形势下加强我国生态文明建设
第二十八次	2021 年 2 月 26 日	完善覆盖全民的社会保障体系
第二十七次	2021 年 1 月 28 日	做好"十四五"时期我国发展开好局、起好步的重点工作
第二十六次	2020 年 12 月 11 日	切实做好国家安全工作
第二十五次	2020 年 11 月 30 日	加强我国知识产权保护
第二十四次	2020 年 10 月 16 日	量子科技研究和应用前景
第二十三次	2020 年 9 月 28 日	我国考古最新发现及其意义
第二十二次	2020 年 7 月 30 日	加强国防和军队现代化建设
第二十一次	2020 年 6 月 29 日	深入学习领会和贯彻落实新时代党的组织路线
第二十次	2020 年 5 月 29 日	切实实施民法典
第十九次	2019 年 11 月 29 日	我国应急管理体系和能力建设
第十八次	2019 年 10 月 24 日	区块链技术发展现状和趋势
第十七次	2019 年 9 月 24 日	新中国国家制度和法律制度的形成和发展
第十六次	2019 年 7 月 30 日	推进军事政策制度改革
第十五次	2019 年 6 月 24 日	牢记初心使命,推进自我革命
第十四次	2019 年 4 月 19 日	五四运动的历史意义和时代价值
第十三次	2019 年 2 月 22 日	完善金融服务、防范金融风险
第十二次	2019 年 1 月 25 日	全媒体时代和媒体融合发展
第十一次	2018 年 12 月 13 日	深化国家监察体制改革
第十次	2018 年 11 月 26 日	中国历史上的吏治
第九次	2018 年 10 月 31 日	人工智能发展现状和趋势
第八次	2018 年 9 月 21 次	实施乡村振兴战略
第七次	2018 年 7 月 31 日	全面停止军队有偿服务
第六次	2018 年 6 月 29 日	加强党的政治建设
第五次	2018 年 4 月 23 日	《共产党宣言》及其时代意义
第四次	2018 年 2 月 24 日	我国宪法和推进全面依法治国
第三次	2018 年 1 月 30 日	建设现代化经济体系
第二次	2017 年 12 月 8 日	实施国家大数据战略

续表

场次	时间	内容
第一次	2017 年 10 月 27 日	深入学习贯彻党的十九大精神

表格内容来自中国共产党新闻网 www.cpcnews.cn

(三)党委理论学习中心组

党委(党组)理论学习中心组学习是各级党委(党组)领导班子和领导干部在职理论学习的重要组织形式,是严肃党内政治生活、强化党性修养的重要内容,是加强各级领导班子思想政治建设的重要制度,是建设学习型、服务型、创新型马克思主义执政党、提高党的执政能力和领导水平的重要途径,是指导和带动干部职工开展政治理论学习的关键环节。①

党委理论学习中心组制度初创于党的六届六中全会的众多学习小组中,经过新中国成立时期的不断探索,于十一届三中全会正式形成,至今仍在不断完善。② 1993 年 11 月 2 日,中共中央《关于学习〈邓小平文选〉第三卷的决定》中,正式使用了这一名称。③ 2000 年 9 月 28 日,中央组织部、中央宣传部联合下发了《关于印发〈关于加强和改进党委(党组)中心组学习的意见〉的通知》,进一步规范和完善了这一制度。2017 年 3 月,中共中央办公厅印发了《中国共产党党委(党组)理论学习中心组学习规则》,对中心组学习的性质、原则,中心组的组成,有关成员的职责,学习秘书及有关部门的任务,学习内容、形式和要求,学习计划、督察、考核、通报、问责等,做出了明确的制度化规定。

党委理论学习中心组是党委(党组)成立对党员进行在职培训的重要组织形式,学习内容主要涉及党的宗旨、路线、方针政策等理论知识。学习目

---

① 参见《中国共产党党委(党组)理论学习中心组学习规则》,中国法制出版社,2017 年。

② 参见徐蕾:《关于党委理论学习中心组学习制度的思考——基于历史和文本的视角》,《北京教育(高教)》,2020 年第 8 期。

③ 参见陈桂生:《中国干部教育》,人民出版社,2016 年,第 41 页。

的:一是为了加强新党员的政治觉悟;二是为了学历不高的党员巩固知识,加强他们的政治底蕴,与时俱进;三是为了教导纠正整治政治觉悟低的党员。在组织构成方面,党委理论学习中心组由党委领导班子成员组成,党委书记任中心组组长,负责日常学习安排。中心组配有学习秘书,协助中心组组长完成学习工作。中心组根据日常的实际情况制定学习任务,并建立与之相匹配的考勤、档案、通报、经验交流、考核、督查等各项制度。党的十八大以后,党委理论学习中心组制度结合各地情况衍生出新的模式,如中心组学习旁听制度、中心组学习巡听制度等,并辅之以层层落实的工作责任制和领导责任制。

表7-4 2021年党委理论学习中心组学习计划安排表

月份	学习内容	形 式	学习时间
一	学习贯彻党的十九届五中全会精神	专题学习	半天
二	学习贯彻党的十九届中纪委五次全会精神	集中学习	半天
三	学习贯彻市"两会"精神	专题学习	半天
四	贯彻全国"两会"精神	专题学习	半天
五	宣传思想和意识形态工作	集中学习	半天
五	纪检监察、统战理论	集中学习	半天
六	学习贯彻区纪委×届×次全会精神	集中学习	半天
六	习近平总书记在×考察重要讲话精神	集中学习	半天
七	学党章党纪党规学习	集中学习	半天
八	《习近平谈治国理政》第三卷	集中学习	半天
九	《中国共产党廉洁自律准则》等党内监督条例的学习	集中学习	半天
十	习近平总书记关于经济工作的重要论述	集中学习	半天
十一	中央有关全会精神	专题学习	半天
十二	党章与宪法的法治解读	集中学习	半天

表格内容来源于《党委理论学习中心组2021年学习计划》

(四)省部级在职领导干部学习制度

省部级在职领导干部学习制度是针对省部级在职领导干部培训的重要

培训计划和制度安排。1989 年 12 月 27 日下发了《中共中央关于建立健全省部级在职领导干部学习制度的通知》,描绘了省部级在职领导干部学习制度的大体框架。在党的十八大以后,党员领导干部作为思想政治教育的重点对象,在每届任期到中央党校进修一次,学习的内容主要包括马克思主义理论、党的基本政策等。

省部级在职领导干部学习制度中规定了领导干部每年至少拿出半个月的时间选读理论书籍并向党组织汇报心得体会的理论学习制度。拟推荐的领导干部应先送中央党校进行为期一年的后备干部培训制度。在省部级在职领导干部学习制度中,由中组部负责制定领导干部的学习计划,统一由中央党校执行落实,中组部在过程中进行监督。

(五)省部级领导干部专题研讨班制度

1989 年中共中央颁发了《关于建立健全省部级在职领导干部学习制度的通知》指出,"要根据需要委托中央有关部门举办有省部级领导干部参加的专题研讨班,采取理论联系实际的方法,研究讨论一个或几个重大问题"[1]。1993 年和 2000 年举办的研讨班是新时期省部级领导干部学习研究的雏形。2000 年 6 月 5 日中共中央作出了《面向 21 世纪加强和改进党校工作的决定》,正式确定了省部级领导干部专题研讨班制度。[2]

省部级领导干部专题研讨班制度在中央党校每年定期举行一次,各省区市、中央和国家机关、军队的主要正职才能参加。学习内容注重选取国计民生、改革发展领域的重点难点问题,注重现实问题的解决。

(六)党内集中教育活动

党内集中教育活动是中国共产党在全党范围内开展的普遍的马克思主义教育活动,是党在事业关键时刻解决党的思想、组织、作风问题的重要方

---

[1]　周玉清、王少安:《论马克思主义学习型政党建设》,人民出版社,2016 年,第 90 页。
[2]　参见冯俊:《干部教育培训改革与创新研究》,人民出版社,2011 年,第 157 页。

法。集中教育活动具有强度大、动员程度高的特点,能够在短时间内有效解决党存在的思想、组织、作风等方面的突出问题。针对特定历史时期的新问题,党以集中教育的形式开展党内教育活动,是对马克思主义政党理论的丰富和发展。

表7-5　历次党内集中教育活动一览表

	名称	时间	对象	任务	特征
民主革命时期	延安整风运动	1942—1945	全体党员,高级干部为重点	克服主观主义、宗派主义和党八股等错误思想作风,学习唯物辩证法,端正党的思想路线和组织路线	理论联系实际的形式;"团结-批评-团结"的方针
	"三查三整"运动	1947—1948	农村党的基层组织、区村两级基层党员干部	查阶级、查思想、查作风;整顿组织、整顿思想、整顿作风,提高党员干部觉悟	阶级教育运动;党内民主与党外民主相结合
社会主义建设时期	建国初期整风整党运动	1950—1954	全体党员,干部为重点	集中反对上级领导机关的官僚主义作风、中下级领导机关的命令主义作风,克服党内脱离群众的不良作风	将"思想教育"和"纪律教育"相结合
	1957年整风运动	1957—1958	全体党员,县级以上、军队团级以上的党组织以及大专院校党组织为重点	反官僚主义、宗派主义、主观主义,提高全党思想水平,改进作风,适应社会主义改造和建设需要	过于形式化,没有充分理论准备,整风部署不断变化
	社会主义教育运动	1963—1966	全体党员	前期:农村"四清",城市"五反";后期:清思想、清政治、清组织、清经济	"阶级斗争"和"社会主义教育"相结合
	1968年整党建党	1968	全体党员	有步骤有领导地做好清理阶级队伍工作	"开门整党"的方式重建党组织,思想上、政治上造成极大破坏

	名称	时间	对象	任务	特征
	文革时期整风运动	1970—1971	全体党员	揭露陈伯达反党、反"九大"路线、反马、列、毛思想的罪行;揭发林彪反革命集团罪行,清查相关人员	指导思想不断变化,运动内容相互矛盾
改革开放时期	1983年整党	1983—1987	全体党员	统一思想、整顿作风、加强纪律、纯洁组织	精确性、秩序性;自上而下的方式
	"三讲"教育	1998—2000	县级以上党政领导班子和领导干部	讲学习、讲政治、讲正气,努力做到思想明显提高,政治明显进步,作风明显转变,纪律明显增强	具有市场化的历史背景;"试点先行",有步骤有重点地推开
	"三个代表"重要思想学习教育活动	2000—2002	县(市)部门、乡镇基层领导干部	解决农村基层党组织存在的突出问题,提高农村基层干部素质,改进党的农村工作	专门针对农村党员;分批次、分阶段
	保持共产党员先进性教育活动	2004—2006	全体党员	提高党员素质、加强基层组织、服务人民群众、促进各项工作,为实现全面小康社会的目标提供组织保证和政治保证	具有鲜明时代特征;理论准备和顶层设计相结合;强调解决实际问题
	深入学习实践科学发展观活动	2008—2010	全体党员,县处级以上领导干部为重点	提高思想认识、解决突出问题、创新体制机制、促进科学发展和加强基层组织	突出解决实际问题;把群众满意度作为活动评价成效标准
	创先争优活动	2010—2012	全体党员和党组织	创建先进基层党组织、争做优秀共产党员,充分发挥基层党组织的战斗堡垒作用和先锋模范作用	实现方式灵活多样;弹性安排

名称	时间	对象	任务	特征
党的群众路线教育实践活动	2013—2014	全体党员	县处级以上领导干部为重点以"为民、务实、清廉"为主题,教育引导党员树立群众观点,解决"四风"等突出问题,密切党群干群关系	目标导向性;强调群众路线;分批次,自上而下进行
"三严三实"专题教育	2015	县处级以上领导干部	加强党性修养,改进工作作风,深化"四风"整治,巩固和拓展党的群众路线教育实践活动成果	专题式教育;中央政治局带头开展
"两学一做"学习教育	2016	全体党员,领导班子和领导干部	学党章党规、学系列讲话、做合格党员,推动全面从严治党向基层延伸,巩固拓展党的群众路线教育实践活动和"三严三实"专题教育成果	专题式教育;有针对性地解决问题;理论和实践相结合
"不忘初心、牢记使命"主题教育	2019—2020	全体党员	深入学习贯彻习近平新时代中国特色社会主义思想,锤炼忠诚干净担当的政治品格,团结带领全国各族人民为实现伟大梦想共同奋斗	淡化集中党内教育;突出正面典型;责任划分明确,强化监督指导

第三节　中国共产党政党学习的制度逻辑

一、政党学习:西方视野与中国路径

在任何一个经济、社会和政治体系中,不论我们的社会制度设计得多么完善,任何组织都具有不断衰退的倾向,对于政党组织来说也不例外。面对组织的衰退风险,组织需要有效的修复机制。如果说在赫希曼看来,退出与呼吁是"外部"消费者或成员应对组织绩效衰减的方式,①那么组织学习则是从"内部视角"进行组织修复的重要制度。

自 20 世纪 60 年代以来,组织学习愈来愈受到组织研究者和管理实践者的重视。② 早期的组织研究学者将组织学习视为一种发现并修正原有信息处理方式和行动决策以适应环境变化的过程,本质是一种适应性学习。③ 随着人们对组织学习研究的深入,人们将组织视为一个社会系统,组织学习则是在实现组织愿景前提下个体、团队和组织中进行知识更新和制度化的互动过程,在互动过程中组织、团队和个人之见形成价值、信息和知识的共享和互塑。④ Schilling J. 和 Kluge A. 从组织障碍切入,提出组织学习的三层级模型:个人行动层面、组织结构层面以及社会环境层面。⑤ 具体而言,在个人层面,组织学习需要解决组织中个体成员的有限理性、组织认同、成员服从等问题;在组织层面,组织学习面临组织的官僚制结构、组织目标模糊和单一权威结构给组织运行的有效性等带来的障碍;在环境层面,组织学习需要考虑到组织文化和外界环境对学习的影响。这一模型不仅为理解组织学习提供了一个全面的分析框架,也为本书分析政党组织学习提供了逻辑起点。

作为一个复杂的组织系统,政党组织学习不仅受到政党组织的个体认知、政府结构和目标、政党组织文化的影响,同时也改变并塑造着政党组织的成员认同、官僚组织的运行效率以及政党文化。不同政体下的政党,其意

---

① 参见[美]艾伯特·赫希曼:《退出、呼吁与忠诚:对企业、组织和国家衰退的回应》,卢昌崇译,格致出版社,2015 年。

② See Argyris C., *Organizational traps leadership*, *culture*, *organizational design*, Oxford University Press,2010.

③ See March,J. G.,& Olsen,J. P.,The uncertainty of the past:organizational learning under ambiguity,*European Journal of Political Research*,No. 2,1975,pp. 147 – 171;Levitt,B.,& March,J. G.,Organizational learning,*Annual Review of Sociology*,No. 1,1988,pp. 319 – 338.

④ See Vera,D.,& Crossan,M.,Theatrical improvisation:lessons for organizations,*Organization Studies*,No. 5,2004,pp. 727 – 749.

⑤ See Schilling,J.,& Kluge,A.,Barriers to organizational learning:an integration of theory and research,*International Journal of Management Reviews*,No. 3,2009,pp. 337 – 360.

识形态、组织结构、管理文化的差异性决定了不同的政党学习方式、内容和能力。

（1）组织成员层面，为了凸显政党成员的代表性和利益诉求，西方国家的政党学习聚焦于政治沟通和政治决策。在学习中提升与大众媒体、公众舆论和政党成员的政治沟通，对政策决策的参与性和决策规则的程序性进行制度设计，服务于政党成员内核选民的利益表达和利益代表。竞争性的政党体制作为西方政党学习的前提，在该体制下，政党以获取选票赢得选举为主要目标，学习的直接目的是为了在选举中获胜，试图吸引更多的选民，建立起自己的支持者阵营，资产阶级各党派之间的竞争活动直接培养和训练了大批的政治精英，体现了西方政党学习的实用性导向。西方政党的政党学习融汇于政治决策和政治沟通中，为在竞选活动中胜出，政党策略性地选择动员哪些选民，如何进行动员，例如建立广泛松散的联盟或寻求相同阶层、族群等特定群体支持。① 大众传媒作为政治沟通的主要渠道，在政党学习中突出利用媒体和学习政治沟通的技巧，只有善于学习的政党才能在政治沟通中处于主动地位。在西方，设有大量的培训学院、培训课程，用以提升个人魅力、提升竞选技巧和能力，来为政党政治的候选提供服务，结果就是西方的政党学习培养了一大批实用型的政治精英。

（2）组织环境层面，西方国家的政党学习建立在政党的适应性变革基础上。"西方国家在长期保持政治民主制度稳定、不曾发生重大社会改革的同时，其政党政治的变迁实际上称为民主制度保持动态调整的主要动力和根源所在。"②西方政党通过学习增强对当前政策环境的判断力和理解力，将其予以吸收和简化以促进政策形成的有效性，是维护西方民主制度的重要手段。

---

① 参见［美］卡尔斯·波瓦克斯、苏珊·C.斯托克斯编：《牛津比较政治学手册》，唐士其等译，人民出版社，2016年，第575～596页。

② 张小劲：《关于政党组织嬗变问题的研究：综述与评价》，《欧洲研究》，2002年第4期。

　　(3)组织结构层面,西方国家的政党学习呈现出松散耦合的结构特征,学习方式灵活多样。西方政党成立了一系列扁平化的、临时性的组织或论坛,在广泛政治沟通中充分体现民意和党员利益代表;在政党学习中引入智库机构,西方智库具有自下而上的多元主义模式,有效地促进了政策决定的开放性和民主性,加强政党组织、社会团体和民意机构之间的合作。同时,在规模上,西方政党不过于强调扩大党员规模,而是注重吸收社会各方面的精英入党。但是由于缺乏统一的核心领导力量,组织松散,导致了政党学习的动力不足。同时,西方崇尚个人主义,西方政党的政治精英以自己在某些方面的独特优势,并不热衷于集体行动。他们坚信自己有足够的政治能力和政治素养,西方党组织的分散化和党员个人的独立性,使得总体上而言,西方政党不存在大规模的政党学习,而是呈现出松散耦合的结构特征。

　　然而作为非竞争体制下的政党组织,中国共产党的政党学习不同于西方政党,而是具有其特殊性,这种特殊性主要受到政党性质和政党规模的影响。一方面,中国共产党是一个典型的使命型政党。"以吸引人们并信奉其理念为主要目的,而非以扩大选民支持而赢得公职选举为主要目标。"①强烈的进取精神和使命意识、人民至上的价值情怀和崇高的革命目标是马克思主义使命型政党的本质特征,这决定了"中国共产党如何永葆先进性和纯洁性、永葆青春活力,永远得到人民拥护和支持",既是必须回答好、解决好的一个根本性问题,也是中国共产党进行政党学习的根本动力。另一方面,作为一个超大规模的百年政党,中国共产党的历史发展轨迹呈现出内生性过程。传统因素常常在新形势下得以存续,组织的内部学习成为中国共产党学习和可持续发展的路径依赖。中国共产党通过不断学习政党的历史经验,激活组织记忆,为新环境中的政党完成组织使命提供发展动力。受到"使命型组织"和"超大型组织"的影响,以集中教育活动为代表的政党学习

---

　　①　杨光斌:《政治学导论》,中国人民大学出版社,2000 年,第 134 页。

呈现出以下特点:

（1）组织成员层面,中国共产党通过思想教育、经典文献阅读等形式,对共产党员进行教育和训诫,旨在提升基层党组织和党员对党中央权威的认同,维持成员的革命性和纯洁性。美国学者坎贝尔在《美国选民》中最早提出了政党认同（Party Identification）一词,指的是选民"在心理上对某一政党的归属感或忠诚感"①。中国共产党是一个典型的使命型政党,以吸引人们信奉其理念为主要目的,而非以选举获得选民支持为主要目的。中国共产党是伴随着深入学习而产生的,是中国先进知识分子运用学习马克思列宁主义的过程。中国共产党一经产生,就是一个指导思想明确、组织严密、目标清晰的政党。意识形态上,中国共产党以科学社会主义理论为指导,坚定地奉行马克思主义指导思想,坚持马克思主义一元意识形态。帮助全体党员塑造普遍认同的价值遵循,这适应革命战争年代激烈的阶级斗争的需要,有利于凝聚党员,吸引并说服更多的工人、群众加入其中,形成强大的战斗力。

（2）组织环境层面,以"党群关系"为导向,中国共产党在以集中教育活动为代表的政党学习中,通过一系列践行群众路线的实践活动密切党员与群众之间的关系,进而培育社会认同,提高政党组织合法性。作为非竞争性政党,中国共产党是典型的马克思主义使命型政党。中国共产党的命运是同国家、社会和人民息息相关的,执政的好坏直接关系到国家治理、社会安定和人民幸福,担负着更沉重的历史责任和艰巨任务。要实现从执政变到长期执政,为长期执政积累更多的合法性,需要通过政党学习不断加强自我建设。

（3）组织结构层面,中国共产党以集中教育活动为代表的政党学习始终呈现出严密组织体系下的等级化学习,具有一定的严肃性、纪律性和有限参

---

① Angus Campbell, *The American Voter*, John Willey& Sons, 1960, p. 121.

与性等特征。中国的政党组织结构内部关联性强,呈现出"紧密状"和严密的、金字塔式的结构。由强有力的党中央的领导,个体成员嵌入党组织之中,个体的存在与发展和党组织紧密结合,个人的意愿必须首先服从于组织的要求,并且党员干部的职位晋升还直接与教育培训相挂钩。共产党这种权力高度集中的中央组织和夯实的基层组织共同构成了严密的组织架构,保证了政党能够按照党的意志和目标对党员和干部开展培训培养工作。在这种组织架构中,个体党员和党组织之间具有强烈的"控制 - 依附"的关系,这种"控制 - 依附"的双向关系是共产党保持结构稳定的关键。①

表7-6 不同体制下政党组织学习的特征与逻辑

	组织成员	组织结构	组织环境	总体逻辑
竞争性体制下的政党	获得选举胜利,彰显成员的利益代表和表达	松散耦合、开放式、扁平化	以"政策"为导向,维护西方民主制度	"应激 - 调适"逻辑
非竞争性体制下的政党	巩固执政地位,维持成员的革命性和纯洁性	严密体系、封闭式、等级化	以"党群关系"为导向,提升政党合法性	"依赖 - 强化"逻辑

结合 Schilling J. 和 Kluge A. 的组织学习模型,笔者认为,作为超大规模组织的政党学习,以党内集中教育活动为代表的政党学习不仅是一种"应激-调适"逻辑下的适应性学习,会根据党的路线变化和时代特征进行组织调适,但更多地表现为一种"依赖-强化"逻辑下的社会互动系统。在这个互动系统中,由"自我革命"的党员个体认知、"党政体制"结构以及"群众路线"的党群关系等所组成的制度积累和知识结构决定了中国共产党以集中教育活动为代表的政党学习的性质和特征。以党内集中教育活动为代表的政党学习通过思想教育、政治训诫和群众路线等形式,培育组织认同重塑组织的权威性,解决组织失灵提升组织的有效性,激活组织记忆彰显组织的合

---

① 参见王伟:《政治精英培养与政党能力建设》,中共中央党校 2014 年博士学位论文,第 70 页。

法性,最终实现自上而下的组织学习的制度化过程。

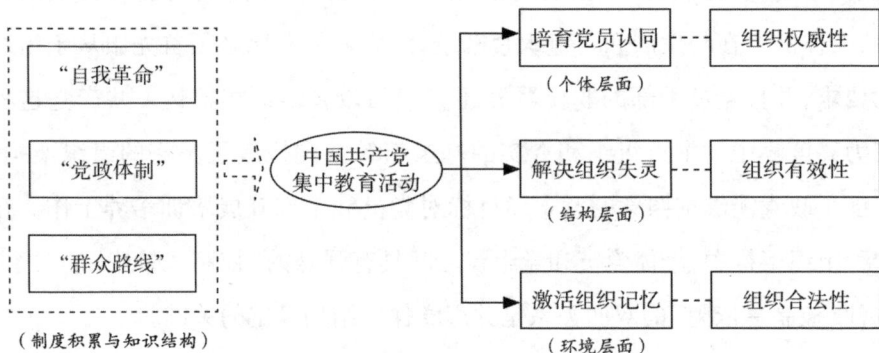

图7-1　中国共产党集中教育活动制度逻辑示意图

二、中国共产党政党学习的制度逻辑:以党内集中教育活动为例

中国共产党集中教育活动最早可追溯到延安整风运动。之后,集中教育作为政党组织自我管理、自我教育和自我革命的有效方式得以延续至今,在实践中不断创新发展,形成具有鲜明特色的党内教育管理模式。党内集中教育活动可以分为三个历史阶段:民主革命时期、社会主义建设时期和改革开放时期(见前表7-5)。

学者程熙曾将"政党组织如何化解组织内部矛盾"视为隐性线索,将党内集中教育活动的历史演进归纳为三次制度变革,即从肃反到延安整风,从运动到活动,从活动到主题教育。① 第一次制度变革开启了以"整风"为标志的马克思主义教育运动解决党内矛盾的方式;第二次制度变革是以"运动式"集中教育为主的旨在纯洁党性党风的思想教育运动,以"三讲"教育为主要代表和标志性节点;第三次制度变革强调更为灵活的以"主题教育"为标志的、集中教育和经常性教育相结合的、理论联系实践的教育活动。三次制度变革的梳理较好地呈现了党内集中教育活动的演变逻辑,体现了政党组

---

① 参见程熙:《党内集中教育的三次制度变革和演变逻辑》,《理论与改革》,2019年第5期。

织路线和内部矛盾发生变化时党内集中教育活动的适应性调适。

但是我们不仅要看到集中教育活动的"变",更应当看到其中的"不变"。譬如,集中教育活动始终以党的理论和经典文献等思想教育为主,兼以群众路线实践活动的形式并未改变;大规模地自上而下的等级式学习方式并未改变;以整顿和加强党员思想政治建设、作风建设和密切联系群众的宗旨并未改变,等等。因此,考察党内集中教育活动的历史变迁,虽然"主题"名称不同,但在内容、形式上具有一定的同质性,党内集中教育活动更多的是表现为一种"强化"逻辑。换句话说,党内集中教育活动的历史演进,其背后隐藏着一个稳定共享的制度逻辑。周雪光将中国国家治理的制度逻辑定义为"一系列的制度设施"[①],其塑造了解决问题的途径和方式,进而规定了国家治理的轨迹。中国共产党集中教育活动不仅受到中国共产党"自我革命"的进取精神、"党政体制"结构和"群众路线"的意识形态等"制度设施"的影响,同时也作为"制度设施",从"培育党员认同""激活组织记忆""提升组织有效性"等方面形塑了中国共产党的政党行为。

(一)作为培育组织认同的价值载体,重塑政党组织权威性

几乎不会有人否认"组织规模"对理解中国共产党的重要性。中国共产党是一个有着9000多万名党员、460多万个基层党组织的党,是一个在14亿人口的大国长期执政的党。"这么大的一支队伍,要管理好不容易。如果放松管理,肯定会出问题,甚至出大问题。"[②]"超大型组织"给中国共产党带来两个问题:其一,组织规模的扩大、等级链条的延长将导致信息不对称状况恶化,带来组织效率的损失;其二,先进性和纯洁性是马克思主义政党的本质属性,[③]作为一个使命型政党,如何始终保持中国共产党的进取精神和

---

①　周雪光:《中国国家治理的制度逻辑:一个组织学研究》,生活·读书·新知三联书店,2017年,第9页。

②　《十五大以来重要文献选编》(中),人民出版社,2001年,第1120页。

③　参见习近平:《在庆祝中国共产党成立95周年大会上的讲话》,新华网,http://www.xinhua-net.com/politics/2016 - 07/01/c_1119150660.htm。

正确的政治方向,对于巩固党的执政地位意义重大。为了避免"组织规模负效率"对政党内部管理的影响,永葆党的先进性和革命性,中国共产党一方面建立了严密有序的等级制组织制度,在自上而下的漫长链条中形成权力集中、层层节制的组织结构和制度配套,另一方面通过建立统一严密的、接受中央权威的观念制度体系,通过马克思列宁主义统一执政党内部观念,形成以"一统体制"为中心的、维系中央权威的共享观念制度,进而保障中国共产党在精神层面的纯洁性、革命性和统一性,在政策执行层面做到令行禁止。这种共享观念制度的建立依托于自延安整风时期以来历次党内集中教育活动的持续性开展。

首先,中国共产党通过集中教育活动的形式自上而下地对各级党组织和党员进行大规模政治规训,旨在统一思想、提升党员的革命性和纯洁性。在改革开放前,主要呈现为"整风""整党"等形式。延安整风运动是第一次在全党范围内的马克思主义思想教育运动,开创了党内集中教育活动的先河。在"惩前毖后、治病救人"的方针下,党员通过认真阅读整风文件,开展批评和自我批评,弄清犯错误的环境、性质和原因,逐步取得思想认识上的一致。① 这场党内集中教育活动实现了对党员大规模的政治规训,为党内统一思想、解决党内革命性和纯洁性问题奠定了基础。1949 年新中国成立,中国共产党构建了一个强有力、官僚化的新型政权,作为一种具有高度内部凝聚力的党政体制,高度组织化体系下的政治规训的能力和功能始终并未改变,以"整风"为代表的集中教育活动延续下来,贯穿于社会主义建设时期。

改革开放以来,随着社会经济的发展和多元价值观的渗入,政党组织传统权威弱化,单纯依靠"整风"进行政治规训失去其发展空间。为了培育组织认同和统一思想,中国共产党采取了"思想领域"集中规训和"实践领域"经常性训诫相结合的方式。这一时期的集中教育活动更聚焦于解决实际问

① 参见中共中央党史研究室:《中国共产党的九十年(第一卷)》,中共党史出版社,2016 年。

题的能力,通过"发现问题—分析问题—解决问题"的形式,设计落实整改方案、开展主题实践活动和群众总结评议,将党性不强、党风不正、执行党纪不严、官僚主义严重等问题解决化约为具体的指标、任务和整改措施,将对党员整风式的政治规训转化为科层式的专项工作。基层经常性教育的开展,确保党的最新思想理论渗透进各级党组织的日常工作中,在逐级落实对党中央精神的政治实践中,各级党组织和党员得以受到政治规训。这种科层式的干部政治规训效果显著,在 2004 年开启的"保持共产党员先进性教育活动"涉及 7000 多万名党员,350 多万个基层党组织。活动结束后,新建基层党组织 13 万个,整顿软弱涣散、不起作用的基层党组织 15.6 万个,集中培训基层党组织负责人 291.9 万名,在活动中被认定为"不合格"的党员中,有 44738 名被清除出党。[①] 在中国共产党集中教育活动这种自我革命的政治规训下,各级党组织和党员的纯洁性和革命性得以检验。

其次,开展集中教育活动也为各级党组织提供了一个参与互动平台,在政党活动中维系与中央观念之统一,培育党员的组织认同,重塑党中央的权威性。对于地方各级党组织而言,党内集中教育活动既是基层党组织和党员广泛参与自身建设,提升凝聚力的场域,也是一个培育党员认同和政治忠诚的平台。在党内集中教育活动中,地方各级党委和党员通过积极参与主题教育活动的"规定动作"和创制"自选动作"的形式积极回应党中央的精神,以对党中央重要指示等共同体道德价值的表达性复原和重申的形式,回应并向上级展示自己政策创新能力和释放党员组织认同的信号。例如,在群众路线教育实践活动中,各地各部门开展了一系列群众工作的新鲜案例,推进群众路线教育理念、内容、方式和载体创新:枣庄市中区推行"村民说事"制度、贵州遵义创建"村民服务型基层党组织"以及广东省委值班室党支

---

① 参见[美]沈大伟:《中国共产党:收缩与调适》,吕增奎、王新颖译,中央编译出版社,2012年,第 186 页。

部建立"群众利益守夜人制度"等,①通过激活基层组织体系力量,实现基层党组织组织力的提升和在政党活动中培育党员的组织认同。周雪光将这一过程视为"政治教化的仪式化","这些仪式化活动在日常生活中不断地维系、强化了人们相互间对中央权威的意识和认可"。② 在这种政治规训的仪式化过程中,维系了基层党员与中央观念之统一,培育党员的组织认同,重塑党中央的权威性。

(二)作为激活组织记忆的重要方式,彰显政党组织合法性

组织的合法性指组织权威结构的被认同,受到价值观念和组织制度的影响。对于中国共产党而言,政党组织的合法性由"群众路线"的价值体系和"党政体制"的制度结构所决定。正如舒曼所述,"共产主义中国就像一座由不同砖石筑成的大厦,不论它们是如何构筑的,把它们结合起来的是意识形态和组织"③。"群众路线"便是奠基中国共产主义大厦的重要基石,也是中国共产党集中教育活动的重要内容。

革命进程中的阶级斗争促使以毛泽东为代表的共产党人"强调群众以及群众路线的重要性",进而形成了支撑中国革命成功地以"群众路线"命名的政治创新。④ 在革命年代,群众路线为中国共产党提供了强大的群众基础和政治凝聚力,在中国特色社会主义进入新时代的历史关键期,群众路线仍然是执政党治国理政的重要政治资源和成功经验。作为中国政治体制至关重要的一部分,群众路线在恰当规范党和群众之间关系,回应群众需求基础上,使中国共产党和群众结成一个整体,进而以这个整体为基础构建了国家

---

① 人民网:"群众工作典型案例"征集评选启动,http://dangjian. people. com. cn/n/2013/0401/c117092 - 20980761. html。

② 周雪光:《权威体制与有效治理:当代中国国家治理的制度逻辑》,《开放时代》,2011 年第10 期。

③ Franz Schurmann, *Ideology and Organization in Communist China*, University of California Press, 1971, p. 1.

④ 参见邹谠:《中国革命再阐释》,牛津大学出版社,2002 年。

与社会之间的相互支持关系。① 因此,群众路线既是中国共产党的政治资源和成功经验,也是中国共产党培育社会认同,进而提高政党组织合法性的手段。

在中国意识形态与共产党组织的研究中,舒曼将意识形态分为"纯粹的意识形态"和"实践的意识形态"。② 前者是以思想理论形式表现出来的价值和规范,为政治权威和政治合法性提供"意义",而后者则是在"操作"层面提供一套系统化的旨在实现组织目标和规范价值的行为手段。中国共产党在集中教育活动中,在"基础"层面的传递和扩散"群众路线"的成功经验和重要意义,激活组织记忆,持续不断地提供"以人民为中心"价值观念的制度安排。在"操作"层面,通过阶段性的集中教育活动,将实现共产主义的宏大理想和组织目标进行分解,向广大人民群众彰显中国共产党成熟的理论体系,强化民众对中国共产党的认同。

在"基础"层面,中国共产党通过纵向传递和横向扩散的思想教育运动,实现对广大民众的社会动员。改革开放前,不间断的政治运动、思想教育使共产主义意识形态深入人心。③ 中国共产党通过"延安整风运动""社会主义教育运动"等一系列表现为"阶级斗争"形式的思想教育运动,向党外群众诠释了共产党作为一个作风纯洁、纪律严明的先锋队的价值观念。在这一过程中,民众逐渐形成对红色政权合法性的认同,使中国共产党以较小代价聚集起巨大的革命能量。④ 通过教育活动中"群众路线"的持续性灌输,强化了民众与共产党的政治联盟,提升民众对共产党政权的支持。

---

① 参见汪仕凯:《"新群众"和"老传统":新时代中国共产党治国理政中的群众路线》,《探索》,2020年第2期。

② See Franz Schurmann, *Ideology and Organization in Communist China*, University of California Press,1971,pp. 21 – 22.

③ 参见祝灵君:《社会资本与政党领导:一个政党社会学研究框架的尝试》,中央编译出版社,2010年。

④ 参见陈明明:《在革命与现代化之间:关于党治国家的一个观察与讨论》,复旦大学出版社,2015年,第39页。

改革开放后，随着以革命胜利和社会改造相适应的超凡禀赋作为克里斯玛权威的逐渐式微，当代社会的新合法性基础需要通过党内集中教育活动，激活“群众路线”的组织记忆，向党员和群众彰显政党合法性。在“党的群众路线教育实践活动”中，通过“红色经典研讨征文”“中央精神和重要论述”等形式，对党在革命和建设时期以“群众路线”为代表的成功经验进行集中学习，唤醒党员和群众对党组织的自信心。一些在革命和建设时期的成功经验常常在新的形势下得以存续，显示出颇为强劲的路径依赖效应。如1947年“开门整党”的历史经验被成功借鉴运用到“党的群众路线教育实践活动”和“不忘初心、牢记使命”主题教育中来。这些成功经验的延承表明，党与人民的高度一致和党把自己置于广大人民群众监督之下的决心和态度，通过集中教育活动的形式彰显中国共产党人民至上的价值观念。

在“操作”层面，作为马克思主义使命型政党，中国共产党通过将“崇高的革命目标”和“人民至上的价值情怀”化约分解为各种主题实践活动，强化群众认可和服从政党权威的意识。在对宏大目标进行阶段性的、任务式的分解中建立新的群众路线场域，通过基层党组织在具体的教育实践中联系群众，服务群众，使群众通过在新构建的党群关系场域中感受中国共产党宏大的价值观念体系和为人民服务的宗旨，这一场域中，“共产主义”和“人民至上”等宏大的政治概念通过实践活动得以彰显。

例如，2013年中国共产党集中开展“党的群众路线教育实践活动”。在实践活动的顶层设计上，针对市、县、乡镇、街道以及直属单位、窗口部门的不同特征对“群众路线”的目标进行了详细分解，①形成了以目标管理责任制为主线、“条”“块”结合和三级联动相统一的群众路线教育实践体系。同时，“群众留言板”“整改成绩单”和“整改曝光台”等制度设计，在一定程度上解

---

① 参见中共中央办公厅印发《关于开展第二批党的群众路线教育实践活动的指导意见》的通知（2014年1月18日），共产党员网，http://news.12371.cn/2018/10/31/ARTI1540952619678801.shtml。

决了党群关系中存在的问题。中国共产党集中教育活动通过"教育实践"解决"群众问题",将"党与人民的血肉联系""以人民为中心"等政治概念通过具体的、实践活动进行纵向传递和横向扩散,通过在教育实践活动中回应群众诉求,解决群众具体问题的方式培育社会认同,提高政党组织合法性。

（三）作为解决组织失灵的政治手段,提升政党组织有效性

政党组织的有效性指的是执政党在政党活动中解决其存在的问题,最终实现政党组织的有效治理。对中国共产党而言,其组织有效性与政治动员高度相关。考察中国共产党集中教育活动的历史演变,"动员性"是基本特征之一,其功能有效发挥源于"党政体制"。中国现代国家是一个"党领导国家"体制,这种体制符合致力于构建理性政权与发展型国家双重任务的中国国情。党政体制下,现代化发展逻辑是执政党诉诸以意识形态合法性为中心价值的政治运动而实现政治、经济和社会发展的现代化。中国共产党依托党的组织网络将民众编织进入一个具有高度动员和垄断控制力的"政治单位",进而将现代化中所有问题归为政治问题,以政治动员调动、索取整个社会及全党对党的路线、方针、政策和战略目标的支持。

但是以"党政体制"推动国家现代化的过程中,政治动员的逻辑和官僚运作的逻辑存在结构性冲突:一个是将"行政问题转化为政治问题",在克里斯玛权威的推动下,通过资源和群众的广泛动员推动国家现代化,一个是将"政治问题转化为行政问题",需要高度稳定、分工合作官僚组织的具体运作实现现代化的政策执行。虽然政党组织的动员性逻辑在一定程度上能够弥补官僚组织失灵带来的政策梗阻,但官僚运作的稳定性逻辑常常成为阻碍国家现代化发展的结构性因素。

随着总体性社会的逐渐消退,中国共产党面临"官僚组织失灵"和"政党组织失灵"的双重困境。一方面,原有的组织动员体系日益弱化,权威性资源日益流失,基层党组织无力进行大范围的政治动员和社会动员,无法有效应对官僚组织失灵带来的官僚主义和政策梗阻;另一方面,政党的行政化使

得党组织在利益表达、信息沟通、联系群众等方面的政治功能被日趋强化的行政功能所消解，削弱了党的合法性根基，限制了建立在政治动员基础之上的现代化发展。为了应对组织失灵的双重困境，改革开放后，中国共产党集中教育活动聚焦于“强化基层组织优势”的议题，自上而下地动员各基层党组织和党员从实践出发，巩固和加强党的基层组织。例如，2010 年“创先争优”活动是在全党范围内针对基层党组织弱化、党员思想观念落后、能力素质不够开展的一次争创先进的“动员性”的集中教育活动，目的在于优化基层党组织设施，健全基层组织体系，不断扩大基层党组织覆盖面。这次活动通过围绕中心工作设计不同主题，对广大党员进行了充分的政治动员和集中教育：服务人民群众方面，建立机关干部直接联系群众、驻村蹲点、群众评议等制度；加强基层组织方面，建立设岗定责、夺旗争星、基层党建责任制等制度。通过“创先争优”活动的形式，中国共产党强化了党的基层组织体系，纯洁党的组织体系，巩固和优化了基层党组织对党员和社会的动员能力，在一定程度上解决了官僚主义、假公济私等损害群众利益的问题，同时通过运动式、主题式的集中教育形式，保持并完善政党以动员推动现代化发展的能力。

第四节　政党学习、政党现代化与国家治理现代化

政党活动随着政治体系和政治制度的变化如何变化，是窥探中国共产党政治逻辑和组织逻辑的一把钥匙，也是连接中国共产党和中国政治发展的一座桥梁。[①] 自英国出现世界上最早的资产阶级政党后，政党政治在世界范围内广泛发展。正如美国学者亨廷顿所说，“一个没有政党的国家也就没

[①]　参见程熙：《组织制度化：中国共产党的政党活动和中国政治发展初探》，《当代中国政治研究报告》，2014 年第 12 辑。

有产生持久变革和化解变革所带来的冲击的制度化手段,其在推行政治、经济、社会现代化方面的能力也就受到极大的限制"。伴随经济社会的现代化发展,政党现代化成为当前世界多数政党适应社会发展的普遍路径,是政党政治科学发展的关键变量与核心驱动。① 政党现代化的概念来自"现代化"概念的兴起。政党现代化是政党出于适应客观环境变化的需要,为了适应社会现代化发展的进程,使其功能、机制、结构和活动方式规范化、制度化和科学化的过程。② 这一概念界定不仅为厘清政党现代化奠定了基础,也为我们分析政党现代化提供了逻辑起点。

政党现代化的实质是政党的发展问题。美国政治学家亨廷顿认为,"凡取得真正或推定的高水平政治稳定的进行现代化的国家,都至少拥有一个强有力的政党"③。作为中国特色社会主义事业的领导核心,中国共产党肩负着推进现代化建设的历史重任,政党的现代化转型深切关系到国家治理体系现代化的实现。中国共产党在推动政党现代化和现代国家转型过程中,始终面临着意识形态弱化、组织目标模糊、党群关系削弱、组织结构无法有效承接现代化转型重任等问题。作为一个学习型政党,中国共产党需要在制度层面明确并解决三个层面的问题:个体层面,如何培育组织成员的认同与服从,始终保持中国共产党的进取精神和正确的政治方向;环境层面,如何深化党群关系和激活组织记忆,建立始终坚持群众路线和彰显成熟宏大的价值观念体系;组织层面,如何有效利用政党的动员性功能,在体制层面避免官僚组织的运行梗阻和官僚主义侵蚀。在中国共产党集中教育活动中,执政党不断应用"政治训诫""群众路线"和"政治动员"等工具,规训各级党组织和党员,密切深化党和群众的血肉联系和对官僚组织的功能性动员,实现组织权威重塑、组织合法性彰显和组织有效性的提升。

① 参见于海青:《国外政党现代化的观察与思考》,《山东社会科学》,2012 年第 1 期。
② 参见王长江:《政党现代化论》,江苏人民出版社,2004 年,第 6 页。
③ [美]亨廷顿:《变动社会的政治秩序》,张岱云译,译文出版社,1989 年,第 440~441 页。

政党学习作为马克思主义政党自我革新的内生动力,国家治理现代化作为马克思主义政党自我革新的外在动力,共同致力于中国共产党的现代化。内生动力是党进行自我革命的关键动力,决定着党自我革命的深度,外在动力是党自我革命的条件,决定着党自我革命的广度,内生动力与外在动力共同推动执政党不断进行自我革命。① 政党学习在推动实现政党现代化的过程中,与国家治理良性互动,有效配合,可以形成巨大的合力。有了国家治理现代化目标的指引,才会在正确的方向下更加坚定不移地继续学习,只有在政党学习中锻造内力,深刻把握马克思主义政党的学习理念,党领导下的国家治理才会更有动力。一方面,常态化的政党学习提供了一个各级党组织参与和互动的平台,在政治训诫和政党活动中建立对党的初心和使命之共享观念,培育党员的组织认同,重塑党组织的权威性和提升中国共产党在国家政体中的合法性。另一方面,通过制度化的政党学习和配套机制,实现对各级党组织和党员自上而下的权威训诫和政治动员,在制度层面全面落实新时代党的建设总要求,确保中国共产党永葆旺盛的战斗力,通过政党的现代化转型带动现代化国家转型。

但是在日益多元发展的时代,各种传统的或既有的合法性叙事需要在新环境和新挑战中不断重构自身,封闭的自我循环将无法应对来自外部世界的全方位冲击。② 内生性逻辑下的以党内集中教育活动为代表的政党学习容易陷入"组织防卫"陷阱,这是一种路径依赖的组织惰性和自我强化的反学习流程,习惯性的组织防卫使得组织成员很难检测和纠正错误,并掉入自我参考的陷阱中。这种结构性风险来自中国共产党的非竞争性体制和超大规模的组织形态。非竞争性政党体制决定了中国共产党的组织学习是以政党自我革命的形式巩固政党执政合法性为目标。一旦以集中教育活动为

① 参见王建国、唐辉:《新时代中国共产党自我革命的内外动力及其互动——学习〈习近平谈治国理政〉第三卷》,《社会主义研究》,2021 年第 1 期。

② 参见景跃进、陈明明、肖滨:《当代中国政府与政治》,中国人民大学出版社,2016 年。

代表的政党学习在实践运行过程中存在脱离人民群众和自我革命的"惰性",则会极大影响到党的执政地位之巩固。而超大规模的组织形态决定了中国共产党的政党学习是一种内生演化发展的组织内部学习,这种内部学习的机制容易选择性忽略存在于组织外在的但有利于组织发展的经验和教训。以党内集中教育活动为代表的政党学习并不一定能够从这种选择性的内部学习中汲取经验增强其对具体社会问题的感受力和应变力,反而会使后者变得更加迟钝。

因此,如何处理由中国共产党政党学习内生性演化逻辑带来的结构性风险和开放的组织学习空间之间的内在关系,如何处理党内观念一体化和多元发展的社会观念之间的张力及其逻辑关联等问题,是避免以党内集中教育活动为代表的政党学习陷入自我满足和自我参考陷阱的前提,也是我们未来在以政党学习推动政党现代化,通过政党的现代化转型带动现代化国家转型时需要思考和回应的问题。

第八章 结 论

第一节 "现代化"与中国国家治理的制度逻辑

"中国之治"作为中国式现代化新道路在治理领域的经验呈现,并非是在"现代化"理论话语中的另起炉灶,而是一种对"现代化"的中国特色治理实践和中国式理解与诠释。因此,在我们畅谈"中国之治"的今天,首先要厘清的是谈论中国式治理的基准点——现代化。

"现代化"是相对于"传统"而言的,有的学者用"现代"这个观念的时候,就自觉不自觉地以西方社会为典范,是一种富有价值判断色彩的"西方文化局限的观念",在这种有色眼镜下,西方学者认为,现代化既包括英、法、荷、德、美等先期发展起来的国家,也包括那些非西方的发展中国家。但是对于这些后发国家而言,现代化意味着学习西方的私有化经济、自由市场理念、多元社会结构等,从而实现从"传统社会"向"现代社会"的转变。福山所谓的"历史终结论"事实上也是这种"西方文化局限观念"的典型代表。他认为西方国家以自由民主为代表的现代化是"人类意识形态演化的终点"和"人类政府的最后形式",其本身构成了"历史的终结"。即使是面对中国崛起的现实对于"历史终结论"形成了巨大挑战,福山在《历史的终结与最后的人》虽然承认"唯一确实可与自由民主制度进行竞争的体制是所谓的'中国模式'",但是对于中国道路能否超越"历史终结论"的政治前景,福山则仍然持有明确否定的态度,"如果要我猜测一下,50 年后,是美国和欧洲在政治上更像中国,还是中国在政治上更像美国和欧洲,我会毫不犹豫地选择后者。有很多理由表明,中国模式是难以持续的"①。从福山的回应中我们可以看出,对于西方学界而言,现代化是一个反映静态发展的历史观概念,认为可以通过一系列的标准来判断社会发展在何种程度上实现了现代化。这些评判标准常常包括:在经济层面,工业化信息化生产力水平高,科技得到大规模发展和利用,城市乡村建设程度高;在政治层面,民族国家的建立、宪政民主在世界各国确立;在社会层面,人与人之间关系和谐发展,社会流动增加;在文化层面,宗教信仰和传统习俗的影响力削弱,先进文化呈现健康发展的局面。

然而现代化的概念究竟是什么? 我们应该以怎样的态度去对待和诠释"现代化"概念对于我们及我们时代的意义。也许,恩格斯对于文明时代的定义可以给我们很好的启发。恩格斯认为:"文明时代是社会发展的一个阶段,在这个阶段上,分工,由分工而产生的个人之间的交换,以及把这两个过程结合起来的商品生产,得到了充分的发展,完全改变了先前的整个社会。"②因此,在恩格斯看来:其一,文明时代仅仅是社会发展的一个阶段,而非社会发展的终结;其二,社会的发展就是对传统的不断替代和革新,这种"传统"是动态的,而非特指工业革命前的社会。

在这种动态的语境下,现代化意味着一个指向未来的持续进步的过程,是一种不断地自我否定和持续进步的过程。西方现代化理论所描述的是自工业化、城市化以来的社会发展过程,但"现代化并不一定意味着西方化。非西方社会在没有放弃他们的文化和全盘采用西方价值、体制和实践的前

① [美]福山:《历史的终结与最后的人》,陈高华译,广西师范大学出版社,2014 年,第 4 页。
② 《马克思恩格斯选集》(第四卷),人民出版社,1972 年,第 193 页。

提下,能够实现并已经实现了现代化",现代化并不会导致世界各伟大文明中的历史文化的多元性的终结,相反,"现代化加强了那些文化,并减弱了西方的相对权力。世界正在从根本上变得更加现代化和更少西方化"①。

因此,对于中国而言,现代化不仅是一个由传统封建帝制向民主共和的现代化政体的转变,也是一个从基础到上层建筑、价值观念的全面变革,②是一个范围及于社会、经济、政治的过程,其组织与制度的全体朝向以役使自然为目标的系统化的理智运用过程。③ 同时,中国现代化的过程也是不断改革的过程。"改革是由问题倒逼而产生,又在不断解决问题中得以深化"④,中国式现代化就是不断地改变原有的制度环境和不确定性的过程,建立适应生产力发展和人类文明进步的新的制度体系和治理结构的过程。因此,不同于西方语境下以自由市场、多元社会结构为标准的静态的西方现代化概念,中国语境中的现代化概念属于一种"向前看的现代化",是一种精神追求和理念向往,在全球化的新时代,是以构建人类命运共同体为目的的。⑤

不同于西方国家的"现代化"理念,中国式的现代化是一种"向前看的现代化",这种理念具体呈现为中国式的现代化是一种人口规模巨大的现代化,是一种全体人民共同富裕的现代化,是一种物质文明与精神文明相协调的现代化,是一种人与自然和谐共生的现代化,是一种走和平发展道路的现代化。中国人民在中国共产党的领导下,用几十年时间走完了发达国家几百年走过的工业化历程,创造了举世瞩目的发展奇迹。中国式现代化的成功实践表明,西方现代化道路并非人类通向现代化的唯一道路,中国式现代

---

① [美]亨廷顿:《文明的冲突与世界秩序的重建》,周琪等译,新华出版社,2002 年,第71页。

② 参见罗荣渠:《现代化新论:世界与中国的现代化过程》,北京大学出版社,1993年,第93页。

③ 参见[美]艾伦:《世界范围内的反现代化思潮:论文化守成主义》,贵州人民出版社,1991年,第5页。

④ 习近平:《全面深化改革是一项复杂的系统工程》,新华网,http://www.xinhuanet.com//politics/2013 – 11/13/c_118130505.htm。

⑤ 参见张康之:《国家治理现代化的中国概念》,《党政研究》,2021 年第5期。

化道路拓展了发展中国家走向现代化的途径,给世界上那些既希望加快发展又希望保持自身独立性的国家和民族提供了全新选择。①

如果说"现代化"是中国式现代化新道路的目标,那么"中国式"则是走向这一条现代化新道路的逻辑起点。"中国式现代化新道路"的理解,本质上在于搞清楚中国共产党是如何在"外力胁迫"和"内在转型"的背景下实现"传统中国"向"现代中国"的转型,即从中国国家治理的制度逻辑去分析中国共产党领导下的现代中国的构建与转型。中国共产党领导下的中国的现代国家构建的逻辑决定了"中国之治"的特征,也决定了中国的"向前看的现代化"新道路的内在逻辑和发展方向。

在西方现代化思潮的胁迫和国家内在转型的双重压力下,中国共产党带领中国人民实现现代中国的构建与转型,使得国家既有的价值、制度与组织系统全面地从传统国家转向现代中国,打破了原有封建君主专制统治的政治体制的同时,"再造"了一个能够适应现代国家整体转型需要的民主共和的政治体制。在封建帝制时期,传统中国对超大规模国家的全社会整合,主要是通过"文化整合"和"行政整合"实现的。其中,文化整合是通过确保儒家具有"道统"地位的一系列制度化举措(宪制层面的"士大夫与皇权共治"体制、科举取士体制、宗族制度、士绅制度、"耕读传家"制度)实现的;其行政整合则是由一系列法家化的制度安排(以皇权为核心、以郡县制为基础的中央集权制度、编户齐民制、保甲连坐制)实现的。② 但是鸦片战争以来,西方的船坚炮利和资本市场驱动下的现代化思潮进入传统中国,传统的儒家观念无法有效地对接西方的民主观念,科举制度的瓦解进一步破灭了受到传统儒家价值观教育下的中国传统知识分子以改良为标志的救亡图存的道路;同时,以皇权为核心、以郡县制为基础的中央集权制度面对国家内在

① 参见秦宣:《中国共产党与中国式现代化》,《人民日报》,2021 年 4 月 20 日。
② 参见孙国东:《文明复兴与文化执政:论执政党在现代国家建设中的文化承担》,《浙江省委党校学报》,2015 年第 1 期。

转型的需求,无法有效地实现自上而下地资源整合和人员的动员,传统的行政整合力量无法维系完整的"大一统"国家形态,"大一统"的中华民族面临着被肢解的危机。

在西方现代化和国家转型驱动下,当传统的封建帝制的国家制度和治理体系无法支撑和实现国家的全社会整合,甚至无法实现"大一统"形态下的"保全国家"时,中国共产党建构了一套新的政治体制和治理制度,依托于这种"全涉型"(all-inclusive)的组织结构,实现了中国作为超大规模型国家和社会的再组织化,维系了中华民族"大一统"的国家形态,即通过确保共产党的党组织体系在国家机构体系、事业单位体系、社会组织体系和企业组织体系等的核心地位,实现了国家与社会跨民族、跨阶层、跨地区和跨行业的行政整合,进而力图以国家核心价值体系的构建实现全社会的文化整合。① 这种整合和再组织化具体呈现为:以多元一体的一元化政党结构取代了传统皇权,以"人民当家作主"的价值观念取代了"民为重、社稷次之、君为轻"的封建传统价值观,以"人民代表大会"的代议制民主制度取代了传统帝制国家的政治官僚制,实现了国家和社会的"再组织化"过程,进而推动了传统国家向现代国家的转型进程。

"中国之治"是中国共产党百年来领导中国人民不断发展和完善中国特色社会主义制度的集中体现和系统总结。作为中国特色社会主义事业的领导核心,中国共产党主导着中国道路的设计和发展,执政党"向内"整合提升与"向外"主导影响的过程,实质上就是"中国之治"开展的过程。② 中国共产党通过这种"全涉型"的组织结构("党领导国家"体制)解决了超大规模国家的资源整合和人员动员的再组织化问题以及超大规模统治下自上而下的委托代理问题。以维系"大一统"国家形态为基础的、"以人民为中心"为

---

① 参见孙国东:《文明复兴与文化执政:论执政党在现代国家建设中的文化承担》,《浙江省委党校学报》,2015年第1期。
② 参见高立伟:《中国道路与中国共产党治理的内在逻辑》,《红旗文稿》,2020年第3期。

价值观念、以中央集权为表现形式是"党领导国家"体制核心特征。在"党领导国家"体制下的国家治理中,"国家规划""领导小组""专项治理""网格管理""政党学习"等既是中国共产党有效的治理经验,也是中国共产党解决国家转型过程中"再组织化"和"委托代理"问题的重要支撑。

作为一个诠释"中国之治"的概念性图式,"规划国家"形塑着中国共产党治国理政的内在逻辑。中国共产党、人民代表大会、各级政府、社会大众被紧密编制到"规划国家"这个多层级、多主体的治理体系,党的主张、国家意志和人民行动在"规划国家"治理体系中得以转化和彰显。中国共产党宏大的革命目标和使命意识通过"规划"的参与、宣传、执行、督导等环节得以在政府内部和社会广泛扩散和传递,凝聚发展共识、引领社会发展方向,营造全社会的共识以及整个社会和全党对党的路线、方针、政策和战略目标的支持。

"领导小组"是中国共产党作为核心能动者利用"政治势能"推动党的领导力提升和国家治理现代化转型的重要平台。领导小组构建了"党的领导在场——权威构建——借势成事"的场域,充分利用政治精英的权威所带来的动员能力和规则调适能力,将"政治势能"转化为"治理动能"。一方面,领导小组通过等级权威以及党政集体领导制度在行政轨道外创造出另一条治理轨道,以便资源和人员迅速有效地执行和联结,实现资源的有效动员;另一方面,政治精英的嵌入和自上而下的归口设置,能够实现中国共产党对国家各项工作的全面领导,保障政治价值传递的制度化和各级政府的制度建设始终保持与中央精神的同步。

"专项治理"秉承中国共产党革命战争时期的"运动"精髓,其本质上是政治动员在科层治理中的体现。一方面,专项治理能够在短时期内形成规模效应,实现人员的充分动员、各个部门之间的深度配合和资源的高度整合;另一方面,专项治理通过大规模资源的调动和短期内显著的治理成果展现治理体系依旧的高效和美妙,重构并彰显了科层内部的权力空间和利益关系,向公众重塑并加强了自身的政治合法性。

"网格管理"是"中国之治"在基层实现的重要保障。网格管理可追溯到传统中国的编户齐民和社会主义建设时期的"单位制"。基层党建、群众路线和技术赋能是"网格管理"的重要法宝。基于其精准性、动态性、全方位、技术性的特性,网格化管理发挥了巨大的影响力,实现了疫情管理、地方治理、社会治安综合治理等过程中的动态防控、精准防控、全面布控和技术赋能等。

"政党学习"作为马克思主义政党自我革新的内生动力,致力于"中国之治"的效果与发展。中国共产党不断应用"政治训诫""群众路线"和"政治动员"等工具,规训各级党组织和党员,密切深化党和群众的血肉联系和对官僚组织的功能性动员,实现组织权威重塑、组织合法性彰显和组织有效性的提升。在制度层面全面落实新时代党的建设总要求,确保中国共产党永葆旺盛的战斗力,通过政党的现代化转型带动现代化国家转型。

第二节　国家治理现代化与"中国之治"

"政体如何,愚人多虑;其实好坏,全在治理。优良政体的真正检验标准应使其能否有助于治国安邦。"①近年来,"治理"一词在全球范围内的流行已经成为目前学界讨论的主要议题之一。"治理效果"而不是"政体分殊"成为评判现代国家或政府治理绩效的主要标准,对国家治理体系和治理能力现代化的探索成为全世界各个民族国家的共同话题。

从历史上看,欧洲民族国家对国家治理体系和治理能力的探索主要集中于平衡阶级矛盾、强化税收能力以及占领海外市场,②因此总体来说,欧洲

---

①　[美]汉密尔顿等:《联邦党人文集》,程逢如等译,商务印书馆,1980年,第3页。
②　参见刘建军:《国家治理的中国方案》,载郭苏建等:《转型中国的治理研究》,格致出版社,2017年,第6页。

国家的国家治理体系和治理能力的提高旨在服务并满足于其帝国扩张的逻辑,这与其现代国家转型的逻辑相一致。对中国而言,现代国家内在转型的要求和"向前看的现代化"发展逻辑,使中国在优化国家治理体系和提升国家治理能力的过程中,与西欧国家面临的阶级压力、美国面临的全球压力以及后发国家面临的分立集团的压力有着很大的不同。[①] 正如邓小平所述,"我们搞的现代化,是中国式的现代化"[②],其实质是走一条适合中国发展的道路,是中国特色社会主义道路。

但是"治理现代化"不仅是中国式的现代化道路,还有时代赋予其的特殊内涵。"一切划时代的体系的真正的内容都是由于这些体系的那个时期的需要而形成起来的"[③],"推进国家治理体系和治理能力现代化,就是要适应时代变化,既改革不适应实践发展要求的体制机制、法律法规,又不断构建新的体制机制、法律法规,使各种制度更加科学、完善,实现党、国家和社会各项事务的治理制度化、规范化、程序化"。此外,这又是"完善和发展中国特色社会主义制度的必然要求,是实现社会主义现代化的应有之义"[④]。因此,中国的国家治理体系和治理能力现代化不仅从属于建设社会主义现代化国家的需要,同时也是建设社会主义现代化国家的一个构成部分,是前文所述的"向前看的现代化"理论谱系中的重要环节。

从国际环境来看,中国的国家治理体系和治理能力现代化面临着"双化叠加"的全球风险环境,中国的国家治理现代化需要处理现代国家构建中"现代化"发展的遗留问题,也需要提前同时处理后现代国家的发展理念和治理实践对现代中国转型带来的巨大挑战。"现代化"与"后现代化"的价值理念和话语体系的双重挑战决定了中国国家治理体系和治理能力现代化的

---

① 参见刘建军:《国家治理的中国方案》,载郭苏建等:《转型中国的治理研究》,格致出版社,2017 年,第 7 页。

② 《邓小平文选》(第三卷),人民出版社,1993 年,第 49 页。

③ 《马克思恩格斯全集》(第 3 卷),人民出版社,1960 年,第 544 页。

④ 习近平:《切实把思想统一到党的十八届三中全会精神上来》,《人民日报》,2014 年 1 月 1 日。

目标需要改变原有的建立不确定性的治理体系的理念,承认全球风险治理过程中的不确定性因素,建立与不确定性和风险社会相适应的动态的、韧性的现代化的治理体系和治理能力。这对中国共产党在构建国家治理体系与治理能力现代化过程中的风险预判能力、顶层设计能力、高效的组织执行能力、科学的决策能力、灵活机动的组织协同能力等构成了新的挑战。

从国家内在转型来看,国家治理体系和治理能力现代化是我们党对"现代化"的新的认识。党的十八届三中全会通过的《中共中央关于全面深化改革若干重大问题的决定》提出,将"推进国家治理体系和治理能力现代化"作为中国共产党全面深化改革的总目标,这标志着我们党对于现代化的定位由从农业现代化、工业现代化、科技现代化和国防现代化的"四个现代化"升级为包含治理现代化在内的"五个现代化",证明了中国国家建设实现了从具体领域推进战略到整体领域推进战略、系统领域推进战略的转变。① 正如习近平提出的:"过去,我们也提出过改革目标,但大多数是从具体领域提的。比如,我们讲过政治体制改革总的目标是巩固社会主义制度,发展社会主义社会的生产力,发扬社会主义民主,调动广大人民的积极性。党的十四大提出,我国经济体制改革的目标是建立社会主义市场经济体系。党的十八届三中全会提出全面深化改革的总目标,并在总目标下明确了经济体制、政治体制、文化体制、社会体制、生态文明体制和党的建设制度深化改革的分目标。这是改革进程本身向前拓展提出的客观要求,体现了我们党对改革认识的深化和系统化。"②

目前,中国已经进入了国家改革与治理转型的深水区,国家治理体系与治理能力现代化战略的推进是一项复杂而艰巨的伟大工程,中央负责国家

---

① 参见刘建军:《国家治理的中国方案》,载郭苏建等:《转型中国的治理研究》,格致出版社,2017 年,第 6 页。

② 中共中央文献研究室:《习近平关于全面深化改革论述摘编》,中央文献出版社,2014 年,第 26～27 页。

战略规划,战略的执行者则是各地方政府,各地方政府的治理能否实现现代化是国家战略能否实现的基础和关键。在系统化和战略化的国内改革背景下以及现代化和后现代化叠加的国际风险环境中,国家治理体系和治理能力现代化,既是对我国在现代化进程新的发展阶段所面临的各种严峻挑战的主动回应,又是政治现代化的重要创新,[①]对"中国之治"的治理结构优化和未来发展方向提出了新的挑战和要求。

其一,国家治理体系现代化必须在治理机制层面消解和解决我国现行部门分工和条块分割体制带来的利益部门化和权力碎片化的危害,弱化和减少现有不合理的制度性壁垒给治理主体和治理实践带来的困境。

其二,国家治理体系现代化必须伴随着国家治理能力质量的提升。随着社会主义市场经济的进一步发展,人民生活水平和社会发展程度的日益提高,经济结构与社会结构的变化要求国家治理结构的转变。即针对利益主体与利益诉求的多元化,国家必须建构强大的利益整合能力;针对资源配置的非均等化,国家必须建构强大的再分配能力;针对市场失灵,国家必须建构强大的市场规制能力。[②] 强有力的政府并不等同于"大政府",而是具有强大的资源整合能力和部门动员能力的"有效政府"。

其三,国家治理体系现代化必须以中华民族和全体人民的整体利益和长远利益为着眼点。不仅要有政治精英的参与,也要有普通民众的参与,不仅要依靠党组织强大的政治动员能力,更要严格遵循以人民为中心基础上的民主执政、依法执政、科学执政的基本方略。[③] 各级政府的治理现代化要注意政策制定的长远性、长效性和系统性,避免"权力部门化"而导致碎片化决策。

其四,国家治理体系现代化的关键在于制度的改革和创新。在地方治

---

① 参见俞可平:《衡量国家治理体系现代化的基本标准》,《北京日报》,2013 年 12 月 9 日。
② 参见何艳玲:《回归社会:中国社会建设与国家治理结构调适》,《开放时代》,2013 年第 3 期。
③ 参见俞可平:《民主法治:国家治理的现代化之路》,《中国青年报》,2013 年 12 月 4 日。

理活动中需要充分发挥地方政府或部门的治理智慧进行政策创新和政策试点,敢于并且善于破除现有各方面体制和机制的弊端。因此,在地方推动制度改革和创新中,急需要有强大的权威和动力系统进行资源的整合和高度动员,同时也需要对现有体制和运行程序基础上进行机制创新。

其五,国家治理体系现代化需要正确处理传统制度资源和治理现代化之间的关系。中国国家治理的内生性演化与创造性转化是一体两面的。如何将传统的文化、思想和制度资源创造性地转化为当代中国国家治理的资源,转化为国家治理体系和国家治理能力现代化的有机构成要素,是国家治理现代化进程中面临的重大课题。

第三节　推动"中国之治"完善"中国之制"：
反思与展望

如何处理权威体制与有效治理之间的张力是中国国家治理的制度逻辑,也是中国共产党进行现代国家政权建设的实践逻辑,在国家治理现代化建设的今天也始终萦绕在"中国之治"治理理念和实践中的两股重要力量。

在西方国家,现代国家建设是建立一个对内法律政治统一的、能保护资产阶级财产权和资本主义秩序、对外主权独立的、能与他国竞逐富强的政权体系,其本质上就是现代国家政权建设。总体上看,西方国家的现代国家政权建设的构建逻辑呈现为:国内环境上,在资源汲取和社会利益维护的张力中,以保护公民权益和资本利益为目的,是一种社会多元利益积极诉求、资本市场高度驱逐的稳定成熟的环境中发生;国际环境上,为了完成资本原始积累和市场追逐,进行的国家兼并和殖民战争基础上的军事化的现代化道路。

而中国面对被胁迫的现代化潮流中,需要完成两个目标:其一,实现民族独立;其二,在高度中央集权的中央政府领导下实现国内资源的高度动员和整合,进而实现国家的现代化。但是一方面,在国际环境上,国外帝国主义军事势力的介入已经完全打破了中国实现国家和平转型的可能性,另一方面,在国内环境上,无论是价值观念还是行政体系,传统中国的封建君主专制政治体制均无法完成这两个目标,甚至陷入了"大一统"国家形态被消解的"保全中国"危机。建立一个新的高度集权的政治体制,在行政体系和价值观念方面完全取代旧的传统体制,是实现中国现代化和民族独立任务的唯一途径。"只有先建立一个强有力的政治机构或者政党,然后用它的政治力量、组织方法,深入和控制每一个阶级、每一个领域,才能改造或重建社会国家和各个领域的制度与组织,才能解决问题,克服全面危机。"[①]

作为典型的马克思主义使命型政党,中国共产党汲取了传统中国的治理经验、列宁主义政党的组织结构,意识形态的规定性和革命环境的强制性决定了中国共产党高度集权和垂直动员的组织结构特征。[②] 中国共产党通过马克思主义意识形态和列宁主义严密的政党架构,在全党范围内建立了克里斯玛权威,通过这种克里斯玛权威在国家治理结构、政府治理体系和民众价值观念中的高度嵌入,进而实现党领导国家体制下的高度动员和有效治理。"国家规划""领导小组""专项治理""网格管理"和"政党学习"既是"中国之治"重要的治理经验,也是中国共产党的这种高度集权和垂直动员组织结构和治理体制的可操作的政策工具,也是"中国之制"投射到治理场域中的具体呈现。

在中国的现代化进程中,中国共产党和中央政府在不断推动国家治理结构由一种总体性的权力支配走向一种技术治理,[③]在这一过程中,中国的

---

① 邹谠:《中国 20 世纪政治与西方政治学》,《思想家:跨世纪的探险》,华东化工学院出版社,1989 年,第 19 页。

② 参见陈明明:《现代化进程中的党的集权结构和领导体制的变迁》,《战略与管理》,2000 年第 6 期。

③ 参见渠敬东、周飞舟、应星等:《从总体支配到技术治理:基于中国 30 年改革经验的社会学分析》,《中国社会科学》,2009 年第 6 期。

国家结构由原来的"全能主义"走向一种新的全能结构,[①]表现为在人民共和国时期的全能国家结构中,既有克里斯玛常规化的内核,亦有运动式治理的持续冲动,这种在治理范畴下的科层化动员体制的基因来源于中国共产党面对权威体制和有效治理之间张力时的国家治理的制度逻辑。

今天,中国政治结构一方面不断注入现代价值理念,尤其是技术化的治理愈益凸显;另一方面,权威体制与有效治理之间的矛盾、紧张不断衍生出国家治理的复杂生态。[②] 从官僚体制来看,中国的官僚体制仍然没有发展为理性官僚制,而处于政治官僚制的过渡阶段。[③] 随着中国克里斯玛权威的"常规化",克里斯玛的个人权威逐渐转移到稳定的组织设施基础之上。但是克里斯玛权威通过政绩来证明自身合法性的基础并没有改变,因此克里斯玛权威的"常规化"的结果最终导致了官僚体制从规模到权力几乎无节制地扩张膨胀起来。新的国家权力囿于克里斯玛权威的合法性基础,面临着巨大的政绩压力,更多地依赖官僚体制的组织动员能力来推动经济发展和获取合法性。[④]

因此,无论是政党还是政府在取得政绩合法性的过程中都宁愿依托于强大的组织力量而非以制度作为基础。中国的科层化过程实际上表现为"结构"科层化与"功能"科层化的背离。[⑤] 换句话说,中国的科层化过程中,在结构上,正规的科层组织取代了原有的传统的动员似的组织结构,中国成为一个由制度化、规范化的法理型权威组织所支配的社会,然而在功能上,

---

① 参见邹谠:《二十世纪中国政治:从宏观历史与微观行动的角度看》,牛津大学出版社,1994年。

② 参见周雪光:《中国国家治理及其模式:一个整体性视角》,《学术月刊》,2014年第10期。

③ See Vogel, E., Political Bureaucracy: Communist China, In Cohen, L. & Shapiro, J. Eds., *Communist Systems in Comparative Perspective*, Anchor Press, 1969.

④ 参见周雪光:《国家治理逻辑与中国官僚体制:一个韦伯理论视角》,《开放时代》,2013年第3期。

⑤ See Whyte, M., Who Hates Bureaucracy? A Chinese Puzzle. In Nee, V., Stark, D. &Selden, M. Eds., *Remaking the Economic Institutions of Socialism:China and Eastern Europe*, Stanford University Press, 1989.

仍然秉承着原有的克里斯玛权威的本质,以政绩和发展作为合法性的动员型组织。在中国治理经验中,以克里斯玛权威驱动政府治理为主要特征的"专项治理""领导小组"等政策工具的广泛应用在某种意义上印证了这种观点。

在国家治理现代化过程中不断衍生出各种高度负责、异常性和相互依赖的社会问题,使得各级政府在政策执行过程中遇到大量的技术性困难。①这些技术性困难是在常规治理制度和规则框架内难以克服的,以"国家规划""领导小组""专项治理"等为代表的"中国之治"的实践能够依托制度化、组织化的克里斯玛权威,将党的民主集中决策体制应用于政府决策中,保障了政府决策和部门协商的积极性、长远性和有效性,通过"高位推动"实现了党和国家对资源的积极整合和有效利用,使得中央政令能够迅速得到地方贯彻和落实,消解了国家治理现代化在落地过程中的"碎片化"困境,同时,中国共产党和各级政府能够利用上述政策工具,通过强大的权威性进行自上而下的层级动员和政策创新,有利于消解现有科层组织无法突破的制度困境和体制弊端。

但是我们也应当看到,单纯的对集权力量的推崇、对克里斯玛权威及其治理绩效的滥用将会带来新的现代化危机,即在中国国家治理中,政治动员推动了中国的现代化转型,但是国家追求现代化构成政党集权的内在动力,无视社会多元化参与的高度集权将把现代化推向极端。"现代化的危机,使现实的经济和社会发展,不但不能为政治形态提供实现其巩固发展所必要的资源和动力,反而要求政治对其有更大的、更积极的作用;……在这种严重的两难困境下,政治权力就成了政治形态唯一可动用、可提供的政治资源。政治权力的过度使用,必然带来政治权力结构和运作方式的畸变。"②

---

① 参见倪星、原超:《地方政府的运动式治理是如何走向"常规化"的》,《公共行政评论》,2014年第2期。

② 林尚立:《当代中国政治形态研究》,天津人民出版社,2000年,第287页。

　　毋庸置疑,集权对于中国共产党推动超大规模国家实现国家治理现代化具有重要意义。但是如果在完全忽视社会多元利益表达和参与,对制度化的克里斯玛权威的无限度的追崇,极易将行政权力过度地覆盖到社会生活的各个领域,压缩了社会空间得以健康发育的余地,使社会丧失了自主表达利益能力的敏感。同时,忽视民众的制度化参与和国家治理体系的制度化建设,而单纯地致力于治理的不断技术化,并不一定能够强化行政体系对于具体社会问题的感受力和应变力,反而会使后者变得越加迟钝。[①]

　　建设一个强有力的国家、充满活力的社会、高度成熟的社会主义法治是中国现代国家建设的三重使命。一个具有渗透性和贯彻性的中央集权国家体制的建立,并不等于一个现代国家的最终形成。按照现代化国家建设理论,中央集权国家建制是现代国家构建很重要的内容,但并非全部。国家治理体系并不仅限于一个体系完整、职能科学、监管合理、调控有效的政府体系,还应该有一个相对独立自主、广泛参与公共事务、有力监督和控制政府的社会体系。如何培育相对国家而存在的具有自主组织和管理特征的社会交往空间,支持和保障公民对政府权力的制约和监督,并使之制度化、规范化和程序化,是国家治理体系现代化的题中应有之义,[②]同时,一个现代国家应当拥有一套高度成熟的社会主义法治,以规范政党和政府的关系、国家与公民的关系。党的十九大报告指出,全面依法治国、建设社会主义法治国家是实现国家治理体系和治理能力现代化的必然要求,也是全面深化改革的必然要求。中国共产党通过依宪执政、依法执政,能够将现代化内在驱动所需要的权威体制由制度化的克里斯玛权威逐步走向法理权威,同时,用宪法和法律的形式保障中国共产党的全面领导和依法执政的统一,社会多元利

---

　　① 参见渠敬东、周飞舟、应星等:《从总体支配到技术治理:基于中国 30 年改革经验的社会学分析》,《中国社会科学》,2009 年第 6 期。

　　② 参见陈明明:《在革命与现代化之间:关于党治国家的一个观察与讨论》,复旦大学出版社,2015 年,第 301 页。

益表达与一统体制下国家治理的统一。

因此,我们对于"中国之治"的理解与反思,事实上有助于我们在治理领域对中国政治体制和治理机制进行检验,也有利于我们从治理的范畴对中国的治理体制进行小范围的试点和改革,进而推动"中国之治"完善"中国之制"。在这一过程中,一方面,在国家治理现代化过程中,我们要始终坚持中国共产党的领导和以政党现代化带动国家现代化的逻辑。习近平指出:"办好中国的事情,关键在党。"①行百里者半九十,中国共产党是一个进步的政党、是一个自我革命的政党,也是一个不断改革与自我完善的政党。在国家治理体系这个庞大且复杂的系统运行过程中,作为中国国家治理现代化的领航者,中国共产党领导各主体在风险不断、情况多变的大环境下有序、高效地开展改革与创新,统筹总揽现代化进程,以政党的现代化推动国家现代化。另一方面,中国的现代化转型并非一蹴而就的,需要准确把握党的集权与现代化之间的关系,即权威体制与有效治理之间的矛盾。在国家和地方治理中,对集权的滥用和过度追崇而带来的治理问题和困境并不意味着我们对以政党的政治动员推动国家现代化的基本逻辑的否定。"集权是国家的本质、国家的生命基础,每个国家必然力求实现集权"②,我们要坚持以权威体制推动有效治理的中国国家治理的制度逻辑的同时,通过对社会多元利益诉求表达的尊重与渠道的通畅、通过不断完善社会主义法治,以规范政党、政府和公民三者之间的关系,不断地对这个国家制度逻辑进行修正、完善和塑造,最终实现中华民族伟大复兴的中国梦。

---

①　习近平:《习近平在庆祝中国共产党成立100周年大会上的讲话》,新华网,www. gov. cn/xin-wen/2021 – 07/01/content_5621846. htm。

②　《马克思恩格斯全集》(第41卷),人民出版社,1982年,第396页。

参考文献

一、中文文献

(一)经典著作及文献汇编

1.《马克思恩格斯全集》第 3 卷、25 卷、41 卷（Ⅰ），人民出版社,1960年、1975 年、1982 年。

2.《马克思恩格斯文集》第一卷,人民出版社,2009 年。

3.《马克思恩格斯选集》第一、四卷,人民出版社,1995 年、1972 年。

4.《列宁选集》第二、四卷,人民出版社,1972 年。

5.《毛泽东文集》第二、三、六、七、八卷,人民出版社 1993 年、1996 年、1999 年。

6.《毛泽东选集》第一、二、三卷,人民出版社,1991 年。

7.《毛泽东早期文稿》,湖南出版社,1990 年。

8.《建国以来毛泽东文稿》(第 6 册),人民出版社,1992 年。

9.《周恩来统一战线文选》,人民出版社,1984 年。

10.《周恩来选集》(下卷),人民出版社,1984 年。

11.《邓小平文选》第二、三卷,人民出版社,1994 年、1993 年。

12.《邓小平年谱》(一九七五——一九九七)（上）,中央文献出版社,

2004 年。

13.《江泽民文选》第二、三卷,外文出版社,2006 年。

14.《董必武选集》,人民出版社,1985 年。

15.《张闻天文集》第四卷,中共党史出版社,1995 年。

16.《孙中山全集》第 1、2、8、9 卷,人民出版社,1981 年、1982 年、1986 年、1985 年。

17.《习近平谈治国理政》第 1、2 卷,外文出版社,2018 年、2017 年。

18. 中共中央文献研究室:《习近平关于全面建成小康社会论述摘编》,中央文献出版社,2016 年。

19. 中共中央文献研究室:《习近平关于全面深化改革论述摘编》,中央文献出版社,2014 年。

20. 中共中央文献研究室编:《十三大以来重要文献选编》(下),人民出版社,1993 年。

21. 中共中央文献研究室编:《十四大以来重要文献选编》(上),人民出版社,1996 年。

22. 中共中央文献研究室编:《十五大以来重要文献选编》(上),中央文献出版社,2000 年。

23. 中共中央文献研究室编:《十五大以来重要文献选编》(中),人民出版社,2001 年。

24. 中共中央文献研究室编:《十六大以来党和国家重要文献选编》(上),人民出版社,2005 年。

25. 中共中央文献研究室编:《十七大以来重要文献选编》(上),中央文献出版社,2009 年。

26. 中共中央文献研究室(中共中央党史和文献研究院)编:《十八大以来重要文献选编》(下),人民出版社,2018 年。

27. 中共中央文献研究室(中共中央党史和文献研究院)编:《十九大以

来重要文献选编(上)》,中央文献出版社,2019年。

28.中共中央文献研究室:《建党以来重要文献选编(1921—1949)》(第十五册),中央文献出版社,2011年。

29.中共中央文献研究室编:《改革开放三十年重要文献选编:上》,中央文献出版社,2008年。

30.中共中央党史研究室:《中国共产党的九十年(第一卷)》,中共党史出版社,2016年。

31.中共中央党史研究室:《中国共产党历史》(第二卷),上册,中共党史出版社,2021年。

32.中共中央组织部等编:《中国共产党组织史资料:1921—1997》(第9卷),中共党史出版社,2000年。

33.中央档案馆:《中共中央文件选集(第4册)》,中共中央党校出版社,1983年。

34.中共中央党校党建研究室:《苏联共产党章程汇编》,求实出版社,1982年。

35.中央编译局:《苏联共产党代表大会、代表会议和中央全会决议汇编》(第一分册),人民出版社,1964年。

36.中国第二历史档案馆:《中国国民党第一、二次全国代表大会会议资料》(上册),江苏古籍出版社,1986年版。

37.《中共中央关于制定国民经济和社会发展第十四个五年规划和二〇三五年远景目标的建议》,人民出版社,2020年。

38.《中国共产党党委(党组)理论学习中心组学习规则》,中国法制出版社,2017年。

39.《中国共产党党校工作条例》,人民出版社,2019年。

40.《中国共产党第十七届中央委员会第四次全体会议文件汇编》,人民出版社,2009年。

41.《党的十九大报告辅导读本》,人民出版社,2017年。

42.国防大学党史党建政工教研室编:《"文化大革命"研究资料(上册)》,1989年。

43.江西省档案馆:《中央革命根据地史料选编(上、中册)》,江西人民出版社,1981年。

(二)外文译著

1.[美]埃里克·弗鲁博顿、[德]鲁道夫·芮切特:《新制度经济学:一个交易费用分析范式》,姜建强、罗长远译,上海三联书店,2006年。

2.[美]艾伦:《世界范围内的反现代化思潮:论文化守成主义》,贵州人民出版社,1991年。

3.[美]艾伯特·赫希曼:《退出、呼吁与忠诚:对企业、组织和国家衰退的回应》,卢昌崇译,格致出版社,2015年。

4.[法]爱弥儿·涂尔干:《宗教生活的基本形式》,渠敬东等译,商务印书馆,2011年。

5.[美]B.盖伊·彼得斯等:《政府未来的治理模式》,吴爱明等译,中国人民大学出版社,2001年。

6.[英]C.A.贝利:《现代世界的诞生:1780—1914》,于展、何美兰译,商务印书馆,2013年。

7.[美]丹尼斯·贝尔:《后工业社会的来临》,高铦等译,新华出版社,1997年。

8.[美]道格拉斯·诺斯:《制度、制度变迁与经济绩效》,杭行译,格致出版社,2008年。

9.[意]G.萨托利:《政党与政党体制》,王明进译,商务印书馆,2006年。

10.[美]盖瑞·J.米勒:《管理困境——科层的政治经济学》,王勇等译,上海三联书店,2014年。

11.[美]戈夫曼:《日常生活中的自我呈现》,冯钢译,北京大学出版社,

2008 年。

12. [德]黑格尔:《历史哲学》,王造时译,商务印书馆,2007 年。

13. [美]汉密尔顿等:《联邦党人文集》,程逢如等译,商务印书馆,1980 年。

14. [美]亨廷顿:《变动社会的政治秩序》,张岱云译,译文出版社,1989 年。

15. [美]亨廷顿:《文明的冲突与世界秩序的重建》,周琪等译,新华出版社,2002 年。

16. [美]福山:《历史的终结与最后的人》,陈高华译,广西师范大学出版社,2014 年。

17. [美]J. C. 斯科特:《弱者的武器》,郑广怀、张敏、何江穗译,译林出版社,2011 年。

18. [美]杰弗里·菲佛,杰勒尔德·R. 萨兰基克:《组织的外部控制:对组织资源依赖的分析》,闫蕊译,东方出版社,2006 年。

19. [德]卡尔·曼海姆:《意识形态与乌托邦》,黎鸣、李书崇译,上海三联出版社,2002 年。

20. [美]卡尔斯·波瓦克斯、苏珊·C. 斯托克斯:《牛津比较政治学手册》,唐士其等译,人民出版社,2016 年。

21. [美]孔飞力:《叫魂:1768 年中国妖术大恐慌》,陈兼、刘昶译,生活·读书·新知三联书店,2014 年。

22. [美]李侃如:《治理中国:从革命到改革》,胡国成等译,中国社会科学出版社,2010 年。

23. [英]马克·布劳:《经济学方法论》,石士均译,商务印书馆,1992 年。

24. [德]马克斯·韦伯:《经济与社会》(第二卷)上册,阎克文译,世纪出版集团,2005 年。

25.［法］孟德斯鸠:《孟德斯鸠法意》,严复译,商务印书馆,1981年。

26.［美］莫里斯·伯恩斯坦:《东西方的经济计划》,朱飚等译,商务印书馆,2000年。

27.［美］沈大伟:《中国共产党:收缩与调适》,吕增奎、王新颖译,中央编译出版社,2012年。

28.［美］W.理查德·斯科特、杰拉尔德·F.戴维斯:《组织理论:理性、自然和开放系统的视角》,高俊山译,中国人民大学出版社,2011年。

29.［美］约翰·奈斯比特、［德］多丽丝·奈斯比特:《中国大趋势》,魏平译,中国工商联合出版社有限公司,2009年。

30.［美］詹姆斯·Q.威尔逊:《官僚机构:政府机构的作为及其原因》,孙艳等译,三联书店,2006年。

31.［美］詹姆斯·R.汤森、［美］布兰特利·沃马克:《中国政治》,顾速、董方译,江苏人民出版社,1996年。

32.［美］詹姆斯·汤普森:《行动中的组织:行政理论的社会科学基础》,敬乂嘉译,世纪出版集团,2007年。

(三)中文著作

1.陈凤楼:《中国共产党干部工作史纲(1921—2011)》,党建读物出版社,2012年。

2.陈桂生:《中国干部教育》,人民出版社,2016年。

3.陈明明:《在革命与现代化之间:关于党治国家的一个观察与讨论》,复旦大学出版社,2015年。

4.陈荣卓:《城市社区网格化管理区域实践研究》,中国社会科学出版社,2015年。

5.樊红敏:《县域政治:权力实践与日常秩序》,中国社会科学出版社,2008年。

6.冯俊:《干部教育培训改革与创新研究》,人民出版社,2011年。

7.管东贵:《从宗法封建制到皇帝郡县制的演变》,中华书局,2010年。

8.何祥林:《建设马克思主义学习型政党研究》,人民出版社,2015年。

9.胡昌平:《管理学基础》,武汉大学出版社,2001年。

10.康有为:《康有为全集》(第五卷),中国人民大学出版社,2007年。

11.蒋介石:《革命的心法:诚》,载张其昀:《蒋"总统"集》第1册,"国防"研究院、中华大典编委会(台北),1968年。

12.蒋中正:《孙大总统广州蒙难记》,正中书局,1975年。

13.金观涛、刘青峰:《兴盛与危机:论中国社会超稳定结构》,法律出版社,2011年。

14.金观涛、刘青峰:《中国现代思想的起源:超稳定结构与中国政治文化的演变》,法律出版社,2011年。

15.景跃进、陈明明、肖滨:《当代中国政府与政治》,中国人民大学出版社,2016年。

16.赖静萍:《当代中国领导小组制度变迁与现代国家成长》,江苏人民出版社,2015年。

17.李金河:《中国政党政治研究》(1905—1949),中央编译出版社,2007年。

18.李锐:《大跃进亲历记》(上、下),上海远东出版社,1996年。

19.李世颉:《网格管理中的地方政府信息资源集成研究》,中国社会科学出版社,2016年。

20.李宪堂:《大一统的迷境:中国传统天下观研究》,社会科学文献出版社,2018年。

21.李小三:《中国共产党干部教育简史》,中共党史出版社,2009年。

22.梁鸿编选:《礼记》,时代文艺出版社,2003年。

23.梁启超:《先秦政治思想史》,商务印书馆,2014年。

24.梁启超:《饮冰室文集(第六卷)》,中华书局,1989年。

25. 罗荣渠:《现代化新论:世界与中国的现代化过程》,北京大学出版社,1993 年。

26. 林尚立:《当代中国政治:基础与发展》,中国大百科全书出版社,2017 年。

27. 林尚立:《当代中国政治形态研究》,天津人民出版社,2000 年。

28. 刘圣中:《现代科层制:中国语境下的理论与实践研究》,上海人民出版社,2012 年。

29. 陆沪根、周国华:《党校教育规律研究》,华东师范大学出版社,2007 年。

30. 吕澄:《推进学习型党组织建设学习读本》,红旗出版社,2010 年。

31. 马平安:《走向大一统》,团结出版社,2018 年。

32. 钱穆:《史学导言》,中央日报社,1970 年。

33. 荣孟源:《中国国民党历次代表大会及中央全会资料》(下),光明日报出版社,1986 年。

34. 阮元刻校:《十三经注疏》(下册),中华书局,1997 年。

35. 邵宗海:《具有中国特色的中共决策机制:中共中央工作领导小组》,韦伯文化出版社,2007 年。

36. 童星:《中国社会治理》,中国人民大学出版社,2018 年。

37. 王立峰:《政府中的政党》,中国法制出版社,2013 年。

38. 王绍光、鄢一龙:《大智兴邦:中国如何制定五年规划》,中国人民出版社,2015 年。

39. 王绍光:《安邦之道:国家转型的目标与途径》,生活·读书·新知三联书店,2002 年。

40. 王绍光:《中国崛起的世界意义》,中信出版集团,2020 年。

41. 王兴国:《贾谊评传》,南京大学出版社,1992 年。

42. 王长江:《政党现代化论》,江苏人民出版社,2004 年。

43. 吴毅：《小镇喧嚣：一个乡镇政治运作的演绎与阐释》，生活·读书·新知三联书店，2007 年。

44. 谢希仁：《计算机网络（第 6 版）》，电子工业出版社，2013 年。

45. 鄢一龙：《目标治理：看得见的五年规划之手》，中国人民大学出版社，2013 年。

46. 杨光斌：《政治学导论》，中国人民大学出版社，2000 年。

47. 杨海蛟：《回顾与展望：改革开放以来的中国政治发展》，中国社会科学出版社，2008 年。

48. 杨向奎：《大一统与儒家思想》，北京出版社，2016 年。

49. 于军、李欣玉主编：《全国社会治理创新典型案例：2012—2015 年全国社会治理创新典型案例选编》，国家行政学院出版社，2017 年。

50. 俞可平、托马斯·海贝勒，安晓波主编：《中共的治理与适应：比较的视野》，中央编译出版社，2015 年。

51. 原超：《地方治理中的"小组机制"研究》，中央编译出版社，2017 年。

52. 章太炎：《分镇匡谬》，参见《訄书》，华夏出版社，2002 年。

53. 郑谦：《当代中国政治体制发展概要》，中共党史资料出版社，1988 年。

54. 郑永年、黄彦杰著：《制内市场：中国国家主导型政治经济学》，浙江人民出版社，2021 年。

55. 周望：《理解中国治理》，天津人民出版社，2019 年。

56. 周望：《中国"小组机制"研究》，天津人民出版社，2010 年。

57. 周雪光：《中国国家治理的制度逻辑：一个组织学研究》，生活·读书·新知三联书店，2017 年。

58. 周玉清、王少安：《论马克思主义学习型政党建设》，人民出版社，2016 年。

59. 朱光磊：《当代中国政府过程》，天津人民出版社，2002 年。

60. 祝灵君:《社会资本与政党领导:一个政党社会学研究框架的尝试》,中央编译出版社,2010 年。

61. 邹谠:《中国革命再阐释》,何高潮译,牛津大学出版社,2002 年。

62. 邹谠:《二十世纪中国政治:从宏观历史与微观行动的角度看》,牛津大学出版社,1994 年。

63. 邹谠:《中国 20 世纪政治与西方政治学》,载《思想家:跨世纪的探险》,华东化工学院出版社,1989 年,第 19 页。

(四)报刊文章

1. 布成良:《党建引领基层社会治理的逻辑与路径》,《社会科学》,2020年第 6 期。

2. 曹锦清、刘炳辉:《郡县国家:中国国家治理体系的传统及其当代挑战》,《东南学术》,2016 年第 6 期。

3. 曹正汉、张晓鸣:《郡县制国家的社会治理逻辑——清代基层社会的"控制与自治相结合模式"研究》,《学术界》,2017 年第 10 期。

4. 常轶军:《"大一统"的现代性解码与当地中国政治认同建构》,《山西大学学报》(哲学社会科学版),2020 年第 4 期。

5. 陈柏峰、吕健俊:《城市基层的网格化管理及其制度逻辑》,《山东大学学报》(哲学社会科学版),2018 年第 4 期。

6. 陈楚洁:《动员式治理中的政府组织传播:南京个案》,《重庆社会科学》,2009 年第 9 期。

7. 陈殿林:《改革开放以来党内集中教育演进的逻辑特征》,《中国特色社会主义研究》,2018 年第 5 期。

8. 陈红太:《从党政关系的历史变迁看中国政治体制变革的阶段性特征》,《浙江学刊》,2003 年第 6 期。

9. 陈玲:《官僚体系与协商网络:中国政策过程的理论建构和案例研究》,《公共管理评论》,2006 年第 2 期。

10. 陈明明:《当代中国党政体制的沿革路径与逻辑》,《统一战线学研究》,2020 年第 4 期。

11. 陈明明:《现代化进程中政党的集权结构和领导体制的变迁》,《战略与管理》,2000 年第 6 期。

12. 陈明明:《中国政府原理的集权之维:历史与现代化》,《公共管理与政策评论》,2021 年第 1 期。

13. 陈平:《依托数字城市技术创建城市管理新模式》,《中国科学院院刊》,2005 年第 3 期。

14. 陈思、田雪鹰:《毛泽东组织的一次特殊读书活动》,《党史博览》,2018 年第 3 期。

15. 陈希:《健全党的全面领导制度》,《党建研究》,2019 年第 11 期。

16. 陈希:《深化党和国家机构改革是加强党的长期执政能力建设的必然要求》,《社会主义论坛》,2018 年第 4 期。

17. 程同顺、李向阳:《当代中国"组"政治分析》,《云南行政学院学报》,2001 年第 6 期。

18. 程熙:《党内集中教育的三次制度变革和演变逻辑》,《理论与改革》,2019 年第 5 期。

19. 程熙:《政党调适与中国共产党集中教育活动的演变逻辑》,《社会主义研究》,2019 年第 3 期。

20. 程熙:《组织制度化:中国共产党的政党活动和中国政治发展初探》,《当代中国政治研究报告》,2014 年第 12 期。

21. 狄金华:《通过运动进行治理:乡镇基层政权的治理策略》,《社会》,2010 年第 3 期。

22. 范柏乃:《推进社会管理创新:理论、实践与路径》,《社会科学家》,2013 年第 12 期。

23. 冯仕政:《中国国家运动的形成与变异:基于政体的整体性解释》,

《开放时代》,2011 年第 1 期。

24. 高立伟:《中国道路与中国共产党治理的内在逻辑》,《红旗文稿》,2020 年第 3 期。

25. 郭庆松:《新时代党的领导力提升》,《中国领导科学》,2018 年第 4 期。

26. 郭祎:《论中国共产党领导国家治理现代化的独特性》,《广西社会科学》,2021 年第 3 期。

27. 郭于华:《民间社会与仪式国家》,《读书》,1999 年第 9 期。

28. 韩博天、奥利佛·梅尔顿、石磊:《规划:中国政策过程的核心机制》,《开放时代》,2013 年第 6 期。

29. 韩东:《非常设机构不应是"非常权力"机构》,《中国行政管理》,2004 年第 3 期。

30. 韩向臣、李龙:《政治制度与政治文明:现代中国的新大一统模式》,《河南社会科学》,2020 年第 7 期。

31. 韩志明:《城市治理的清晰化及其限制——以网格化管理为中心的分析》,《探索与争鸣》,2017 年第 9 期。

32. 韩志明:《在模糊与清晰之间——国家治理的信息逻辑》,《中国行政管理》,2017 年第 3 期。

33. 贺东航、孔繁斌:《中国公共政策执行中的政治势能——基于近 20 年农村林改政策的分析》,《中国社会科学》,2019 年第 4 期。

34. 贺东航、孔繁斌:《公共政策执行的中国经验》,《中国社会科学》,2011 年第 5 期。

35. 贺东航、吕鸿强:《新时代中国共产党治国理政的政治势能》,《东南学术》,2019 年第 6 期。

36. 贺天成:《邓小平论学习》,《学习月刊》,1994 年第 10 期。

37. 何艳玲:《回归社会:中国社会建设与国家治理结构调适》,《开放时代》,2013 年第 3 期。

38. 胡鞍钢：《中国独特的五年计划转型》,《开放时代》,2013 年第 6 期。

39. 胡伟：《国家治理体系下的党和人大关系》,《探索与争鸣》,2019 年第 2 期。

40. 胡重明：《迈向第Ⅲ代网格化治理——基于浙江省舟山市普陀区案例的研究》,《中共杭州市委党校学报》,2021 年第 1 期。

41. 胡重明：《再组织化与中国社会管理创新——以浙江舟山"网格化管理、组团式服务"为例》,《公共管理学报》,2013 年第 1 期。

42. 黄新华：《从干预型政府到规制型政府——建构面向国家治理现代化的政府与市场关系》,《厦门大学学报》(哲学社会科学版),2017 年第 3 期。

43. 江泽民：《全面建设小康社会开创中国特色社会主义新局面——在中国共产党第十六次全国代表大会上的报告》,《前进》,2002 年第 12 期。

44. 李宸、方雷：《礼序政治："大一统"叙事的回归与重构》,《开放时代》,2021 年第 2 期。

45. 李洪君、张晓丽：《行政管理过程中的"小组"现象》,《党政干部学刊》,2005 年第 6 期。

46. 李威利：《从基层重塑政党：改革开放以来城市基层党建形态的发展》,《社会主义研究》,2019 年第 5 期。

47. 李威利：《党建引领的城市社区治理体系：上海经验》,《重庆社会科学》,2017 第 10 期。

48. 李振：《推动政策的执行：中国政治运作中的工作组模式研究》,《政治学研究》,2014 年第 2 期。

49. 练宏：《弱排名激励的社会学分析：以环保部门为例》,《中国社会科学》,2016 年第 1 期。

50. 林尚立：《大一统与共和：中国现代政治的缘起》,《复旦政治学评论》,2016 年第 1 期。

51. 林尚立:《人民、政党与国家:人民民主发展的政治学分析》,《复旦学报》(社会科学版),2011 年第 5 期。

52. 刘炳辉、熊万胜:《超级郡县国家:中国国家治理体系的现代演变与内在机制》,《东南学术》,2018 年第 3 期。

53. 刘军强、谢延会:《非常规任务、官员注意力与中国地方议事协调小组治理机制——基于 A 省 A 市的研究(2002—2012)》,《政治学研究》,2015 年第 4 期。

54. 刘新萍、王海峰、王洋洋:《议事协调机构和临时机构的变迁概况及原因分析:基于 1993—2008 年间的数据》,《中国行政管理》,2010 年第 9 期。

55. 刘亚平:《中国式"监管国家"的问题与反思:以食品安全为例》,《政治学研究》,2011 年第 2 期。

56. 刘义强、管宇浩:《国家建构:为什么建构、建构什么与如何建构:兼论国内研究之不足》,《学习与探索》,2015 年第 6 期。

57. 马卫东:《大一统源于西周封建说》,《文史哲》,2013 年第 4 期。

58. 倪星、原超:《从二元到多元:海外中国政治精英研究述评》,《中山大学学报》(社会科学版),2011 年第 6 期。

59. 倪星、原超:《地方政府的运动式治理是如何走向"常规化"的》,《公共行政评论》,2014 年第 2 期。

60. 倪星、郑崇明、原超:《中国之治的深圳样本:一个纵向共演的理论框架》,《政治学研究》,2020 年第 4 期。

61. 欧阳静:《运作于压力型体制和乡土社会之间的乡镇》,《社会》,2009 年第 6 期。

62. 彭勃:《技术治理的限度及其转型治理现代化的视角》,《社会科学》,2020 年第 5 期。

63. 乔尔·米格代尔、杨端程、陆屹洲:《国家能力:建立权威》,《中国政治学》,2020 年第 1 期。

64. 渠敬东、周飞舟、应星:《从总体支配到技术治理:基于中国 30 年改革经验的社会学分析》,《中国社会科学》,2009 年第 6 期。

65. 任剑涛:《矫正型国家哲学与中国模式》,《天涯》,2010 年第 3 期。

66. 沈传宝:《中央文化大革命小组的历史沿革及立废原因探析》,《中共党史研究》,2007 年第 1 期。

67. 沈建波:《基层党建引领城市治理现代化的探索与实践》,《新视野》,2021 年第 1 期。

68. 宋辰熙、刘铮:《从"治理技术"到"技术治理":社会治理的范式转换与路径选择》,《宁夏社会科学》,2019 年第 6 期。

69. 孙柏瑛、于扬铭:《网格化管理模式再审视》,《南京社会科学》,2015 年第 4 期。

70. 孙国东:《文明复兴与文化执政:论执政党在现代国家建设中的文化承担》,《浙江省委党校学报》,2015 年第 1 期。

71. Tom Christensen、Per L greid、张丽娜、袁何俊:《后新公共管理改革——作为一种新趋势的整体政府》,《中国行政管理》,2006 年第 9 期。

72. 唐皇凤、吴昌杰:《构建网络化治理模式:新时代我国基本公共服务供给机制的优化路径》,《河南社会科学》,2018 年第 9 期。

73. 唐皇凤:《常态社会与运动式治理:中国社会治安治理中的"严打"政策研究》,《开放时代》,2006 年第 3 期。

74. 唐皇凤:《新时代网格化管理的核心逻辑》,《人民论坛》,2020 年第 20 期。

75. 唐眉江:《董仲舒国家治理思想:历史观的创新与大一统思想的重构》,《云南师范大学学报》(哲学社会科学版),2014 年第 1 期。

76. 唐贤兴:《政策工具的选择与政府的社会动员能力:对"运动式治理"的一个解释》,《学习与探索》,2009 年第 3 期。

77. 唐贤兴:《中国治理困境下政策工具的选择:对"运动式执法"的一种解释》,《探索与争鸣》,2009 年第 2 期。

78. 唐亚林:《使命 - 责任体制:中国共产党新型政治形态建构论纲》,《南京社会科学》,2017 年第 7 期。

79. 田湘波:《我国党政关系演变发展的五个阶段》,《南方论丛》,2003 年第 3 期。

80. 田毅鹏:《转型期中国城市社会管理之痛——以社会原子化为分析视角》,《探索与争鸣》,2012 年第 12 期。

81. 童星:《社会管理的组织创新——从"网格连心、服务为先"的"仙林模式"谈起》,《江苏行政学院学报》,2012 年第 1 期。

82. 汪仕凯:《"新群众"和"老传统":新时代中国共产党治国理政中的群众路线》,《探索》,2020 年第 2 期。

83. 汪卫华:《群众动员与动员式治理——理解中国国家治理风格的新视角》,《上海交通大学学报》(哲学社会科学版),2014 年第 5 期。

84. 王尘子:《新时代城市基层治理体制机制改革:创新与挑战——基于地方政府实践的分析》,《求实》,2019 年第 5 期。

85. 王国赞、钱洪志、赖基伟:《新形势下基层推行网格化"智慧监管"的实践与思考》,《中国食品药品监管》,2018 年第 11 期。

86. 王沪宁:《社会资源总量与社会调控:中国意义》,《复旦学报》(社会科学版),1990 年第 4 期。

87. 王建国、唐辉:《新时代中国共产党自我革命的内外动力及其互动——学习〈习近平谈治国理政〉第三卷》,《社会主义研究》,2021 年第 1 期。

88. 王健睿:《传统"大一统"思想与近代中国国家转型的内在逻辑统一》,《人民论坛》,2019 年第 13 期。

89. 王浦劬、汤彬:《当代中国治理的党政结构与功能机制分析》,《中国社会科学》,2019 年第 9 期。

90. 王浦劬、臧雷振:《中国"专项治理"论析》,《国家治理现代化研究》,2017 年第 1 期。

91. 王伟光:《努力推进国家治理体系和治理能力现代化》,《求是》,2014 年第 12 期。

92. 王阳:《从"精细化管理"到"精准化治理"——以上海市社会治理改革方案为例》,《新视野》,2016 年第 1 期。

93. 王臻荣、朗明远:《从"领导小组"到"委员会":制度逻辑与政治价值》,《山西大学学报》(哲学社会科学版),2018 年第 4 期。

94. 吴小妮、王炳林:《中央政治局集体学习制度与学习型政党建设》,《安徽师范大学学报》(人文社会科学版),2013 年第 4 期。

95. 吴晓林:《"小组政治"研究:内涵、功能与研究展望》,《求实》,2009 年第 3 期。

96. 向淼、郁建兴:《运动式治理的法治化:基于领导小组执法行为变迁的个案分析》,《东南学术》,2020 年第 2 期。

97. 徐蕾:《关于党委理论学习中心组学习制度的思考——基于历史和文本的视角》,《北京教育(高教)》,2020 年第 8 期。

98. 徐现祥、王贤彬、舒元:《地方官员与经济增长:来自中国省长、省委书记交流的证据》,《经济研究》,2007 年第 9 期。

99. 徐湘林:《行政审批制度改革的体制性制约与行政执行体制转变》,《当代中国政治研究报告》,2003 年第 1 期。

100. 颜俊儒、梁国平:《乡村治理视角下新时代农村基层党组织组织力的提升》,《理论探讨》,2019 年第 2 期。

101. 燕继荣:《变化中的中国政府治理》,《经济社会体制比较》,2011 年第 6 期。

102. 燕继荣:《推进国家治理现代化须落实分权原则》,《中国党政干部论坛》,2015 年第 3 期。

103. 杨成虎:《群众路线的逻辑、意义与限度》,《云南社会科学》,2011 年第 4 期。

104. 杨念群:《论"大一统"观的近代形态》,《中国人民大学学报》,2018 年第 1 期。

105. 杨念群:《我看"大一统"历史观》,《读书》,2009 年第 4 期。

106. 杨平:《多党合作与共产党执政能力建设》,《理论与改革》,2011 年第 6 期。

107. 杨永恒:《发展规划定位的理论思考》,《中国行政管理》,2019 年第 8 期。

108. 姚中秋:《"大一统"理念辨析》,《学海》,2008 年第 6 期。

109. 叶宏杰:《网格化专业巡逻勤务基础工作研究》,《北京人民警察学院学报》,2007 第 2 期。

110. 叶敏:《从政治运动到运动式治理:改革前后的动员政治及其理论解读》,《华中科技大学学报》(社会科学版),2013 年第 2 期。

111. 于海青:《国外政党现代化的观察与思考》,《山东社会科学》,2012 年第 1 期。

112. 原超、李妮:《地方领导小组的运作逻辑及对政府治理的影响》,《公共管理学报》,2017 年第 1 期。

113. 原超:《"政治势能"视阈下新时代议事协调机构的制度逻辑及职能优化》,《广西师范大学学报》(哲学社会科学版),2020 年第 4 期。

114. 原超:《理解"议事协调小组":中国特色政策执行的实践工具》,《领导科学论坛·国家治理评论》,2019 年第 7 期。

115. 原超:《领导小组机制:科层治理运动化的实践渠道》,《甘肃行政学院学报》,2017 年第 5 期。

116. 臧雷振、徐湘林:《理解"专项治理":中国特色公共政策实践工具》,

《清华大学学报》(哲学社会科学版)，2014 年第 6 期。

117. 张波：《互联网＋党建引领基层社会治理创新》，《中共天津市委党校学报》，2018 年第 2 期。

118. 张虎翔：《动员式治理中的社会逻辑：对上海 K 社区一起拆迁事件的实践考察》，《公共管理评论》，2006 年第 2 期。

119. 张康之：《国家治理现代化的中国概念》，《党政研究》，2021 年第 5 期。

120. 张军、高远：《官员任期、异地交流与经济增长：来自省级经验的证据》，《经济研究》，2007 年第 11 期。

121. 张双志：《清代皇帝的华夷观》，《历史档案》，2008 年第 3 期。

122. 张伟、高建武、向峰：《北京东城区：网格化模式迈入 3.0》，《中国建设信息化》，2017 年第 3 期。

123. 张小劲，《关于政党组织嬗变问题的研究：综述与评价》，《欧洲研究》，2002 年第 4 期。

124. 张铮、李政华：《“领导小组”机制的发展理路与经验：基于历史制度主义的分析》，《中国行政管理》，2019 年第 12 期。

125. 张子侠：《“大一统”思想的萌生及其发展》，《学习与探索》，2007 年第 4 期。

126. 赵德昊、周光辉：《体制变革：塑造大一统国家韧性的动态机制》，《江苏社会科学》，2021 年第 5 期。

127. 赵娟：《抗日民主政权中党政关系的历史演变与现实思考》，《传承》，2011 年第 28 期。

128. 赵可金：《全球治理的中西智慧比较》，《探索与争鸣》，2020 年第 3 期。

129. 赵宇峰、林尚立：《国家制度与国家治理：中国的逻辑》，《大庆社会科学》，2015 年第 5 期。

130. 郑春勇、张娉婷、苗壮:《基层社会治理中的整体性技术治理:创新与局限——基于浙江实践》,《电子政务》,2019 年第 5 期。

131. 周飞舟:《财政资金的专项化及其问题——兼论"项目治国"》,《社会》,2012 年第 1 期。

132. 周飞舟:《锦标赛体制》,《社会学研究》,2009 年第 3 期。

133. 周国林、梁悦:《〈公羊传〉"大一统"思想的基本内涵和实现方式》,《历史文献研究》,2017 年第 1 期。

134. 周黎安:《中国地方官员的晋升锦标赛模式研究》,《经济研究》,2007 年第 7 期。

135. 周望:《办事机构如何办事?——对领导小组办公室的一项整体分析》,《北京行政学院学报》,2020 年第 1 期。

136. 周望:《大国治理中的领导小组:一项治理机制的演化与精化》,《中共天津市委党校学报》,2019 年第 5 期。

137. 周望:《中国"小组"政治组织模式分析》,《南京社会科学》,2010 年第 2 期。

138. 周雪光、艾云、葛建华、顾慧君、李丁、李兰、卢清莲、赵伟、朱灵:《党政关系:一个人事制度视角与经验证据》,《社会》,2020 年第 2 期。

139. 周雪光:《基层政府间的"共谋现象"》,《社会学研究》,2008 年第 6 期。

140. 周雪光:《权威体制与有效治理:当代中国国家治理的制度逻辑》,《开放时代》,2011 年第 10 期。

141. 周雪光:《运动型治理机制:中国国家治理的制度逻辑再思考》,《开放时代》,2012 年第 9 期。

142. 周雪光:《中国国家治理及其模式:一个整体性视角》,《学术月刊》2014 年第 10 期。

143. 周雪光:《国家治理逻辑与中国官僚体制:一个韦伯理论视角》,《开放时代》,2013 年第 3 期。

144. 朱春奎、毛万磊:《议事协调机构、部际联席会议和部门协议:中国政府部门横向协调机制研究》,《行政论坛》,2015 年第 6 期。

145. 朱皓琪:《浅析国家治理现代化视角下党的全面领导》,《改革与开放》,2020 年第 19 期。

146. 竺乾威:《公共服务的流程再造:从"无缝隙政府"到"网格化管理"》,《公共行政评论》,2012 年第 2 期。

147. 祝灵君:《从"打破"官僚制到超越官僚制:当代中国执政党建设的另一种逻辑分析》,《马克思主义与现实》,2010 年第 5 期。

148. 祝灵君:《党领导国家体制研究》,《当代世界与社会主义》,2020 年第 1 期。

149. 祝小宁、袁何俊:《基于网格化管理的突发公共事件预警机制探析》,《中国行政管理》,2006 年第 10 期。

150. 姜郫:《中国城市社区互动式治理研究》,吉林大学 2020 年博士学位论文。

151. 李舒:《城市网格化管理的运行机制研究》,复旦大学 2008 年硕士学位论文。

152. 梅寒:《我国地方政府流程再造问题研究》,南京大学 2016 年硕士学位论文。

153. 泮佳怡:《无缝隙治理视角下的基层网格化治理创新研究》,中共浙江省委党校 2020 年硕士学位论文。

154. 秦雪:《大数据视角下网格化管理中心权力生成研究》,华东理工大学 2020 年硕士学位论文。

155. 王伟:《政治精英培养与政党能力建设》,中共中央党校 2014 年博士学位论文。

156. 吴宏云:《当代中国城市政府网格化管理探析》,华中师范大学 2008

年硕士学位论文。

157. 张建兵：《基于网格的空间信息服务关键技术研究》，中国科学院研究生院（遥感应用研究所）2006 年博士学位论文。

158. 陈明明：《"支部建在连上"的时代价值》，《学习时报》，2017 年 12 月 11 日。

159. 韩庆祥：《深刻把握"中国式现代化新道路"丰富内涵》，《学习时报》，2021 年 8 月 30 日。

160. 胡锦涛：《坚定不移沿着中国特色社会主义道路前进，为全面建成小康社会而奋斗》，《人民日报》，2012 年 11 月 8 日。

161. 唐亚林：《中国共产党绘就治国济世蓝图》，《人民日报》，2017 年 6 月 25 日。

162. 秦宣：《中国共产党与中国式现代化》，《人民日报》，2021 年 4 月 20 日。

163. 吴德刚：《沿着中国特色社会主义道路实现伟大梦想》，《人民日报》，2017 年 10 月 27 日。

164. 习近平：《在庆祝中国共产党成立 95 周年大会上的讲话》，《人民日报》，2021 年 4 月 16 日。

165. 习近平：《在庆祝全国人民代表大会成立 60 周年大会上的讲话》，《人民日报》，2014 年 9 月 6 日。

166. 习近平：《中国共产党人要坚持学习学习再学习》，《人民日报》，2013 年 3 月 3 日。

167. 习近平：《切实把思想统一到党的十八届三中全会精神上来》，《人民日报》，2014 年 1 月 1 日。

168. 许耀桐：《准确把握"党政分开"内涵》，《北京日报》，2013 年 3 月 25 日。

169. 俞可平：《衡量国家治理体系现代化的基本标准》，《北京日报》，

2013 年 12 月 9 日。

170. 俞可平:《民主法治:国家治理的现代化之路》,《中国青年报》,2013 年 12 月 4 日。

171.《中国共产党第十八届中央纪律检查委员会第二次全体会议公报》,《人民日报》,2015 年 3 月 30 日。

172.《中共十九届五中全会在京举行》,《人民日报》,2020 年 10 月 30 日。

173.《中共中央关于坚持和完善中国特色社会主义制度 推进国家治理体系和治理能力现代化若干重大问题的决定》,《人民日报》,2019 年 11 月 6 日。

174. 郑永年:《十九大与"以党领政"体制的形成》,《联合早报》,2017 年 10 月 3 日。

175. 郑永年:《中共党内民主与党政关系》,《联合早报》,2008 年 8 月 5 日。

(五)网上文献

1. 北京市东城区人民政府:《北京市东城区人民政府关于印发东城区便民事项网格化办理规定的通知》,北京市东城区人民政府网,http://www.bjdch. gov. cn/n3952/n3970/n381754/c4687135/content. html。

2. 第十二届全国人民代表大会第三次会议:《政府工作报告》,中国政府网,http://www. gov. cn/guowuyuan/2015 - 03/16/content_2835101. htm。

3.《决胜全面建成小康社会 夺取新时代中国特色社会主义伟大胜利——在中国共产党第十九次全国代表大会上的报告》,中国政府网,ht-tp://www. 12371. cn/2017/10/27/ARTI1509103656574313. shtml。

4. 刘云山:《认识中国共产党的几个维度》,人民网,http://cpc. people. com. cn/n/2014/0710/c64094 - 25263821. html。

5.《"群众工作典型案例"征集评选启动》,人民网,http://dangjian. people. com. cn/n/2013/0401/c117092 – 20980761. html。

6.《市海绵办对各区海绵城市专项规划及实施方案开展第三轮督导》，天津市住房和城乡建设委员会网站，http://zfcxjs. tj. gov. cn/ztzl_70/hmcs-gljs/202010/t20201029_4030968. html。

7. 唐爱军：《读懂中国道路，关键在于读懂驾驭资本的现代性逻辑》，光明网，https://theory. gmw. cn/2021 – 01/18/content_34552010. htm。

8. 王小伟：《北京市东城区：百姓办事一口受理》，中国文明网，http://www. wenming. cn/wmcj_pd/cjdt/201501/t20150123_2416380. shtml。

9. 王卓：《网格化社会治理方式的历史性及本质》，人民论坛网，http://www. rmlt. cn/2020/1228/600763. shtml。

10. 习近平：《关于深化党和国家机构改革决定稿和方案稿的说明》，共产党员网，http/news. 12371. cn/2018/04/11/ARTI1523454152698258. shtml。

11. 习近平：《决胜全面建成小康社会 夺取新时代中国特色社会主义伟大胜利：在中国共产党第十九次全国代表大会上的报告》，人民网，http://cpc. people. com. cn/n1/2017/1028/c64094 – 29613660 – 5. html。

12. 习近平：《习近平在庆祝中国共产党成立100周年大会上的讲话》，新华网，www. gov. cn/xinwen/2021 – 07/01/content_5621846. htm。

13.《习近平总书记在省部级主要领导干部学习贯彻十八届三中全会精神全面深化改革专题研讨班上的讲话》，新华网，http://www. gov. cn/ldhd/2014 – 02/17/content_2610754. htm。

14. 习近平：《全面深化改革是一项复杂的系统工程》，新华网，http://www. xinhuanet. com//politics/2013 – 11/13/c_118130505. htm。

15. 新华社：《中共中央关于全面深化改革若干重大问题的决定》，中国政府网，http://www. gov. cn/jrzg/2013 – 11/15/content_2528179. htm。

16.《重磅发布：大湾区九市超400重点项目分析解读》，广东省粤港澳合作促进会网站，http://www. ygahzcjh. gd. gov. cn/Item/1652. aspx。

17. 中国共产党第十九届中央委员会：《中共中央关于坚持和完善中国特色社会主义制度 推进国家治理体系和治理能力现代化若干重大问题的决定》，中国政府网，http://www. gov. cn/zhengce/2019 – 11/05/content_5449023. htm。

18. 中国共产党第十九届中央委员会：《中共中央关于深化党和国家机构改革的决定》，中国政府网，http://www. gov. cn/zhengce/2018 – 03/04/content_5270704. htm。

19. 中国共产党第十九届中央委员会：《中共中央关于制定国民经济和社会发展第十四个五年规划和二〇三五年远景目标的建议》，中国政府网，http://www. gov. cn/zhengce/2020 – 11/03/content_5556991. htm。

20.《中国共产党第十三次全国代表大会报告》，中国共产党历次全国代表大会数据库，http://cpc. people. com. cn/GB/64162/64168/64566/65447/4526368. html。

21.《中央关于国民经济和社会发展"十二五"规划的建议》，人民网，http://www. gov. cn/jrzg/2010 – 10/27/content_1731694_2. htm。

22. 中共中央办公厅、国务院办公厅：《关于加强社会治安防控体系建设的意见》，中国政府网，http://www. gov. cn/xinwen/2015 – 04/13/content_2846013. htm。

23. 中共中央办公厅：《关于开展第二批党的群众路线教育实践活动的指导意见》的通知（2014 年 1 月 18 日），共产党员网，http://news. 12371. cn/2018/10/31/ARTI1540952619678801. shtml。

24.《中共中央关于坚持和完善中国特色社会主义制度推进国家治理体系和治理能力现代化若干重大问题的决定》，中国政府网，http://www. gov. cn/zhengce/2019 – 11/05/content_5449023. htm。

25.《中共中央 国务院关于加强和完善城乡社区治理的意见》，中国政府网，http://www. gov. cn/zhengce/2017 – 06/12/content_5201910. htm。

26.《中共中央政治局召开会议 习近平主持》,中国政府网,http://www.gov. cn/xinwen/2021 – 08/31/content_5634504. htm。

二、英文文献

(一)英文著作

1. Angus Campbell,*The American Voter*,John Willey& Sons,1960.

2. Ann Lee,*What the U. S. Can Learn from China:An Open – Minded Guide to Treating Our Greatest Competitor as Our Great Teacher*,Berrett – Koehler Publishers,2012.

3. Arent,*The Origins of Totalitarianism*,G. Allen& Unwin,1958.

4. Argyris C.,*Organizational traps leadership*,*culture*,*organizational design*,Oxford University Press. 2010.

5. Barnett A. D.,*The Making of Foreign Policy in China:Structure and Process*,Westview Press,1985.

6. Crosby B. C.,Bryson J. M. (eds.),*Leadership for the Common Good:Taking Public Problems in a Shared Power World*,Jossey – Bass,2005.

7. David Shambaugh.,*China's Communist Party:Artophy and Adaptation*,University of California Press,2008.

8. Dumbauagh K.,Martin M. F. (eds),*Understanding China's Political System*,Congressional Research Service Report for Congress.,2009.

9. Evans,P.,*Embedded Autonomy:States and Industrial Transformation*,Princeton University Press,1995.

10. Ezra Vogel,*Political Bureaucracy:Communist China*,In L. Cohen& J. Shapiro (eds.),Communist Systems in Comparative Perspective,Anchor Press,1969.

11. Franz Schurmann, *Ideology and Organization in Communist China*, University of California Press, 1971.

12. Hamrin Carol Lee, *The Party Leadership System*, Kenneth Liberthal and David Lampton edt. *Bureaucracy, Politics and Decision Making in Post − Mao China*, University of California Press, 1992.

13. Heilmann Sebastian, Elizabeth J. Perry(eds.), *Mao's Invisible Hand：The Political Foundations of Adaptive Governance in China*, Harvard University Press, 2011.

14. Howlett Michael, M. Ramesh & Anthony Perl. (eds.), *Studying Public Policy：Policy Cycles and Policy Subsystems (3rd edition)*, Oxford University Press, 2009.

15. Kim T., *Leading Small Groups：Managing All under Heaven, in Finkelstein Kivelhan, eds., China's Leadership in the 21st Century：The Rise of the Fourth Generation*, M. E. Sharpe, 2003.

16. Landry P., *Decentralized Authoritarianism in China：The Communist Party's Control of Local Elites in the Post − Mao Era*, Cambridge University Press, 2008.

17. Laugharne P. J., *Towards Holistic Governance Book Review*, Democratization, 2004.

18. Lieberthal K., Oksenberg M. (eds.), *Policy Making in China：Leaders, Structures, and Processes*, Princeton, Princeton University Press. 1988.

19. Migdal J., *State In Society：Studying How States and Societies Transform and Constitute One Another*, Cambridge University Press, 2001.

20. Paul S. Myers, *Knowledge Management and Organization Design*, Butterworth Heinemann, 1996.

21. Peter M. Blau, *Dynamics of Bureaucracy*, University of Chicago

Press, 1955.

22. Philip Selznick, *TVA and Grass Roots*, University of California Press, 1959.

23. Robert K. Merton, *Manifest and Latent Functions*, *in Social Theory and Social Structure*, 3rd ed., Free Press, 1958.

24. Sebastian Heilmann, Elizabeth J. Perry (eds), *Mao's Invisible Hands: The Political Foundations of Adaptive Governance in China*, Harvard University Press, 2011.

25. Spence M., *Market Signaling: Informational Transfer in Hiring and Related Screening Processes*, Cambridge, Harvard University Press, 1974.

26. Tilly C., *Coercion, Capital and European State*, A. D. 990 – 1992, Wiley – Blackwell, 1992.

27. Townsend J., *Political Participation in Communist China*, University of California Press, 1969.

28. Vogel, E., *Political Bureaucracy: Communist China*. In Cohen, L. & Shapiro, J. Eds., Communist Systems in Comparative Perspective, Anchor Press, 1969.

29. Whyte, M., *Who Hates Bureaucracy? A Chinese Puzzle*. In Nee, V., Stark, D. &Selden, M. Eds., Remaking the Economic Institutions of Socialism: China and Eastern Europe, Stanford University Press, 1989.

30. Yang D. L., *Calamity and Reform in China*, Stanford University Press, 1996.

(二)英文论文

1. Andreas J., The Structure of Charismatic Mobilization: A Case Study of Rebellion During the Chinese Cultural Revolution, *American Sociological Review*, No. 6, 2007.

2. Andrew J. Nathan, Authoritarian Resilience, *Journal of Democracy*, No. 1, 2013.

3. Considine M., Lewis J. (eds.), Bureaucracy, Network or Enterprise: Comparing Models of Governance in Australia, Britain, the Netherlands and New Zealand, *Public Administration Review*, No. 2, 2003.

4. David Shambaugh, Training China's Political Elite: The Party School System, *The China Quarterly*, No. 18, 2008.

5. Dill William R., Environment as an Influence on Managerial Autonomy, *Administrative Science Quarterly*, No. 2, 1958.

6. Dittmer L., Chinese Informal Politics, *The China Journal*, No. 34, 1995.

7. Fewsmith J., Institutions, Informal Politics, and Political Transition in China, *Asian Survey*, No. 3, 1996.

8. Franco Archibugi, Towards a New Discipline of Planning, *Socio – Economic Planning Sciences*, No. 2, 1996.

9. Heilmann S., Policy Experimentation in China's Economic Rise, *Studies in Comparative International Development*, No. 1, 2008.

10. Kettle, The Transform Action of Governance Globalization Devolution and the Role of Government, *Public Administration Review*, No. 6, 2000.

11. Lampton M. D., Health, Conflict and the Chinese Political System, *Michigan Papers in Chinese Studies*, No. 18, 1974.

12. Levitt B., March J. G. (eds.), Organizational learning, *Annual Review of Sociology*, No. 1, 1988.

13. March J. G., Olsen J. P. (eds.), The uncertainty of the past: organizational learning under ambiguity, *European Journal of Political Research*, No. 2, 1975.

14. Miller A. L., The CCP Central Committee's Leading Small Groups, *The*

China Leadership Monitor, No. 26, 2008.

15. Mintzberg Henry, Alexandra McHugh (eds.), Strategy Formation in an Adhocracy, *Administrative Science Quarterly*, No. 2, 1985.

16. Saunders C. S., Ahuja M. K. (eds.), Are all distributed teams the same? Differentating between temporary and ongoing distributed teams, *Small Group Research*, No. 6, 2006.

17. Schilling J., Kluge A. (eds.), Barriers to organizational learning: an integration of theory and research, *International Journal of Management Reviews*, No. 3, 2009.

18. Sydow J., Staber U. (eds.), The institutional embeddedness of project networks: the case of content production in German television, *Regional Studies*, No. 36, 2002.

19. Tsai W. H., Zhou W. (eds.), Integrated Fragmentation and the Role of Leading Small Groups in Chinese Politics, *The China Journal*, 2019.

20. Vera D., Crossan M. (eds.), Theatrical improvisation: lessons for organizations, *Organization Studies*, No. 5, 2004.

21. Womack B., Where Mao Went Wrong: Epistemology and Iedology in Mao's Leftist Politics, *The Australian Journal of Chinese Affairs*, No. 7, 1986.

后 记

新中国成立七十多年来,中国共产党领导下的国家治理行进在一个逐渐系统化、结构化、制度化的中国道路发展过程中,形成了大量的制度优势和治理经验,为人类文明发展模式提供了立体性的展示样本,凸显了中国道路和中国方案。从李侃如的"理解中国"到当今的"中国之治",学术界对中国研究的范式转变由解构转向建构。在建构主义的认识论下,我们更需要以中国问题的主体性为首要原则,不妄谈"中国特色",也不回避西方主流理论的话语,而是积极发展与之对话和辩论的"交互理性",构建属于"中国之治"的学术性叙事。

如何阐述"中国之治"的理论基础和治理逻辑,用普世的学术语言讲述中国故事,这既是本书的研究目标,也是十年来推动自己前行、一以贯之的研究旨趣。从2011年,在《中山大学学报》(哲学社会科学版)发表的第一篇学术论文《从二元到多元:海外中国政治精英研究述评》到2021年本书的筹备,这个十年是我学术道路的第一个十年。十年来,由在个人意志论范式下关注"政治精英"转变为从制度逻辑范式下思考"中国之治"的治理逻辑,由关注"领导小组""专项整治""专项规划""党的集中教育活动"等地方政府中微观治理经验转向从治理体系、历史逻辑去反思中国治理的传统和文化因素,由盲目抛弃西方中心主义下的社会科学分析框架而追求"中国特色"的本土化理论解释转向发展与西方主流理论辩论的"交互理性",上述转变既是我学术研究的进化之路,也记载了我学术道路上的两个五年规划的无数艰辛。

对于多数"青椒"而言,学术生涯的初期总是在"爱与痛的边缘"徘徊着。2017年,我出版了博士学位论文暨第一本专著《地方治理中的"小组机制"》,在后记中我写道,这既是对我挂职生活和博士期间学术思想的一个小结,也是对青春的致意。《理解"中国之治":国家治理的制度逻辑与中国经验》是我的第二本专著,也是对近十年我学术生涯初期的思考进行一个阶段性的总结,是对我这个32岁仍然主动忝列"青椒"的"老年人"学术青春之再致意。书中的多数观点发端于硕士、博士期间,成文于工作期间,部分内容曾发表于《政治学研究》《公共管理学报》《中共党史研究》《社会主义研究》《公共行政评论》《甘肃行政学院学报》等期刊,感谢上述期刊的"不杀之恩",使我仍然在"不发表即出局"的边缘上不至于离主流学术俱乐部有太远的距离。

本书观点的形成得益于众多师友的讨论,在这一并表示感谢。其中,"领导小组""专项治理"等章节的观点来自本人在顺德挂职期间与食品安全监管局胡咏蓓、黄坚强等政府实务部门工作人员的访谈以及与北京大学徐湘林教授、香港科技大学蔡永顺教授、清华大学刘军强教授、中国人民大学大学何艳玲教授、陈天祥教授、练宏副教授、庄文嘉副教授、朱琳副教授、南开大学周望副教授、中国海洋大学汪广龙副教授以及时任《甘肃行政学院学报》主编罗梁波教授等诸位老师的讨论;"国家规划"章节来自《广西师范大学学报》(哲学社会科学版)苏曦凌主编的约稿和交流;"网格管理"章节成文于硕士期间在深圳市场监督管理局进行课题调研时的观察与思考,文章的核心观点来自与深圳市监局翠竹所赖队长和暨南大学杨君教授三个多月的参与式观察和深入交流;"政党学习""党政体制"等章节成文于2020年上半年疫情肆虐期间,在学术圈在线工作坊中,复旦大学贺东航教授、暨南大学杨君教授、华东理工大学曾莉教授给了我莫大的帮助和鼓励。其中,特别感谢时任中国政治学会秘书长杨海蛟教授的长期关怀和“命题作文”，提出很有必要对“大一统”观念进行再阐释，使我能够跳出之前一直对中国治理经验世界的沉迷，从思想史和观念史的角度重新审视“中国之治”的历史逻辑，可惜这个“文债”一直拖欠到今天才得以偿还。

学术共同体对于每一个“孤军奋战”的“青椒”都是十分重要的。感谢在南开大学访学期间合作导师朱光磊教授对我工作和学习中的关心与照顾，感谢马华教授为团队提供了宽松、舒适的学习环境、工作氛围和发展平台，让我能够安心投入自己的研究。感谢学术团队中的孙淑云教授、张守夫教授、李蓉蓉教授、慕良泽教授、姬超教授、罗国亮副教授、乔陆印副教授、冀鹏博士、石文杰博士、赵勇博士一直以来为学术团队的贡献和对我工作的支持。感谢学院行政秘书李柯柯老师为我提供了无微不至的照顾，使得我免去了很多往返国资处、计财处等琐碎的行政事务和报账的烦恼。感谢魏文利、温家馨、王景霞、李宁宁等硕士生为本书的写作进行了大量的资料搜集和整理工作。在专著付印出版之际，要特别感谢佐拉编辑对本书的支持，她以极其耐心和负责任的态度完成本职工作，推动了本书的顺利出版。

“不发表即出局”，当今学界的绩效文化和速度焦虑或多或少形塑着青年学者的研究道路，更在无形中感染着研究者的情绪和状态。正是家人的理解和包容，才能使我在一个浮躁的时代短暂逃离，在“楚门的世界”中享受自由意志带来的愉悦。感谢我的恩师倪星教授，开启了我的学术道路，从我的本科、硕士、博士、参加工作等阶段一如既往的关怀与帮助。每一次交流与沟通，均能够使我浮躁的心沉淀下来，进入慢速学习状态，以“慢教授”的目标要求自己做到学习与生活的均衡。感谢我的爱人刘佳乐，她的理解、支持与包容使我能够全身心地投入学习和论文写作中。感谢我的女儿原小野。“小情人”刚满三岁便继承了爸爸那颗“漂泊且不安分”的心，世界那么大就想出去看看，一出门则“将在外军令有所不受”，一回家则与爸爸达成默契，时刻不停地缠着妈妈讲故事玩拼图，使我有了更多的时间去思考和阅读。世人皆望子成龙望女成凤,我唯愿原小野能够人如其名,小隐隐于野,安静平凡,快乐成长。

虽然本书离不开上述师友、编辑的帮助,但本书的文责由我个人承担。祈望学界前辈、同行和从事实践工作的朋友不吝赐教。真诚欢迎所有的批评、交流与建议。我的电子邮箱地址是:yuannandi@163.com。

原 超
2021 年 12 月于山西大学令德湖畔